国家开放大学
THE OPEN UNIVERSITY OF CHINA

国家开放教育汽车类专业（专科）规划教材
全国汽车职业教育人才培养工程规划教材

汽车装饰与美容

国家开放大学汽车学院组织编写
高月敏　主编

人民交通出版社股份有限公司·北京
中央广播电视大学出版社·北京

内 容 提 要

本书为国家开放教育汽车类专业(专科)规划教材、全国汽车职业教育人才培养工程规划教材之一。主要内容包括：汽车美容概述、汽车车身清洁美容及护理、汽车内饰清洁美容及护理、汽车漆面修复美容、汽车漆面划痕的处理、汽车漆面常见缺陷的处理、汽车外部装饰、汽车内部装饰、汽车加装与改装。

本书可作为高等职业技术学院和高等专科学校汽车类专业的教材，也可供从事汽车维修、汽车营销的工程技术人员参考。

图书在版编目(CIP)数据

汽车装饰与美容/高月敏主编. —北京:人民交
通出版社股份有限公司:中央广播电视大学出版社,
2017.11

ISBN 978-7-114-14236-9

Ⅰ. ①汽… Ⅱ. ①高… Ⅲ.① 汽车—车辆保养—高等
职业教育—教材 Ⅳ. ①U472

中国版本图书馆 CIP 数据核字(2017)第 243704 号

书 名：汽车装饰与美容
著 作 者：高月敏
责任编辑：郭 跃
出版发行：人民交通出版社股份有限公司
　　　　　中央广播电视大学出版社
地 址：(100011)北京市朝阳区安定门外外馆斜街 3 号
　　　　　(100039)北京市海淀区西四环中路 45 号
网 址：http://www.ccpress.com.cn
　　　　　http://www.crtvup.com.cn
销售电话：(010)59757973
　　　　　(010)66490011
总 经 销：人民交通出版社股份有限公司发行部
经 销：各地新华书店
印 刷：北京市密东印刷有限公司
开 本：787×1092 1/16
印 张：16
字 数：341 千
版 次：2017 年 11 月 第 1 版
印 次：2021 年 3 月 第 4 次印刷
书 号：ISBN 978-7-114-14236-9
定 价：38.00 元

总　序

国家开放大学汽车学院是国家开放大学的二级学院。其前身为北京中德合力技术培训中心与中央广播电视大学(现国家开放大学)于2004年创建的汽车专业(专科)。经过多年的教学努力与经验积累,以及北京中德合力技术培训中心与国家开放大学、中国汽车维修行业协会、中国汽车文化促进会鼎力合作,2013年11月26日国家开放大学汽车学院正式成立。

在2003年颁布的《教育部等六部门关于实施职业院校制造业和现代服务业技能型紧缺人才培养培训工程的通知》中,汽车维修专业被确定为紧缺人才专业。为满足教学需要,由北京中德合力技术培训中心负责组织编写,中央广播电视大学出版社出版了汽车专业(专科)系列教材,包括27本文字教材和相配套的课程形成性考核册、音像资料等。2008年5月,远程开放教育首届汽车维修专业500多名专科毕业生走向社会,受到行业普遍欢迎。十几年来,国家开放大学累计培养汽车专业(专科)毕业生近3万人,社会评价较高。

2015年年底,按照教育部最新颁布的《普通高等学校高等职业教育(专科)专业目录(2015年版)》,国家开放大学汽车学院对已开设的开放教育汽车(汽车维修方向)专业、汽车(汽车营销方向)专业两个专业和"新型产业工人培养和发展助力计划"汽车检测与维修技术专业、汽车技术服务与营销专业两个专业进行了合并,重新设置了汽车运用与维修技术、汽车营销与服务两个专业(专科),制定了新专业的人才培养方案。为满足新专业的教学需要,汽车学院组织编写了本套国家开放教育汽车类专业(专科)规划教材、全国汽车职业教育人才培养工程规划教材。本套教材具有如下特点:

第一,针对性强。教材内容的选择、深浅程度的把握、编写体例严格按照国家开放大学关于开放教育教材的编写要求进行,满足成人教育的需要。

第二,专业特色鲜明。汽车运用与维修技术、汽车营销与服务两个专业(专科)是应用型专业。教材主编均为来自高校和汽车维修、营销一线的专家,他们的教学和实践经验丰富,所选内容能够强化实训环节,理论和实训部分比例适当,联系紧密,实用性强。

第三,采用互联网科技。全套教材实现了文字教材＋二维码,引入了二维、三维动画和音视频等学习资源,对传统教材是一大突破,增加了教材的可读性、可视性、知识性和趣味性。

第四,整合优质资源。本套教材是由中央广播电视大学出版社、人民交通出版社股份有限公司联合出版发行的国家开放教育汽车类专业(专科)规划教材、全国汽车职业教育人才培养工程规划教材,面向国家开放大学系统和全社会公开发行,不但适合国家开放大学的需要,也适合其他高等职业院校汽车运用与维修技术、汽车营销与服务专业(专科)的教学需要。

在本套教材的组编过程中,国家开放大学就规划教材如何做出鲜明行业特色做了重要指示。北京中德合力技术培训中心承担了教材编写、审定的组织实施及出版、发行等环节的沟通协调工作。中国汽车维修行业协会积极调动行业资源，深入参与教材的组织编写，人民交通出版社股份有限公司积极提供二维码资源。中国汽车文化促进会积极推荐主编人选，参与教材编写的组织工作。各教材主编、参编老师和专家们认真负责、兢兢业业，确保教材的组编工作如期完成。没有他们认真负责的工作和辛勤的劳动付出，本套教材的编写、出版、发行就不可能这么顺利进行。借此机会，对所有参与、关心、支持本套教材编辑、出版、发行的先生、女士表示衷心感谢！

本套教材编写时间紧，协调各方优质资源任务重，难免存有不足之处，还请使用者批评指正，不吝赐教。

2017 年 8 月

前　言

　　《汽车装饰与美容》为国家开放教育汽车类专业（专科）规划教材、全国汽车职业教育人才培养工程规划教材之一。

　　汽车美容业是汽车技术高速发展、消费观念的更新及汽车文化深入人心的必然产物。现代汽车美容是在继承传统汽车美容的基础上，完善和发展起来的高技术汽车护理。而现代新材料、新技术等领域也为汽车美容提供了崭新的工艺和丰富的内容。

　　专业的汽车装饰与美容对行业从业人员的素质和人才培养提出了更高的要求，同时汽车美容知识的普及对汽车消费者正确选择与鉴别汽车装饰与美容产品，正确选择汽车美容店维护、装饰与改装汽车提供了帮助。因此，汽车美容维护业迅速崛起，发展成为我国服务业的一个新兴支柱产业。

　　作者根据汽车后市场对人才素质的要求、汽车美容行业发展，并考虑互联网背景下当代学生及从业人员的学习特点与需求，编写此书，以期为汽车服务产业人才培养提供支持。根据开放式教育特点，教材中配有二维码，用手机扫描即可获取相关资料、观看相关动画或视频。

　　本书特点如下：

　　（1）基本覆盖了本专业相关职业岗位（群）的任职要求，并注意兼顾学生可持续发展需要，注重学生职业能力的培养，注重课程与企业的关联度，注重课程设计的开放性，紧跟汽车后市场服务领域的发展趋势，依据汽车装饰与美容活动类型选取教材内容，针对学生未来的就业岗位需要安排教材实训内容任务，体现对职业能力的支撑作用。

　　（2）力求体现"够用""实用"，理论知识部分尽量精炼，技能训练内容做到详细介绍，课前有导言和学习目标，课后有章节小节和自测题，利于读者自主学习、检验，归纳梳理，加深巩固理解。

　　全书共有 9 个章节，划归五大方面的知识，第 1 章是汽车美容概述，第 2～3 章是汽车清洁美容及护理，第 4～6 章是汽车漆面修复美容，第 7～8 章是汽车装饰，第 9 章是汽车加装与改装。

　　本书在编写方式上首先遵循本次系列丛书的统一要求，再以专项能力培养为章节确定了认知目标、技能目标及情感目标，使培养过程实现"知行合一"；每个章节都包含知识学习和能力运用，将知识内容、工具产品和实施及技术标准和工作组织方式结合形成有机整体，以期真正做到"教、学、练、做"一体化，不断提高学生的职业技能和职业素养。

　　根据开放式教育的特点，书中配有二维码，扫码后即可观看相关的动画或视频。本书二维码均由人民交通出版社股份有限公司提供。

　　本书由北京交通运输职业学院高月敏担任主编。参与编写的还有南京交通职业技术学院周燕,中国运载火箭技术研究院王影,国家基础地理信息中心武军郦。在教材的编写过程中,承蒙国家开放大学和兄弟院校及企业有关同志的大力支持,在此向他们表示衷心的感谢。此外,本书在编写过程中参考了国内外有关的大量文献资料,在此向原作者表示诚挚的谢意。由于编者水平有限,书中难免会有疏漏和不足之处,恳请读者和业内专家批评指正。

编　者
2017 年 8 月

学习指南

0.1 学习目标

完成本课程的学习后,你将达到以下目标:

1. 知识目标

(1)了解汽车美容装饰的功能、类型、项目及原则。

(2)掌握汽车清洁美容的相关用品、工具及设备的使用方法和注意事项。

(3)掌握汽车车身漆面的护理及深浅划痕修复的相关工具及设备的使用和注意事项。

(4)掌握汽车装饰的相关用品、工具及设备的使用方法和注意事项。

(5)了解汽车加装与改装的相关用品、工具及设备的使用方法和注意事项。

2. 能力目标

(1)通过学习,能够正确选用相关用品、工具及设备,完成汽车车身清洁美容及护理。

(2)通过学习,能够正确选用相关用品、工具及设备,完成汽车内饰清洁美容及护理。

(3)通过学习,能够正确选用相关用品、工具及设备,完成汽车漆面维护美容。

(4)通过学习,能够正确选用相关用品、工具及设备,完成汽车漆面划痕处理。

(5)通过学习,能够正确选用相关用品、工具及设备,完成汽车内部装饰。

(6)通过学习,能够正确选用相关用品、工具及设备,完成汽车外部装饰。

(7)通过学习,能够正确选用相关用品、工具及设备,完成汽车改装与加装。

3. 素质目标

(1)具有良好的汽车美容与装饰专业语言表达与社会沟通能力。

(2)具有良好的组织与协调能力。

(3)具有良好的团队合作精神。

(4)具有良好的职业道德与行为操守。

0.2 学习内容

本教材包括以下内容:

1. 汽车美容概述

本部分是了解汽车美容的概况,包括汽车美容介绍、现代汽车美容与传统汽车维护的区别、汽车美容功能、汽车美容装饰的类型及项目等内容。

2. 汽车清洁美容及护理

本部分内容是学习汽车清洁美容及护理,包括汽车车身以及汽车内饰清洁美容及护理。具体讲述汽车清洁美容用品及工具设备、汽车清洁美容主要内容及实施步骤等内容。

3. 汽车漆面修护美容

本部分内容是学习汽车漆面修护美容划痕处理、漆面常见缺陷的处理,包括汽车漆面斑点与失光的处理以及塑料件的美容与护理,汽车漆面浅划痕及深划痕处理,汽车涂装刚结束、几天后及长期使用后漆面常见缺陷处理。

4. 汽车装饰

本部分内容是学习汽车外部与内部装饰,包括汽车防爆膜贴护、个性化装饰、底盘防护、隔音工程、护杠及局部装饰,汽车内饰的选用与安装和汽车内饰精品等内容。

5. 汽车加装与改装

本部分内容是学习汽车加装与改装,包括汽车天窗加装、导流板与扰流板加装,车轮、音响、灯光改装,以及电子产品加装等。

0.3　学习准备

在学习本课程之前,学生应具有汽车构造、汽车材料等课程的基本知识。

0.4　学习资源

为了帮助学生更好地掌握本教材的内容,顺利地完成开放教学,本课程在文字教材的基础上配备了二、三维动画及音视频等配套学习资源,以二维码的形式呈现在各章节对应位置。

0.5　学习评价

1. 评价方式

本课程的学习评价采用形成性考核和终结性考试两种方式进行。其中,形成性考核采取作业册的方式进行,主要检验学生的作业完成情况。终结性考试是在形成性考核的基础上,对学生学习情况和学习效果进行的一次全面检测。

2. 评价要求

本课程的评价重点为文字教材的基本概念、基础知识和基本分析方法,各章内容均有考核要求。

3. 试题题型

本课程试题题型及其他说明详见国家开放大学考试中心发布的课程考试管理文件"汽车装饰与美容课程考核说明"。

目　　录

2

第1章　汽车美容概述

导言

汽车大规模地进入家庭为汽车美容、维护及汽车服务行业开辟了更广阔的市场。根据对汽车拥有量的数据统计及增长趋势分析,汽车后市场的平均利润率高达 $40\% \sim 50\%$。而汽车美容知识的普及对汽车消费者正确选择与鉴别汽车装饰与美容产品,正确选择汽车美容店维护、装饰与改装汽车提供了帮助。

本章主要内容是介绍汽车美容的概况,包括汽车美容介绍、现代汽车美容与传统汽车维护的区别、汽车美容功能、汽车美容装饰的类型及项目等内容。通过对本章内容的学习,为学生继续学习相关章节打下坚实的基础。

学习目标

1. 认知目标
(1)理解现代汽车美容概念。
(2)了解汽车美容的现状和发展趋势。
(3)了解汽车美容的功能与作用。
(4)掌握汽车美容分类方法。
(5)了解专业汽车美容具备条件。
(6)了解汽车美容延伸项目内容。
(7)掌握汽车美容维护原则。
(8)掌握专业汽车美容的基本内容。
2. 技能目标
(1)会识别自理性美容与专业美容项目内容。
(2)会正确选择汽车美容作业项目。
(3)会为车主正确制定汽车美容维护方案。
3. 情感目标
(1)具有良好的汽车美容方面的语言表达与社会沟通能力。
(2)具有良好的组织与协调能力。
(3)具有良好的团队合作精神。
(4)具有良好的职业道德与行为操守。

1.1 汽车美容认识

汽车美容是20世纪90年代中后期才发展起来的一种全新的服务模式,它具有严格的系统性、规范性和专业性。

1.1.1 汽车美容介绍

"汽车美容"源于西方发达国家,英文名称为"Car Beauty"或"Car Care"。西方国家的汽车美容业随着整个汽车产业的发展,已经达到非常完善的地步。他们形容这一行业为"汽车保姆(Car Care Center)",所谓"保姆"顾名思义,包涵了汽车生产、销售、维修全过程的照料、服务。

追新族为了不让自己的爱车贬值、落伍,汽车美容在新车消费和二手车市场之间应运而生,从而达到了新车保值、旧车变新的目的。汽车美容业是汽车技术高速发展、消费观念更新及汽车文化深入人心的必然产物。

现代汽车美容是在继承传统汽车美容的基础上,完善和发展起来的高技术汽车护理。而现代新材料、新技术等领域也为汽车美容提供了崭新的工艺和丰富的内容。

1.1.2 传统汽车美容、现代汽车美容及专业汽车美容的区别

1. 传统汽车美容

传统汽车美容被简单地理解为:洗车—打蜡—交车。洗车时所用清洁剂多数是洗衣粉、肥皂和洗涤灵等通用型的而非专用型的产品。此类清洗液的 pH 值一般在 10.3～10.9 之间,而汽车油漆耐酸、碱的承受力为 pH 值8.0 以下,故长期使用 pH 值8.0 以上的清洁剂,虽洗去了车身表面的灰尘,却对漆面造成了损害,轻者失去光泽,重者会发生严重腐蚀。打蜡时所用的蜡一般为硬质蜡,车体在打蜡20h 后才能进行抛光,在这段时间内,蜡膜会吸附大量的灰尘与沙粒,抛光时它们会划伤漆面,产生大量划痕,严重影响光泽度。

2. 现代汽车美容

现代汽车美容可以界定分为 3 个层面。最基本的一层是自理性维护,国外车主对汽车的熟悉程度普遍较高,车辆最简单的维护基本都自己完成。第二层次是浅性服务,诸如太阳膜及犀牛皮等的张贴,大包围及智能电子产品等的安装;内饰品(包括真皮座椅、桃木内饰等)的改装、使用划痕处理、抛光清洁等一些主要汽车美容项目,则需要依赖快修店,这种快修店一般只进行车辆内外的装备设施维护,而不涉及发动机等机械传动部分的护理工作。第三层次是专业服务,这是技术含量较高的服务种类,属于美容施工深度处理,也是整个汽车美容最深入的维护。

汽车美容是一个全新的概念,不只是简单的汽车打蜡、除渍、除臭、吸尘及车内外的清洁服务等常规美容护理,还包括利用专业美容系列产品和高科技设备,采用特殊的工艺和方法,对漆面增光、打蜡、镀膜及深浅划痕处理,全车漆面美容,底盘防腐涂胶自理和发动机表面清洁等。

3.专业汽车美容

专业汽车美容与其他美容不同之处,在于它自身的系统性、规范性和专业性。所谓系统性就是着眼于汽车的自身特点,由表及里地进行全面而细致的维护;所谓规范性就是每一道工序都有标准而规范的技术要求;所谓专业性就是严格按照工序要求采用专业工具、专业产品和专业手段进行操作。汽车美容应使用专业优质的维护产品,针对汽车各部位材质进行有针对性的维护、美容和清洁,使汽车经过专业美容后外观洁亮如新,漆面亮光保持长久,以实现"旧车变新,新车保值,汽车使用延寿增益"的目的。

1.1.3 汽车美容功能

1.能保持车体的健康、靓丽

汽车美容护理集清洁、打蜡、除尘及漆面处理为一体,可以由表及里地还给汽车生命又一度青春,汽车美容是车辆美的缔造;及时清除车表尘土、酸雨、沥青等污染物,保持车表清洁,防止漆面及车身其他部件受到腐蚀和损害。汽车打蜡不但能给车身以光彩亮丽的视觉效果,而且它的防紫外线、防酸雨、抗高温及防静电功能,能为爱车带来无微不至的"呵护"。车室美容在除尘、清洁的同时,施以特殊的工艺,进行必要的上光保护、清洁修补、杀菌及空气净化。

2.能显露车主的高雅、尊荣

汽车与人是一个密不可分的整体,人的视觉是美的伯乐,凡同汽车打交道者,其视点大多集中在车辆美学角度上。汽车美容也是车主形象的映照,如同对现代个人的包装。人需要以整洁、得体、不同档次的服饰来表征个人的某些内在的意识、个性气质乃至生活观念和生活态度。而作为汽车的拥有和使用者,汽车与车主朝夕相伴,早已成为车主形象表征的重要组成部分,汽车美容可协助车主展现一个全新的自我。

3.能增添城市道路的现代风采

随着我国国民经济的不断发展和科学技术的不断进步,以及人们生活水平的不断提高,道路上行驶的各种五颜六色的汽车装扮着城市的各条道路,形成一条条美丽的风景线,对城市和道路环境起着美化作用,给人们以美的享受。这些成果的得来与我国的汽车美容业的兴起是分不开的。如果没有汽车美容,道路上行驶的汽车车身灰尘污垢堆积,漆面色彩单调、色泽暗淡,甚至锈迹斑斑,这样将会形成与美丽的城市建筑极不协调的景象。因此,美化城市环境离不开汽车美容。

1.2 汽车美容装饰类型及项目

1.2.1 汽车美容分类

1.根据汽车的服务部位分类

可分为:车身美容、内饰美容、漆面美容。

1）车身美容。车身美容服务项目包括高压水洗车,去除沥青、焦油等污物,上蜡增艳与镜面处理,新车开蜡,钢圈、轮胎、保险杠清洁与底盘防腐涂胶处理等。还包括车身的外部装饰,如对汽车顶盖、车窗、车身周围及车轮等部位进行装饰。

2）内饰美容。内饰美容服务项目可分为汽车内室美容、发动机美容及行李舱清洁等项目。其中车室美容包括仪表台、顶棚、地毯、脚垫、座椅、座套、车门内饰的吸尘清洁保护,以及蒸汽杀菌、冷暖风口除臭、室内空气净化等项目。发动机美容包括发动机冲洗清洁、喷上光保护剂、做清洁处理及三滤水箱、蓄电池等清洁、检查、维护项目。还包括对汽车驾驶室和乘客室进行装饰。

3）漆面美容。漆面处理服务项目可分为氧化膜、飞漆、酸雨处理,漆面深浅划痕处理,漆面部分板面破损处理及整车喷漆。

2. 根据汽车的实际美容程度分类

可分为:护理美容、修复美容和专业美容。

1）护理美容

护理美容是指对汽车漆面和内室表面进行美容护理,其中包括对汽车外表漆面、总成表面和内室物件表面进行清洗除污,对汽车漆面上光、抛光、研磨及对新车开蜡等作业。它增加车身表面的光亮度,起到了粗浅的"美容"作用。

护理美容作业项目主要包括以下内容。

（1）新车开蜡。汽车生产厂家为防止汽车在储运过程中漆膜受损,确保汽车到用户手中时漆膜完好如新,汽车总装的最后一道工序是在检查合格后,对整车进行喷蜡处理,在车身外表面喷涂封漆蜡。封漆蜡没有光泽,严重影响汽车美观,且易黏附灰尘。汽车销售商在汽车出售前就对汽车进行除蜡处理,用户购车后必须除掉封漆蜡——俗称开蜡。

2）汽车清洗。为使汽车保持干净、整洁的外观,应定期或不定期地对汽车进行清洗。汽车清洗是汽车美容的首要环节,同时也是一个重要环节。它既是一项基础性的工作,也是一种经常性的护理作业。按汽车部位不同,清洗作业可分为车身外表面清洗、内室清洗和行走部分清洗。

对车身漆面的清洗可分为不脱蜡清洗和脱蜡清洗两种。

①不脱蜡清洗是指车身表面有蜡,但是不想把它去掉,只是洗掉灰尘、污迹。清洗方法主要是通过清水和普通清洗剂,采用人工或机械清洗。

②脱蜡清洗是一种除掉车漆表面原有车蜡的清洗作业。有些汽车原先打过蜡,现在需要重新打蜡上光,就必须在洗车同时将原车蜡除净后再打新蜡。脱蜡洗车使用脱蜡清洗剂,可有效地去除车蜡。用脱蜡清洗剂洗完之后,再用清水将车身表面冲洗干净。

3）漆面研磨。漆面研磨是去除漆膜表面氧化层、轻微划痕等缺陷所进行的作业。该作业虽具有修复美容的性质,但由于所修复的缺陷非常轻微,只要配合其他护理作业,便可消除缺陷,所以把它列为护理性美容的范围。漆面研磨与后面的抛光、还原是三道连续作业的工序,研磨是漆面轻微缺陷修复的第一道工序。漆面研磨需使用专用研磨剂,通过研磨/抛光机进行作业。

4）漆面抛光。漆面抛光是紧接着研磨的第二道工序。车漆表面经研磨后会留下细微的研磨痕迹,漆面抛光就是去除这些痕迹所进行的护理作业。漆面抛光需使用专用抛光剂,通过研磨/抛光机进行作业。

5）漆面还原。漆面还原是研磨、抛光之后的第三道工序，它是通过还原剂将车漆表面还原到"新车"般的状况。还原剂也称"密封剂"，对车漆起密封作用，以避免空气中污染物直接侵蚀车漆。还原剂有两种：还原剂和增光剂。增光剂有还原和增亮两重作用。

6）打蜡。打蜡是在车漆表面涂上一层蜡质保护层，并将蜡层抛出光泽的护理作业。

打蜡的目的：一是改善车身表面的光亮程度，增添靓丽的光彩；二是防止腐蚀性物质的侵蚀，对车漆进行保护；三是消除或减小静电影响，使车身保持整洁；四是降低紫外线和高温对车漆的侵害，防止和减缓漆膜老化。汽车打蜡可通过人工或打蜡机进行作业。

7）内室护理。汽车内室护理是对汽车控制台、操纵件、座椅、座套、顶棚、地毯、脚垫等部件，进行的清洁、上光等美容作业，还包括对汽车内室定期进行杀菌、除臭等净化空气作业。汽车内室部件种类很多，外层面料也各不相同，在护理中应分别使用不同的专用护理用品，确保护理质量。

（2）修复美容

指对车身漆膜有损伤的部位和内饰物出现的破损部位进行恢复性作业，其中包括对涂膜表面的缺陷、损伤和内室物件的破损进行修补处理等作业内容。汽车修复美容一般先进行漆膜修复，然后再进行美容。

汽车修复美容，必须在比较正规的汽车美容中心进行，它需要必要的设备和工具，必须有一定的修复美容工艺，才能满足汽车美容的基本要求。但是，这种美容并非很完善，对整车而言，只是对车身的漆膜部分进行了维护。

修复性的美容维护作业项目：

1）漆膜缺陷治理。漆膜缺陷是指漆膜质量与规定的技术指标相比所存在的不足之处。漆膜缺陷有上百种，按产生的时机不同可分为涂装中出现的缺陷和使用中出现的缺陷两大类。对于各种不同的漆膜缺陷，应分析原因，采取有效措施积极防治。

2）漆面划痕处理。漆面划痕是因刮擦、碰撞等原因造成的漆膜损伤。当漆面出现划痕时，应根据划痕的深浅程度，采取不同的工艺进行修复处理。

3）漆面斑点处理。漆面斑点是指漆面接触了沥青、飞漆、焦油、鸟粪等污物，在漆面上留下的污迹。对斑点的处理应根据斑点在漆膜中渗透的深度不同，采取不同的工艺。

4）汽车涂层局部修补。汽车涂层局部修补是当汽车漆面出现局部失光、变色、粉化、起泡、龟裂、脱落等严重老化现象，或因交通事故导致涂层局部破损时，所进行的局部修补涂装作业。汽车涂层局部修补虽作业面积较小，但要使修补漆面与原漆面的漆膜外观、光泽、颜色达到基本一致，需要操作人员具有丰富的经验和高超的技术水平。

5）汽车涂层整体翻修。汽车涂层整体翻修是当全车漆膜出现严重老化时所进行的全车清洁涂装作业。其作业内容主要有清除旧漆膜、金属表面除锈、底漆和腻子施工、面漆喷涂、补漆修饰及抛光上蜡等。

（3）专业美容

专业汽车美容，不仅仅包括对汽车的清洗、打蜡，更主要的是根据汽车实际需要进行维护。包括对汽车护理用品的正确选择与使用、汽车漆膜的护理、汽车装饰、精品选装等内容。典型的是免拆洗的汽车美容维护，如图1-1所示。

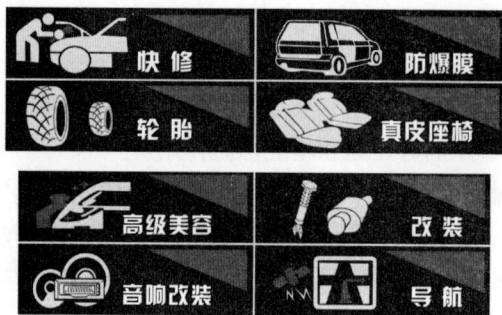

图1-1 专业汽车美容内容

采用全新方式免拆洗维护的轿车,不但可以免除频繁修理的烦恼,而且可以节省大量的维修费用和时间。可使车主用户们在享受开车舒畅的同时,实现"买得起车也养得起车"理想,获得较好经济效益。免拆洗的汽车美容维护项目包括:

1)润滑系统维护。用于发动机的润滑、抗磨、清洗和密封等。

2)燃油系统维护。用于积炭控制、清洗、防冻和除水等。

3)传动系统维护。用于润滑、抗磨、清洁、止漏等。

4)冷却系统维护。用于助冷、清洗、止漏等。

5)空调系统维护。用于降噪、润滑、清洗和杀菌等。

此外,还包括底盘系统、转向系统、点火系统等部分的维护。

3.专业汽车美容主要包含的项目和内容

1)整车细部全面彻底清洗。

2)去静电、油污、飞漆、污物的清洗处理。

3)玻璃抛光增亮清洁,玻璃清洁、防雾处理、加装防冻清洁剂。

4)漆面胶油、沥青、鸟粪等杂物处理。尘粒、橘皮等漆膜缺陷的砂平处理。

5)漆膜粗研磨处理。

6)漆膜细磨抛光处理。

7)漆膜增艳处理。

8)漆膜抗氧化保护处理。

9)漆膜镜面处理。

10)全车的除锈、防锈、防腐蚀处理。

11)钢圈、轮胎、保险杠、底盘等维护。

12)室内各部位及主要配置的维护。车内室去异味、杀菌处理。

13)发动机系统的美容护理等。

14)新车开蜡,深度清洗。

15)全车灯罩及左右后视镜清洁、抛光。

16)轮毂飞漆、沥青、氧化层的去除,清洁维护。

17)轮胎清洁增黑,上光护理。

18)全车电路系统清洁防潮防老化护理。

4.专业汽车美容后效果

1)车身漆膜应达到艳丽的新车效果,并能长久保持。并应具有防静电、防酸雨、防紫外线等的"三防"功能。

2)发动机的清洁维护,可使发动机表面形成光亮的保护膜并能长久保持。发动机系统经过免拆卸清洗后,可提高整个系统的性能,并延长使用寿命。

3)风窗玻璃的修复抛光,使开裂发乌的玻璃变得清晰明亮,完好如初。

4)轮毂、轮胎经美容护理后,具有艳丽光泽并能延长使用寿命。

5)室内、行李舱内经美容处理后,应更显洁净华贵。

6)金属裸露部分经除锈、防锈处理后,应具有金属光泽,不再生锈,延长其使用寿命。

5. 专业汽车美容的基本条件

1)应有美容操作工作室。工作室应与外界隔离,设有漆膜维修处理工作室、干燥室、清洗室、美容护理室,且最好相互不干扰,但又有一定的联系。露天操作是不能进行汽车美容的。汽车美容项目及内容见图1-2及表1-2。

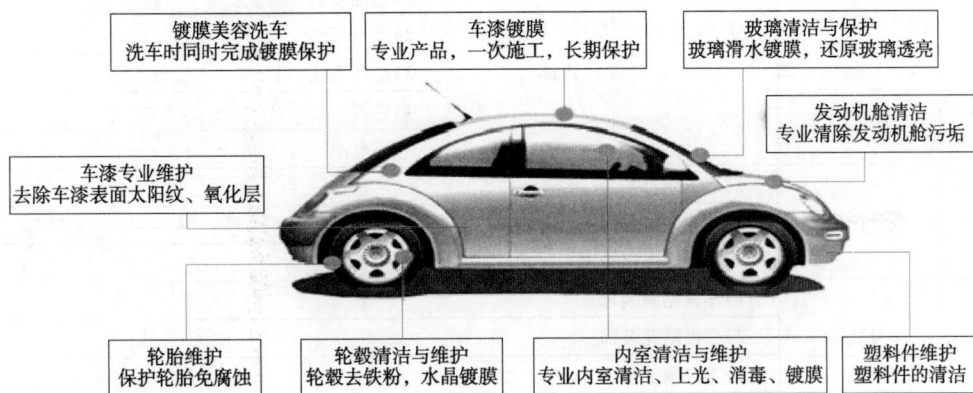

图1-2 汽车美容项目及内容

2)各工作室应有相应的设备、工具及能源,可供施工所用,见表1-1、表1-2。

3)所有的施工人员,须经过专业技术培训,取得上岗证书者,才可进行施工操作。

4)汽车美容用品及有关材料必须是正规厂家生产的合格品。

5)有完善的售后服务。售后服务是对专业美容的补充,当出现一些质量问题时可进行补救处理,既可保证汽车美容企业的良好服务形象,也是对消费者权益的保证。

现代汽车美容主要内容   表1-1

类别	美容项目	美容的主要内容		
护理美容	车身护理	常规护理	清洗打蜡	1)新车开蜡
				2)在用车清洁
		深度护理	漆面	1)漆面锈蚀
				2)漆面失光
				3)漆面浅划痕
				4)漆面深划痕
			塑料件	
			风窗玻璃	1)伤痕抚平
				2)炸点修补
			镀铬件	

续上表

类别	美容项目	美容的主要内容			
护理美容	内饰护理	车室护理	1)除尘清洗		
			2)蒸汽清毒		
			3)修补		
			4)上光		
			5)空气清洁		
		行李舱护理	除尘清洁		
		发动机护理	外部	1)清洗	
				2)上光	
			内部	1)燃油喷射	
				2)润滑系统	
				3)冷却系统	
				4)空调	
				5)蓄电池	
	底盘护理	1)底盘锈蚀护理			
		2)四轮定位护理			
		3)轮胎动平衡护理			
装饰美容	车身装饰	1)车窗贴膜装饰			
		2)个性贴花装饰			
		3)大包围装饰			
	车内装饰	1)汽车顶衬装饰			
		2)车门内衬装饰			
		3)桃木装饰			
		4)车内饰品装饰			
		5)座椅装饰			
		6)地毯装饰			
	视听装饰				
	通信装饰				
	隔音降噪				
	汽车安全防护与控制装饰				

现代汽车美容常用设备及用品　　　　　　　　　　表1-2

序号	美容项目	具体作业项目	设备及用品	选用要点
1	车表美容	汽车清洗	龙门滚刷清洗机、小型高压清洗机、麂皮、毛巾、板刷、清洗护理二合一清洗剂、水系清洗剂、玻璃清洗剂、沥青清洁剂、轮胎清洗保护剂、黑镀清洗保护剂、银镀清洁保护剂,清洁上光剂等	1)小型美容企业宜选用小型高压清洗机 2)北方冬季宜选用调温式清洗机 3)不宜选用碱性清洗剂洗车
		汽车打蜡	打蜡机、打蜡海绵、无纺布毛巾及各种保护蜡、上光蜡、防静电蜡、镜面釉等	1)根据汽车漆面性质、产品性能及汽车运行环境选用车蜡 2)镜面釉是非蜡质保护剂

序号	美容项目	具体作业项目	设备及用品	选 用 要 点
2	车饰美容	车室美容	吸尘器、高温蒸汽杀菌器、喷壶、毛巾、多功能清洁保护剂、真皮上光保护剂、真皮与塑料件清洁保护剂、地毯清洁剂等	1）不宜用碱性清洁剂进行车室清洁
				2）纤维织物清洁剂一般可用于地毯清洁
		发动机美容	喷壶、毛巾、发动机表面活性清洗剂、金属件光亮保护剂、清洁油等	不宜用酸碱类清洁剂
3	漆面美容	浅划痕及失光处理	抛光机、不同粒度的抛光剂、还原剂、漆面增艳剂、漆面保护剂	抛光后须进行还原处理
		深划痕处理	设备、用品与喷漆作业相同	
		喷漆	喷烤漆房、空压机、喷枪、砂纸、刮板、底漆、腻子、中涂漆、面漆	1）宜选用喷漆烤漆两用房
				2）修补施工宜选用快干型涂料

1.2.2 汽车美容延伸项目

1.汽车防护

服务项目有：贴防爆太阳膜、安装防盗器、静电放电器、汽车语音报警装置等。

2.汽车精品

汽车精品是能使汽车美容服务更加贴身贴心，体现人性化的服务。作为汽车美容服务的延伸项目，能满足驾驶人及乘员对汽车内部附属装饰、便捷服务的需求，如车用香水、蜡掸、剃须刀、护目镜、脚垫、座套、把套等的配置。在4S店汽车美容装饰项目现状况排名情况如图1-3所示。

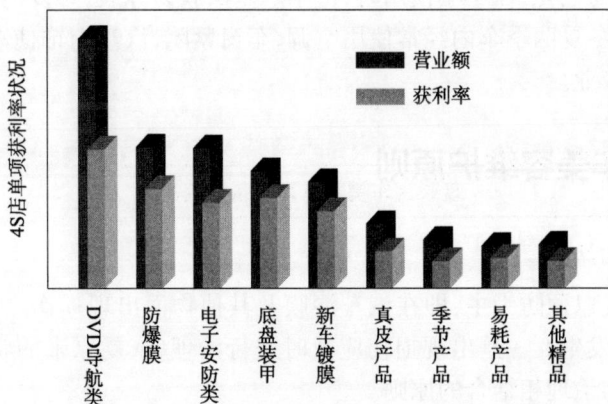

图1-3 汽车美容装饰项目现状况排名

一般认为，专业汽车美容是通过先进的设备和数百种用品，经过几十道工序，从车身、内室、发动机、钢圈、轮胎、底盘、保险杠、油路、电路、空调系统、冷却系统、进排气系统等各部位进行彻底地清洗和维护，使旧车变为新车并保持长久，使整车焕然一新。这样的汽车美容，才是真正的专业汽车美容。

1.2.3 汽车美容作业项目的选用

汽车美容应根据车型、车况、使用环境及使用条件等因素,有针对性地、合理地安排美容作业的时机及项目。

1. 因"车型"而异

汽车美容项目、内容及使用的用品不同,其价位也不同。对汽车进行美容既要考虑到效果,也要考虑费用问题。因此,不同档次的汽车所采取的美容作业及使用的美容用品应有所不同。对于高档轿车应主要考虑美容效果,而一般汽车只要进行常规的美容作业即可。

2. 因"车况"而异

汽车美容作业应根据汽车漆膜及内饰物表面状况有针对性地进行。车主或驾驶人应经常对汽车表面进行检查,发现异变现象要及时处理。如车漆表面出现划痕,尤其是较深的划痕,若处理不及时,导致金属锈蚀,这就增大了处理的难度。

3. 因"环境"而异

汽车行驶的地域和道路不同,对汽车进行美容作业的时机和项目也不同。如:汽车经常在污染较重的工业区使用,应缩短汽车清洗周期,经常检查漆面有无污染色素沉着,并采取积极预防措施;汽车在沿海地区使用,由于当地空气潮湿,且大气中含盐分较多,一旦漆面出现划痕应立即采取治理措施,否则很快造成内部金属锈蚀;如车在西北地区使用,由于当地风沙较大,漆面易失去光泽,应缩短打蜡的周期。

4. 因"季节"而异

随着季节、气温和气候的变化,对汽车车表和内饰环境有不同的影响。如汽车在夏季使用时,由于高温漆膜易老化,在冬季使用时,由于严寒漆膜易冻裂,冬夏两季应进行必要的预防护理作业。另外,冬夏两季车内经常使用空调,车窗紧闭,汽车内饰使车内出现异味,应定期进行杀菌和除臭作业。

1.2.4 汽车美容维护原则

1. 预防与治理相结合

汽车美容维护要以预防为主,即在汽车漆膜及其他物面出现损伤之前需进行必要的维护作业,预防损伤的发生。一旦出现损伤应及时进行治理,恢复原来的状态。因此,汽车美容维护应坚持预防与治理相结合的原则。

2. 车主护理与专业护理相结合

汽车美容维护很多属于经常性的维护作业,如除尘、清洗、擦车、检查等,这些简单的维护作业,只要车主或驾驶人掌握了一定的汽车美容维护知识,完全可以自己完成。由于有很多美容维护项目车主无法完成,尤其是汽车漆面或内室物面出现某些问题时,必须进行专业维护。定期到专业汽车美容维护场所进行美容维护也是必不可少的,因此,车主或驾驶人护理一定要与专业维护相结合,这样才能将车护理得更好。

3. 单项维护与全套维护相结合

汽车美容维护作业的项目和内容很多,在作业中应根据汽车自身状况有针对性地选择项目和内容,进行某些单项维护就能解决问题的不必进行全套维护,这样不仅能节省费用,同时对汽车本身也是有利的。

例如,汽车漆膜的厚度是一定的,如果每次美容都进行全套维护,即每次都要研磨、抛光,漆膜厚度很快会变薄,当磨透车漆时,就必须进行重新喷漆,得不偿失。当然对汽车进行全面维护也是必要的,关键是要根据不同情况具体对待。

4. 局部维护与全车维护相结合

汽车漆膜局部出现损伤时,只要对局部进行处理即可;只有在全车漆膜绝大部分出现损伤时,才能进行全车漆膜处理。在实际工作中应根据需要决定维护的面积。

1.2.5　汽车装饰的类型及项目

汽车装饰是通过增加一些附属的物品,以提高汽车表面和内室的美观性,这种行为叫作汽车装饰。所增加的附属物品,叫作装饰品。

根据汽车被装饰的部位分类,可分为汽车外部装饰和汽车内室装饰。

1. 汽车的外部装饰

汽车外部装饰主要是对汽车顶盖、车窗、车身周围及车轮等部位进行装饰,汽车外部装饰的主要项目有:

1)汽车漆面的特种喷涂装饰。

2)彩条及保护膜装饰。

3)前导风板和后翼板装饰。

4)车顶开天窗装饰。

5)汽车风窗装饰。

6)车身大包围装饰。

7)车身局部装饰。

8)车轮装饰。

9)底盘喷塑保护装饰等。

2. 汽车内部装饰

汽车内部装饰,主要是对汽车驾驶室和乘客室进行装饰,车身内饰的主要项目有:

1)汽车顶棚内衬装饰。

2)侧门内护板和门内护板的装饰。

3)仪表板的装饰。

4)座椅的装饰。

5)地板的装饰。

6)内室精品装饰。

本章小结

本章主要学习了汽车美容的概况,包括汽车美容介绍、现代汽车美容与传统汽车维护的区别、汽车美容功能、汽车美容装饰的类型及项目等内容。通过对本章内容的学习,学生为继续学习相关章节打下坚实的基础。

自测题

一、多项选择题(下列各题的备选答案中,有两个或两个以上选项是正确的,请把正确答案的序号填写在括号内)

1.现代汽车美容根据汽车的服务部位可分为(　　　)。

A.车身美容　　　　B.内饰美容　　　　C.漆面美容　　　　D.护理美容

2.现代汽车美容根据汽车的实际美容程度分可分为(　　　)。

A.车身美容　　　　B.修复美容　　　　C.专业美容　　　　D.护理美容

3.汽车美容作业项目的选用要考虑的因素有以下哪几项?(　　　)

A.车型　　　　　　B.车况　　　　　　C.环境　　　　　　D.季节

二、判断题(在括号内正确打√,错误打×)

1.汽车漆面耐酸、碱的承受力为 pH 值8.0以上。　　　　　　　　　　(　　　)

2.专业汽车美容是指洗车—打蜡—交车。　　　　　　　　　　　　　　(　　　)

3.打蜡是在车漆表面涂上一层蜡质保护层,并将蜡抛出光泽的护理作业。　(　　　)

三、简答题

1.简述专业汽车美容包含的主要项目和内容。

2.简述专业汽车美容应具备的基本条件。

3.简述汽车美容作业的依据。

4.简述汽车美容服务的延伸项目。

第2章　汽车车身清洁美容及护理

导言

本章主要内容是学习汽车车身清洁美容及护理,包括汽车车身清洁美容及护理用品(如车身清洗剂系列用品简介及正确选用等)、汽车车身清洁美容(如汽车车身外表的清洗、发动机部分的清洁及底盘部分的清洁等)和汽车车身美容护理(如车身美容护理用品、工具设备及车身漆面护理美容等)等内容。通过章内容的学习,能够正确选择相关美容用品及工具设备,顺利完成汽车车身清洁美容及护理工作。

学习目标

1.知识目标
(1)了解汽车清洁美容护理用品的分类。
(2)掌握清洗剂的特性及除垢机理。
(3)掌握汽车美容工具与设备的基本知识。
(4)了解免拆卸清洗设备的结构原理。
(5)掌握车表污垢的组成。
(6)了解车表清洗方式。
(7)掌握车表及其他部件清洁的工艺流程。

2.能力目标
(1)能正确选用汽车清洁美容护理用品。
(2)能正确使用和维护工具、设备。
(3)会正确对车身进行静电去除清洗。
(4)会正确对车身交通膜的去除清洗。
(5)会正确对车身进行除蜡清洗。

3.情感目标
(1)具有良好的汽车美容专业的语言表达与社会沟通能力。
(2)具有良好的组织与协调能力。
(3)具有良好的团队合作精神。
(4)具有良好的职业道德与行为操守。

2.1 汽车车身清洁美容用品

2.1.1 汽车车身清洁美容用品的分类

汽车车身清洁美容用品按其用途可分为以下系列:
1)清洁美容护理系列。
2)玻璃清洁护理系列。
3)仪表板及内饰清洁护理系列。
4)轮辋及金属饰件清洁护理系列。
5)发动机清洁及免拆护理系列。
6)底盘清洁护理系列。
7)燃油系统清洁护理系列。

2.1.2 汽车车身清洗剂的特性与除垢机理

汽车表面污垢主要分两类:

第一类为水溶性污垢,主要包括泥土、沙粒、灰尘等,这类污垢能溶于水中,因此很容易用水将其冲洗掉。第二类是水不溶性污垢,主要包括炭烟、矿物油、油脂、胶质物、铁锈、废气凝结物等,这类污垢不溶于水,一般应用清洗剂清洗。

清洗第二类污垢的清洗剂应具备以下特性:

1)表面活性。在汽车表面清洗过程中,清洗剂应能使固体污垢形成悬浮液,使液体污垢形成乳浊液,以便将其从汽车表面上冲洗掉。

2)分散性。是使固体污垢的颗粒在水等介质中分散成细小质点或胶状液体的能力。

3)湿润性。是对污垢的湿润能力,使固体污垢容易被水浸湿形成浓稠的泡沫,增加清洗效果。

清洗剂由多种表面活性剂配制而成,有很强的分解能力,能有效地去除车身表面的油污和沾染很深的污垢,独特的表面活性剂成分有去除车身携带的静电和防止交通膜的形成,性质温和不腐蚀汽车漆面,液体浓缩、泡沫丰富,使用便捷经济,是洗车必备的佳品。

1. 清洗剂成分

1)具有表面活性物质。表面活性物质也称为表面活性剂或界面活性剂,是一类能显著降低液体表面张力的物质,是清洗剂中不可缺少的成分。汽车清洗剂中的表面活性物质主要有软肥皂和合成清洗剂。

2)水玻璃。它在清洗剂中的主要作用是能够使溶液的 pH 值几乎维持不变。在清洗过程中,酸性污垢必定耗用碱盐,水玻璃维持溶液碱性的缓冲效果约为其他碱盐的 2 倍,因此能降低清洗剂的消耗。水玻璃具有很好的悬浮能力,或稳定悬浮系统的能力,这一能力是水玻璃和活性物质同时使用时能提高去污能力的重要因素。

3)磷酸盐。在清洗剂配方中以缩合磷酸盐最重要。磷酸三钠又称正磷酸钠,它的1%溶液,在室温时的pH值为12。由于它的碱性太强,在清洗剂中用料不能太多。在配方中它能增加清洗剂溶液的润湿能力,有一定的乳化能力,但它主要的作用是软水作用。

4)具有碱性物质。附着在金属表面的油脂,大体上可分为动、植物油脂和矿物油脂两大类。前者是脂肪,它和苛性钠一起被加热时会发生皂化反应,结果生成肥皂和甘油,这些产物都溶于水。此时生成的碱皂是极性分子,极性端被水所吸引,非极性端被油所吸引。因此溶剂的表面张力降低,油和溶液完全接触,溶液可以渗透到油的内部。油脂膨胀并被溶液润湿,从而使它和金属间的附着力减小,最后发生乳化变成微小的颗粒而分散在溶液中。

5)溶剂。溶剂是表面清洗剂的主体,它连同表面活性剂等添加剂一起,共同对污垢起化学反应,达到清洗除垢的目的。溶剂主要有水基溶剂和油基溶剂两种,水基溶剂主要是水,油基溶剂主要有汽油、煤油、松节油等。

6)摩擦剂。摩擦剂是增加与清洗表面接触、摩擦的物质,例如硅藻土等。

2. 清洗剂的除垢机理

清洗剂除垢包括润湿、吸附、溶解、悬浮、去污5个过程:

1)润湿。由于清洗剂溶液对汽车表面上污垢质点有很强的润湿力,使被清洗物的表面很容易被清洗溶液所润湿,并促进它们间有充分的接触。清洗溶液不仅能润湿污垢质点表面,而且能深入到污垢聚集体的细小空隙中,使污垢与被清洗表面结合力减弱、松动。

2)吸附。清洗汽车外表面时,即有物理吸附(分子间相互吸引),又有化学吸附(类似化学键的相互吸引)能力。清洗剂中的电解质形成的无机离子吸附在污垢质点上,能改变对污垢质点的静电吸引力,并可防止污垢再沉积。

3)溶解。使污垢溶解在清洗剂溶液中。

4)悬浮。清洗剂中的表面活性物质能在污垢质点表面形成定向排列的分子层,使污垢质点和周围的水溶液牢固地联结在一起,使憎水性污垢具有亲水性质,表面上的污垢脱落后,悬浮于清洗剂中。这样进一步增加了去污作用。

5)去污。最后用高压水枪将污垢冲掉。通过这种润湿→吸附→溶解→悬浮→去污的过程,不断循环,或综合起作用,可以将汽车表面上的污垢清除掉。

2.1.3 汽车清洗剂的正确选用

进行车身表面清洗时,车身漆面不可使用洗衣粉、洗洁精等含碱性成分较大的普通洗涤用品。长期使用这些洗涤用品洗车会使车身漆面失去光泽,严重的会使车漆干裂,造成不可挽回的损失。因此,一定要使用专用的清洁液或清洁香波。

专业的洗车香波均含有表面活性剂、功能性高分子材料,具有较强的渗透能力和增容能力,可大大降低表面间的张力,既能有效去除车体表面的各类顽固污垢,同时具有除雾、防锈功能,并且不含有害物质,长期使用不会损伤车体表面及皮肤。在进口汽车美容用品中有汽车清洗香波、清洗及上蜡香波,其pH值为7.0,均属专业汽车美容用品。汽车各部位的清洗按材质不同均使用不同的专业清洗剂。这些清洗剂都是根据现代汽车技术的要求,按照独特的配方和生产工艺而制造出来的,是一般清洗剂所不能替代的专用清洗剂。越高档的汽车越应注意清洗剂的选择,以免不小心损伤了漆面。

2.1.4　汽车清洗系列用品简介

由于汽车污垢具有多样性,为了有针对性地清涂污垢,因此清洗剂的产品也是多种多样,名目繁多。使用时应根据清洗剂的种类、特性及功能等因素合理选择。

1.汽车清洗剂的种类

1)水性清洗剂。对于水溶性污垢采用水性清洗剂即可达到较好的清洗效果。此种清洗剂一般由多种表面活性剂配制而成,有很强的浸润和分散能力,且配方中基本不含碱性盐类,不仅能有效地清除一般性污垢,而且对漆面原有光泽具有保护作用。

2)有机清洗剂。对于水不溶性油污应采用有机清洗剂进行清洗,该清洗剂主要用于去除车身表面的油脂类污垢。有机清洗剂的主要成分是有机溶剂,国内产品中的有机溶剂主要有汽油、煤油、甲苯、二甲苯等。有机清洗剂在使用中应尽量避免接触到塑料、橡胶部件,以免造成老化。

3)油脂清洗剂。油脂清洗剂又称去油剂,它具有极强的去油功能,主要用于发动机、轮毂等油污较重部位的清洗。

2.车身表面多功能清洗剂

主要用于清洗汽车表面灰尘、油污等,且在清洗的同时进行漆面护理。此类清洗剂不仅能去除一般性污垢,而且具有增亮、上光、柔顺、杀菌及防静电、抗老化等作用。

(1)多功能清洗剂品种

1)二合一清洗剂。它将清洁、护理合二为一,既有清洗功能,又有上蜡功能,可以满足快速清洗兼打蜡的要求。如上光洗车液,主要由表面活性剂配制而成,上蜡成分是一种具有独特配方的水蜡,它可以在清洗作业中,在漆面形成一层蜡膜,增加车身鲜艳程度,有效保护车漆。本品使用非常方便,可以用作汽车的日常护理用品,适合刚做过专业美容的汽车或者只愿花较低费用洗车打蜡的汽车。这种洗车液不易燃,属生物降解型,对环境无污染。

2)香波类清洗剂。主要有汽车香波及清洁香波等品种,具有性质温和、不破坏蜡膜、不腐蚀漆面、液体浓缩、泡沫丰富、使用成本低等产品性能,香波类清洗剂含有表面活性剂,有很强的分解能力,能有效地去除车身表面的尘土和油污。有的产品含有阳离子表面活性剂成分,能去除车身携带的静电和防止交通膜的形成。

3)脱蜡清洗剂。此类清洗剂含柔和性溶剂,具有较强的溶解功能。不仅可去除车身油垢,而且能把原有车蜡洗掉。主要适用于重新打蜡前的车身清洗。

4)水系清洗剂。目前在国内外汽车专业美容行业中广泛采用水系清洗剂。这种汽车清洗剂不同于除油脱脂剂,其配方中基本不含碱性盐类,一般由多种表面活性剂配制而成,具有很强的浸润和分散能力,能够有效地去除车身表面的尘埃、油污。如不脱蜡洗车液,这种洗车液是近年来国内外在推广使用的水系清洁剂,具有操作简便、挥发慢等特点,倍受客户的欢迎。水系清洗剂不含碱性盐类,主要成分是类型不一的表面活性剂,其中非离子活性剂使用的比较多,不易燃,属生物降解型,对环境无污染,是车身日常清洁的首选洗车液。

5）增光型清洗剂。是一种集清洁、增光、保护于一身的超浓缩洗车液,使用时能够产生丰富的泡沫,具有良好的清洁效果,其独特的增光配方可以在洗车时在车漆表面形成一层高透明的蜡质保护膜,令漆面光洁亮丽,给人一种焕然一新的感觉。

6）环保型清洗剂。主要成分为天然原料,对环境无污染,并具有特殊的清洗效果。如"洁碧"变色水蜡是一种双种配方水蜡,瓶内上半截白色的为天然巴西棕蜡,下半截蓝色的是环保型润滑洗车液,使用时先将液体晃匀呈乳白色。该清洗剂含流线式催干剂,自动驱水,几乎不用毛巾擦干。使用方便、快捷,洗车的同时即可完成打蜡工序。

（2）汽车车身表面涂装清洗剂

1）不脱蜡洗车液（浓缩型）。属于超柔和型,不会把原有车蜡洗掉,但可有效地清洗泥土及油垢。清洗液中含天然巴西棕蜡成分,用毛巾轻轻擦干后,给人以打蜡的感觉。不易燃,对环境无污染,属生物降解型。

2）上光洗车液（浓缩型）。集水蜡与清洗功能为一体,既洗车又打蜡。操作像洗车一样方便,车像打过蜡一样有光泽。该洗车液适用于只愿花较低费用为洗车打蜡的车主或刚做过专业美容的汽车,也可用于汽车的日常维护。不易燃,对环境无污染,属生物降解型。

3）泡沫上光洗车剂。采用当今世界最流行喷罐泡沫式包装,有浓厚的橙香味,使用极为方便。含少量溶解性清洁剂,喷到车上后不宜久留,应立即用水冲洗;压力罐装及易燃易爆品,应在阴凉处存放。

4）天然洗车液（浓缩型）。该用品以柠檬、芦荟油为主要原料,经特殊工艺炼制而成,具有优良的抗氧化、防酸作用,又能给予最自然的光泽,是洗车的极品。它的 pH 值适中,无须谈论对环保的影响,因它本身就是大自然的精华。

5）脱蜡洗车液（浓缩型）。去油垢功能较强,不含蜡,不含任何增光剂。需做专业美容护理的汽车或者要正规打蜡的汽车,专业人员通常要把该车洗干净污垢,还要把以前的蜡也洗掉,一般的洗车剂达不到这个效果,而"洗涤灵"碱性太强容易伤漆,只有脱蜡洗车液最适合。脱蜡洗车液含柔和性溶剂,不属生物降解型,不易燃,pH 值为 8.0。

3. 去油剂

具有极强的去油功能,主要用于发动机、轮毂等油污较重部位的清洗。

（1）常见的去油剂有 3 类

1）水质去油剂:安全、无害、去油功能有限,成本适中。

2）石化溶剂型去油剂:易燃、有害、去油功能强,成本低。

3）天然型溶剂（橙皮提炼的）:无害、去油功能强、成本高。

（2）常见去油剂品种

1）轮毂去油剂。此产品不含腐蚀剂,也不含酸性物质,且清洗功能极强。将轮毂去油剂喷到轮毂表层后,油泥液自动往下流,只需用布轻轻擦干即可恢复金属或 ABS 塑料的原有光泽。该剂不易燃,对环境不造成污染,不腐蚀。

2）轮胎强力去污剂。此产品为强碱型清洁剂,与橡胶制品产生活跃反应。对带有白线圈的轮胎清洗效果尤其明显,用它清洗（最好喷后用马毛刷走一遍）过的白线圈如同新品一样。该剂属腐蚀性液体,应妥善保管。

3）发动机强力清洗剂（松香型、浓缩型）。此产品是世界上唯一一种生物降解型的溶剂,也是唯一一种比一般溶剂更强的生物降解型去油剂。主要成分从橙皮中提取,成本高。该剂应远离食物,该清洗剂 pH 值为 13,属生物降解型,不易燃。

4)发动机外部清洗剂。此产品是以煤油为基础料的去油剂,也称为溶剂,且是生物不可降解型,用后的脏液应妥善处理。该清洗剂能去除较重油污,能快速乳化、分解去除油污,且不腐蚀机体及零部件;产品呈碱性,含有缓蚀剂成分;水溶性好;可完全生物溶解,易用水冲洗,且不留残余物。适用于发动机外表及底盘等部位清洗。该清洗剂呈碱性,必须稀释后使用,稀释比例按产品使用说明书要求进行。

5)水质去油剂。此产品是最具灵活性的去油剂,虽然不能用来开蜡(因不是溶剂),但它可作为一种多功能去油剂来使用,因为它是水质的,因此很安全。实际上,可把它当作普通多功能清洗剂(洗车、洗内饰、洗皮革),但它比一般清洗剂又多出了“切”油的功能。该剂属生物可降解型,不易燃,不腐蚀,但碱性较强,工作时应有保护措施

4.溶剂

溶解清洗剂简称“溶剂”,是一类溶解功能极强的清洗剂,不仅能清除车身上的焦油、沥青、鸟粪、橡胶、漆点及水不溶性污垢,而且可用于“开蜡”,故有时直接取名为开蜡水。

(1)溶剂分类

溶剂分为石化溶剂和天然溶剂两大类。

大部分石化溶剂以煤油为基础料,然后加以各种添加剂或表面活性剂。

(2)脱蜡清洗剂

此类清洗剂含柔和性溶剂,具有较强的溶解功能。不仅可去除车身油垢,而且能把原有车蜡洗掉。主要适用于重新打蜡前的车身清洗。

1)溶剂蜡质开蜡水。属生物降解型溶剂,主要原料提炼于橙皮,成本较高。但这是目前唯一一种能满足国际环保要求的蜡质开蜡水。本品对环境无害,不易燃,不腐蚀,但具强碱性,使用时需有劳动保护措施。

2)树脂开蜡水。一般作运输车辆的保护剂,主要目的是防雨水、防尘和划痕。这种保护层一般不含油脂物质。因此,在开蜡时要用含树脂聚合物的溶解元素的树脂开蜡水。车上一般是油脂蜡的保护剂,它被用来抵制海水的侵蚀,它的开蜡要用油脂蜡开蜡水。树脂开蜡水不含腐蚀剂,比较安全,在国外很多人用它来清洗汽车顶部、皮革、电镀件、风窗玻璃及铝合金件等。该剂虽不腐蚀,但使用时仍需劳保用品。

3)污垢软化剂。鸟粪、树叶等东西落在车上若长时间不清洗会变硬,而且会侵蚀车漆,公路上飞溅的沥青更是如此。普通清洗剂很难洗掉已发硬的鸟粪和沥青。污垢软化剂实际上是一种柔和的溶剂,主要用来软化以上硬化物质。污垢软化剂可直接用于车漆、玻璃、保险杠等表面进行污垢软化。污垢软化剂同时可做开蜡水,尤其是较硬的运输蜡。把污垢软化剂喷在车上,5min 后用布擦拭即可(一定要用清水将污垢软化剂冲净)。该剂属柔和型溶剂,pH 值为 9.5。废水要妥善处理,工作时要有劳动保护措施。

2.2 汽车车身清洁美容工具及设备

专业汽车美容均采用先进的工具与设备,以提高作业的速度和质量,确保汽车美容的效

果。掌握汽车美容工具与设备的基本知识,对正确使用和维护工具、设备具有重要作用。

2.2.1　汽车车身清洁美容常用的工具

1. 手工清洁工具

1)海绵。海绵具有柔软、弹性好、吸水性强和较好的藏土、藏尘能力等特点,有利于保护漆面及提高作业效率。对洗车作业中使用的海绵有特殊的要求,它除应具备上述特点的同时,还应具有一定的韧性、抗拉强度和耐磨性。让海绵吸入适量已经配好的洗车液,进行擦洗可有效清除车漆上附着力较强的污垢,如图2-1a)所示。

2)毛巾。毛巾是人工清洗和擦拭汽车基本工具。主要用于擦拭车身,为保证清洗效果,在擦拭过程中不应有细小纤维的脱落,因此洗车应用的毛巾,最好选用无纺制品。专业汽车美容场所需准备多块毛巾,包括大毛巾、小毛巾、湿毛巾、半湿毛巾和干毛巾等。大毛巾主要用于车身表面的手工清洗和擦拭;小毛巾主要用于擦洗车身凹槽、门边及内饰部件等处的污垢。湿毛巾、半湿毛巾和干毛巾在清洗、擦拭车窗玻璃时结合使用,如图2-1b)所示。

3)麂皮。麂皮在洗车作业中使用广泛,主要用于擦干车上仪表。它之所以有这样的使用市场,不仅是因为它具有质地柔软、韧性及耐磨性好和防静电等特点,有利于漆面的保护,更主要的原因是它具有良好的吸水能力。它主要用于车身打蜡后将蜡抛出光泽。但在洗车作业中宜先用毛巾将车表擦干后,再用麂皮进一步擦干,以利于延长麂皮的使用寿命。另外,在选购麂皮时,尽可能选择较厚的、皮质韧性好、耐磨性佳的产品,如图2-1c)所示。

a)海绵　　　　　　　　b)毛巾　　　　　　　　c)麂皮

图2-1　汽车车身手工清洁工具

4)车巾。车巾是最新研制的汽车专用清洁产品。

车巾去污原理为:其特有的乳化液与被擦表面的污垢相融合后,使之软化,松脱后除去。由于乳化液显中性(pH=7),故无论是酸性或碱性的污垢均能去除,且不损伤被擦表面也不刺激人的皮肤,是具有国际最新清洗理念的绿色环保产品。

由于液料中包括清洁剂、润滑剂和保护油三大类物质。当轻擦物体表面时,污垢软化后便被吸附到无纺布上。润滑剂则起到无纺布与被擦表面的润滑作用,从而保护了被擦表面。同时,无纺布涂上保护釉,能够遮盖磨损痕迹,使被擦表面闪闪发亮。

2. 便携式洗车器

车主自助式手动便携式洗车器,如图2-2所示。附件包括水桶、工作围裙、防滑防水鞋、软胶水管和涂料过滤漏斗等。

图2-2　手动便携式洗车器

2.2.2　汽车车身清洁美容常用的设备

随着汽车保有量的迅速增长和人们汽车维护观念的更新,洗车从原来最简单的一个服务流程项目逐步发展成为一个独立的业务。手工洗车高压枪因为洗车效率低、速度慢,已经开始淡出市场,而全自动电脑洗车机等因其速度快、效率高并能满足企业洗车业务的多种需要等优点,如同雨后春笋般蓬勃发展起来。

汽车清洗设备的种类:按结构形式分有固定式和移动式两种。

1. 固定式清洗设备

常见的固定式清洗设备有四滚刷清洗台、龙门式清洗机等。固定式清洗设备的优点是工作效率高,劳动强度低。

按清洗方式来分:固定式清洗设备又可细分为喷射冲洗式和滚刷刷洗式两种。

按车辆行驶路线来分:固定式清洗设备又可细分为直通式和尽头式两种。直通式清洗设备是流水作业,工作效率高,但占地面积较大。

2. 移动式清洗设备

移动式清洗设备是小型清洗设备,清洗时车辆在工位上,因而使用方便、灵活,但是由于移动式清洗设备多是单喷嘴,出水量小,工作效率低。

3. 全自动洗车机

全自动洗车机可以根据不同的清洗部位选择不同的清洗程序,程序所包括的清洗顺序为:车身外表清洗→使用清洁剂→车轮清洗→烘干→打蜡→外表(前后)烘干。

自动洗车机的特点:

1)设备安装标准带有防倾斜系统。

2)低压安全保护装置。

3)光电元件控制的车轮自动清洗装置。

4)高程器可自动检测出车辆的高度。

5)其他安全保护设置。

图2-3所示为自动清洗机,此款电脑遥控无接触式自动洗车机采用了机电一体化,光电一体化等最新科技,适用于各种类型的轿车和轻型客车清洗,清洗时间为2min/辆。

4. 多功能汽车清洗设备

多功能汽车清洗设备采用自动控制,对汽车整车外表面进行清洗。多功能汽车清洗设备可清洗各种货车、挂车、公共汽车、中型车辆、小型货车、小客车和轿车等车辆。该设备由汽车自动输送线、滚刷及辅助刷子、滚子百叶窗板、喷水清洗系统、排水系统及控制装置等组成,平均清洗宽度(工作幅宽)

图2-3　自动清洗机

为1.2m和1.8m,清洗长度可无限延长。清洗高度为3.5m、4m和4.5m三种,具有快速、安全、清洗质量好和节水、节电、节省人力等诸多优点。

清洗时,汽车开上自动输送线,则输送线将汽车送入清洗通道。操作人员根据车型、污垢分布及用户对清洗的要求,通过控制装置高速清洗系统的清洗方式、水流速度、压力、方向、水流形状等对汽车进行清洗。清洗后还可根据需要对汽车作以下附加处理:局部重点清洗(如车身侧面、风窗、底盘等),车身清洁处理,上柔软剂,打蜡上光等。

2.2.3 汽车专业美容系统免拆清洗设备

1. 发动机润滑系统免拆清洗机

发动机润滑系统的污染是导致发动机故障的主要原因之一。润滑系统内部的清洗一直是发动机维护工艺的难题。发动机润滑系统免拆清洗机以压力脉冲的形式,把专用清洗液从机油滤清器接口输入,从油底壳放油口抽回,通过反冲式体内循环,达到清洗发动机润滑系统的目的,从而实现发动机润滑系统的免拆清洗。发动机润滑系统免拆清洗机适用于汽、柴油发动机润滑系统的清洗,它具有性能优越、成本较低、使用方便快捷、节省人力和物力、清洗效果明显等优点;同时,可延长机油的更换时间,提高发动机的使用寿命和润滑系统的清洁度,改善系统润滑条件,是发动机润滑系统清洗的理想设备,如图2-4所示。

2. 发动机冷却系统免拆清洗机

汽车冷却系统管路长时间使用,管路内壁产生锈、污垢以致管路阻塞不流畅、发动机温度升高、冷却效果变差,严重时可使发动机发生烧坏轴承、活塞与缸筒焊接拉缸的危险,致使汽车无法运行。

使用冷却系统循环清洗机,不仅可以清除水箱、水道内的水垢、杂质而且可以自动更换防冻液,彻底维护水箱,其操作简单、方便,如图2-5所示为发动机冷却系统免拆清洗机。

图2-4 发动机润滑系统免拆清洗机   图2-5 发动机冷却系统免拆清洗机

2.2.4 汽车专业美容清洗选配设备

其他可供选配的汽车车身清洁美容设备,如图2-6～图2-9所示

图 2-6　洗车专用工具车

图 2-7　龙门(水刀、往复)电脑洗车机

图 2-8　泡沫清洗机

图 2-9　高压洗车机

2.3　汽车车表清洁美容

　　汽车外部护理更注重保护汽车漆面的清洁与保护,车表的清洗不仅仅是使汽车外表清洁亮丽、光彩如新,其主要的目的在于维护,经常清洗车身可以减少外界有害物质的侵蚀,延长汽车的使用寿命。因此,车身的清洗是汽车维护的最基本工作。

2.3.1　汽车车身外表的清洗

　　1. 车表污垢的组成

　　车表的污垢主要有外部沉积物、锈蚀物以及焦油、沥青、树汁、鸟粪、虫尸等附着物,如图 2-10 所示。这些污垢往往都具有很高的附着力,能牢固地附着在汽车外表面,由于各有自己不同的性质,因此,从汽车外表面清除它们的难易程度也不同。

　　2. 车身的清洗方式

　　清洗车身表面是汽车美容的基础。汽车的专业美容不同于一般的洗车打蜡,在做车身清洗时需要清洁的污物和部位很多,每一种方式都应使用专业用品并采取专业操作步骤进行。

进行专业的车身表面清洗主要有4种方式:一是车身静电去除清洗;二是交通膜的去除清洗;三是除蜡清洗;四是深度增艳清洗。这4种清洗方式不仅使用的清洗用品不同,而且操作方式和要达到的目的也不同。

图2-10　汽车车表不同污垢

(1)车身静电去除清洗

车辆在行驶过程中由于摩擦而产生强烈的静电层,静电对灰尘和油污的吸附能力很强,一般用水不能彻底清除,必须要用专用的清洗剂。只有把车身静电彻底清除掉,才能为下一步上蜡维护漆面打好基础。如果车身静电没有彻底清除掉就上蜡,则残留的车身静电荷被覆盖在车蜡下面,使车蜡的维护性能大大降低,并且其附着漆面的能力也会降低,时间不长车蜡就会脱落从而失去上蜡保护的意义。

汽车美容护理用品中有专门用于清除车身静电的产品,如汽车专用清洁香波,这种清洗用品的pH值为7.0,是一种绝对中性的车身清洁剂。它含有阴离子表面活性剂和其他有效清洁成分,在喷涂于车身表面后会与车身自带的静电荷发生作用,将电荷从漆面彻底清除掉。使用前先用高压水将沾在车身表面的污物冲净,再将汽车专用清洁香波按使用说明的要求进行稀释,然后喷涂在车身表面上,或用海绵蘸上稀释的清洁液擦到车身表面。擦洗时要注意全车的范围,不要有遗漏的地方。保持片刻后用高压水将泡沫冲洗掉。

(2)车身交通膜的去除清洗

汽车经过一段时间的行驶,由于车身静电吸附灰尘,时间久了形成一层坚硬的交通膜,使原来艳丽的车身变得暗淡无光。这层交通膜使用普通的清洁剂很难把它清除掉。可使用专用的交通膜去除剂,清洗时按一定比例稀释后,将其喷洒到车身上,保持一段时间后再用高压水冲洗干净就可以去除交通膜了,使用效果非常理想。

(3)除蜡清洗

无论是新车还是旧车,所有的车身漆面都是要上蜡保护的,只是蜡的品种和上蜡的时间有所区别。新车通常使用树脂蜡,它是作为新车运输的保护剂,主要目的是防雨水、防灰尘和划痕,这种保护层一般不含油脂物质。专业的汽车美容,在清洗阶段必须能针对不同的车身保护蜡,将其从车身上彻底去除干净。如果不把这一保护层彻底除掉,即使天天给汽车上蜡也无济于事。因为残蜡如果不清除干净,上新蜡时会因两次蜡的品种和上蜡的时间不同,极易产生局部新蜡附着不牢的现象。

清除残蜡的方法要针对不同的车蜡采用不同的开蜡水,新车开蜡应采用树脂开蜡水,使用时可将开蜡水按比例稀释后喷涂于车身表面,停留3~5min,然后用高压水冲去即可。开蜡水虽然对环境无害,不易燃、不腐蚀,但具有强碱性,使用时要注意劳动保护。

(4)增艳清洗

这种清洗的作业方式是在抛光或上镜面釉之后进行,目的是除掉残留在车身表面的抛光剂和油分,为上蜡保护做好准备,一般使用清洁上蜡二合一香波。用这种产品进行深度增艳清洗效果很好,不但可以除去抛光剂、油分等污物,还可以留下一层薄薄的蜡膜为接下来的上蜡保护打基础。

使用时先按一定比例稀释清洁上蜡二合一香波,然后直接用海绵沾上稀释液涂于车身,最后用水冲去泡沫,再用干净的软布擦干。清洗完成后,不但能增艳车身漆色,同时增强蜡膜的光泽度,提高汽车抗静电和抗氧化的能力。

3. 车表顽固污渍的清除

汽车行驶时有可能粘上焦油、沥青等污物,如果没有及时清洗,长时间附着在漆面上,会形成顽固的污斑,使用普通的清洗液一般难以清除干净,可以采用如下方法处理:

(1)焦油去除剂清除

焦油去除剂主要用于沥青、焦油等有机烃类化合物的清洁。使用专用的焦油去除剂,既可有效溶解顽固污物,又不会对漆面造成损伤。在沥青、焦油等顽固污渍的清除作业中,最好选用专用产品,若无专用去除剂,可考虑使用下面两种方法。

(2)有机溶剂清除

如果没有专用的焦油去除剂,可选用有机溶剂,但选用时一定要注意不可选用对车漆有溶解作用的有机溶剂,如含醇类、苯类的有机溶剂、松节水等。一般可用溶剂汽油浸润后,擦拭清除。

(3)抛光机清除

使用抛光机清除时可加入适当的研磨剂,也能有效地去除附着在车表的沥青、焦油等顽迹。但操作时要注意抛光机的使用,注意选择抛光机的转速和抛光盘的材质,避免抛光过度,得不偿失。

2.3.2　汽车车表其他部件的清洗

汽车除车身需要经常清洗外,还有其他部位也需要清洗,使用的清洗剂也有所不同。

1. 不锈钢部件的清洁护理

汽车车身外部有些装有如防撞杆、保险杠、装饰件等不锈钢部件,这类部件由于安装在汽车下部容易脏污,必须经常清洗。可以使用不锈钢上光护理剂进行清洁护理,在迅速除去表面污物的同时还能有效上光。清洗时,可将不锈钢上光护理剂喷涂在不锈钢部件上,用软布直接擦拭即可,然后用水冲净擦干。

2. 镀铬件的清洁护理

有的汽车外部装有后视镜架、车轮侧护板装饰件、天线杆等镀铬件,行车时由于空气中的水分和有害气体对其腐蚀而失去光泽,严重的可能生锈,影响美观。这些部件一般较易清洁护理,操作时可将镀铬件表面先用水洗净擦干,然后用干净抹布沾上汽车镀铬抛光剂,对需要清洁的部位反复擦拭,直至光亮度满意为止。锈垢严重的镀铬件表面应使用除锈剂先进行除锈,然后再使用汽车镀铬抛光剂进行处理。

3. 塑胶件的清洁护理

有些车的进气风栅、保险杠、后视镜外壳、车门把手等是塑胶件,在风吹日晒的情况下会失去光泽,甚至氧化龟裂。脏污的塑胶件若不及时清洗,也会影响汽车美观。汽车前、后组合灯具也多为塑料件,长久不清洗会影响灯光照射的亮度。塑胶件护理上光剂不但能迅速除去污垢,而且还能有效的上光。清洁时可先用水擦洗,再用干净棉布蘸上塑胶件护理上光剂进行反复擦拭,然后用清水冲洗。清洁组合灯具时注意不要用腐蚀性溶剂清洗车灯,否则易造成蚀痕;不要在干燥的情况下擦拭车灯,否则会造成刮痕;也不要用燃油、化学剂等清洗车灯,否则会使车灯破裂。此外,有些跑车采用隐藏式前照灯设计,别忘了要将前照灯打开后再进行清洗。

4. 车窗玻璃外表面的清洗

汽车使用久了,会在玻璃的外表面形成一层交通薄膜,用水清洗不但费力费时,而且清洁不彻底,只能留下交通膜的花纹。清洁玻璃前应先将上面黏附的污渍、焦油或沥青等用塑料或橡皮刮刀除去,然后再用专用的玻璃清洁剂进行清洁。操作时可先用玻璃清洁剂进行擦洗,除去表面的灰尘及交通膜,然后涂上风窗玻璃抛光剂,稍待片刻,再用干净的棉布作直线运行擦拭,直到将玻璃擦亮为止。这种用品兼具上光作用,不但能使玻璃表面洁净、光滑、防止灰尘二次降落,同时还能改善刮水器擦痕。

2.3.3　汽车发动机部分的清洁护理

1. 发动机的外部清洁

发动机是汽车的动力装置,是汽车最为关键的总成,必须经常进行清洁护理,才能使它减少故障的发生,延长它的使用寿命。对于发动机的外部清洁,主要的工作有 3 个方面:一是外表灰尘及油污的清除;二是表面锈渍的处理;三是电器电路部分的清洗。

(1)发动机外表灰尘及油污的清除

发动机外表可用刷子或压缩空气等先进行除尘,然后选用合适的发动机外部清洗的专用清洗剂进行擦洗处理。需要注意的是发动机外表不能用汽油来代替专用清洁剂进行清洗。

(2)表面锈渍的处理

铸铁等金属表面生锈是一个缓慢的氧化过程,开始时表面出现一些细小的斑点,然后逐渐扩大,颜色变深,形成片状或一层层的锈渍,从而形成严重的锈蚀。对于锈斑,应早发现早处理,在生成小斑点时就要进行清除,以免斑点扩大后较难处理。可用除锈剂喷涂在锈斑处,然后进行擦洗。

(3)发动机电器电路部分的清洗

发动机电器电路部分包括点火线圈、分电器及各种电路线束等,这些部件的清洁必须采用特定护理产品进行清洁。如果长期用水和普通的清洁剂处理,则只能加速其塑料壳体和线束橡胶的老化,影响汽车起动和行驶。

2. 发动机外部清洁注意事项

1)清洗时应选用碱性小,不腐蚀橡胶塑料件及外涂银粉的清洗剂。

2)用清洗剂擦洗之前,先用刷子或压缩空气清除灰尘或细砂等。

3）清洗发动机室时,注意不要将清洗剂喷洒到电气系统的零件上,绝对不能用水去冲洗,否则可能造成电器短路,使发动机不能起动。如果不小心将水溅到电气器件上,应用干布擦干,或用压缩空气把水吹干。

4）一定要先把清洁剂喷洒到棉布或海绵上,然后再擦洗。

5）清洗完后可擦上塑料橡胶件保护剂使其色泽重现,延缓老化。

3. 燃油系统的清洁护理

汽车发动机燃油系统在长期的工作中,其油箱、油管、喷油嘴等处易生成胶质和沉积物,火花塞、喷油嘴、燃烧室等处易生成积炭。这些生成物会影响燃油的供给以及混合气的正常燃烧,从而导致发动机怠速不稳、加速不良、甚至出现爆震燃烧等情况,使发动机油耗增加、废气排放增加。因而必须对燃油系统进行定期的清洁护理,以维持发动机性能良好的工作。

发动机燃油系统的清洁护理是在发动机不解体的情况下,通过专业设备或采用专业用品来达到清洁护理的目的。

（1）燃油系统清洗机清洗

先配制好清洗剂与燃油的混合液,将清洗机的进回油管接到汽车的燃油系统中,起动清洗机和发动机进行燃烧清洗。在发动机运转的同时,清洗剂与燃油混合物经燃烧将分布在系统中的胶质和积炭溶解剥落,并随废气排出。

（2）专用清洗剂清洗

可选用汽油喷射系统高效清洁剂进行清洗。这种专用清洗剂能随燃油流动,自动清除、溶解燃油系统中的胶质、积炭等有害物质。使用时按说明书要求的用量直接加入油箱内就可以了。

4. 润滑系统的清洁护理

发动机在运行过程中,润滑系统的润滑油就处在高温高压的条件下工作,容易产生油泥、胶质等沉积物,这些物质黏附在润滑系统的油路之中,不但影响润滑油的流动,而且加速了润滑油的变质,使运动零件的表面磨损加剧。因此必须对润滑系统定期进行清洁护理,以保证润滑系统的正常工作,从而延长发动机的使用寿命。

（1）清洗机清洗

先排出发动机油底壳的润滑油,取下机油滤清器,接好发动机润滑系统清洗机的进出油管,启动开关进行清洗,清洗完毕后清洗机会发出警报声,提醒操作员已经完成清洗。然后拆下进出油管,装好机油滤清器和放油塞,重新加注润滑油即可。

（2）专用清洗剂清洗

发动机内部高效清洁剂能有效地清洗润滑系统各部油道及运动部件表面,将油泥、胶质等沉积物溶解。这种清洁剂一般在更换润滑油前进行使用。清洗时将其适量加注到曲轴箱中,起动发动机运转 15~30min 后,排掉脏污的润滑油,更换机油滤芯,最后加注新的润滑油即可。

5. 冷却系统的清洗

现代汽车冷却系统中虽然不是直接使用水来冷却,但是冷却液中也不同程度会含有碳酸钙、硫酸镁等盐类物质。冷却系长时间工作后,这些物质会从冷却液中析出,一部分形成沉淀物,一部分沉积在冷却系统的内表面形成水垢。

在发动机冷却水套及散热器壁上形成的水垢影响其热交换过程,冷却系统内如沉积过多的水垢,会减少冷却水的容量,影响冷却水的循环。由于水垢层的导热性能不良,发动机容易出现过热的现象,使发动机润滑条件恶化,运动部件表面不能形成良好的润滑油膜,也使燃烧室内积炭增多,容易产生爆燃,造成功率降低和燃耗增大。因此,当汽车行驶一定的里程后,应结合维护对冷却系统进行清除水垢的维护。

(1)清洗机清洗

可利用水箱清洗机来清除水垢。水箱清洗机是清除水垢的专业设备,它利用气压产生脉冲,在清洗剂的作用下快速清除冷却系统内的水垢。使用时要先接好设备的三通管接头。

(2)专用清洗剂清洗

冷却系高效清洁剂具有超强的清洁力和高效溶解性,能在发动机运行中彻底清除冷却系统内的水垢,恢复冷却系各管道的流通能力,确保散热性能。使用时按说明书的要求将适量的清洁剂加入冷却液中,拧好散热器盖,起动发动机运行 6~8h 后,排出冷却液,清洗完毕后再重新加注冷却液即可。这种专用清洗剂水垢去除率至少在90%以上,且不会对冷却系统造成腐蚀。

2.3.4　汽车底盘部分的清洁护理

汽车在行驶过程中,汽车底盘部分由于与路面距离最近,工作环境比较恶劣,经常会粘有泥土、焦油、沥青等污物,尤其是下雨天,底盘部位很容易粘上泥水,如不及时清洗容易形成锈渍,另外,还有可能造成底盘系统的油液渗漏,粘上灰尘后造成油渍、油泥等,如不及时护理,就会影响到汽车的行驶性能。汽车底盘部分的清洁护理包括车身底板的清洁护理、转向系统的清洁护理、传动系统的清洁护理、制动系统的清洁护理、轮毂的清洁护理等。

1.车身底板的清洁护理

车身底板位置比较特殊,护理的好坏一般不容易发现,因此往往被人忽视,而且底板面朝向行驶路面,行驶时不可避免的容易粘上泥水、焦油、沥青等污物,此外,还有因护理不及时而产生的锈渍、锈斑等。对于泥土、焦油、沥青等可用发动机清洗剂或除油剂清洗,对于锈渍、锈斑等可用除锈剂进行擦洗。清洗完成后再用多功能防锈剂喷涂在底板上即可。

2.转向系统的清洁护理

转向系统的转向横拉杆、齿条壳、转向节臂等部件位于车底,汽车行驶时比较容易脏污,如不及时清洗,时间长了就会生锈。一般的污渍可用多功能清洗剂进行清洗,如果发现有锈斑就必须用除锈剂进行擦洗。清洗后可喷上多功能防锈剂进行护理。此外,还可以在转向助力储液灌中添加转向助力调节密封剂,可以恢复老化橡胶油封的密封性,防止转向液的渗漏,消除因漏液而造成的转向迟钝、转向沉重等现象,还能清洁并润滑助力转向系统内部机件,防止胶质、油泥产生,减少机件磨损,延长使用寿命。

3.传动系统的清洁护理

传动系统的变速器、传动轴、主减速器壳体、半轴套管等部件也是容易粘上泥土的地方,时间长了没有清洗也会生锈,一般可用多功能清洗剂进行清洗。

4.制动系统的清洁护理

在行车制动器中,由于其工作情况特殊,制动蹄片有可能会粘上油泥、制动液、烧蚀物、胶质等污物,容易产生制动噪声,影响制动性能,因此也必需定期进行清洁护理。可选专用的制动系统清洁剂进行喷洒清洁,能有效地清除制动蹄片上的污物,改善制动效能,消除制动噪声。使用时只要将清洁剂喷在需要清洁的部位,使之风干即可。如有必要可重复清洁。

5.轮毂的清洁护理

汽车行驶时轮毂是比较容易脏污的部件,清洗铝合金轮毂时必须特别小心,其表面有保护漆,通常应选用中性清洁剂。清洗轮毂时应一次清洗一个,可避免清洁剂在轮毂表面凝固,若清洁剂凝固,清洁效果就会降低,且在使用清水冲洗时更加困难。一般灰尘污物,可用普通清洁剂进行清洗,而长期附着在轮毂上的积垢,如沥青、制动摩擦片磨损留下的黑粉等,使用普通的清洁剂一般很难清除,可使用强力轮毂去污剂清洗。清洗时先喷上强力轮毂去污剂,稍等片刻,再用软毛刷进行刷洗清除,刷洗时切勿使用过硬的刷子,否则将会刮伤轮毂的漆面。轮毂清洗后,再用专用防护剂进行护理,一般每两个星期应彻底清洗一次轮毂上的污物。

6.轮胎的清洁护理

轮胎上除了粘有灰尘、泥土和砂石外,还有一些酸、碱性物质污染。清洗时可先将夹在轮胎花纹的砂石清除,再用高压水冲刷上面的灰尘和泥土,对于一些酸碱类物质一般用水难以清除,而普通清洁剂也没有很好的清洗效果。这时可用轮胎清洁增黑剂来清除护理。它能清除轮胎上的酸、碱性污染物和其他有害物质,还可用于清洁橡胶、塑料和皮革制品等。此外,还有助于降低紫外线的辐射,减缓橡胶老化,延长使用寿命,同时兼具增黑上光功能,用后能使轮胎光亮如新。使用时将轮胎清洁增黑剂涂刷在轮胎的表面即可。

2.3.5　新型的洗车方法

1.蒸汽洗车

目前市场上出现一杯水能洗一辆车的蒸汽洗车机。这种集清洗、打蜡、维护于一机的蒸汽洗车技术,旨在从根本上改变现有落后的洗车方式,从而给洗车行业带来一场前所未有的产业革命。蒸汽洗车有七大优点:

1)绿色环保。使用蒸汽洗车对周围环境绝无污染,洗车是在雾状下进行的,洗完后原地仍旧干净整洁,是目前绿色环保产品,对保护市容市貌,改善生态环境具有重要意义。

2)节水。使用蒸汽洗车,每辆车仅用水 $0.3 \sim 0.5$kg,耗水量为传统水洗方式的千分之一。

3)节能。使用蒸汽洗车,每辆车仅用电 0.4kW·h。

4)高效。采用特殊清洁剂、上光剂和高档车布,清洁、护理一次完成。

5)快捷。使用蒸汽洗车,每洗一辆车用时 $5 \sim 10$min,人员 $1 \sim 2$ 人。

6)方便。使用蒸汽洗车,无须专门店面场地,可流动作业,上门服务。

7）干净。使用蒸汽洗车，无论是尘土、油污都能洗净。

2. 干洗保护釉洗车

干洗保护釉内含有三大类物质：清洁剂、润滑剂及保护釉。

其清洗原理是：呈雾状喷射到车表面的干洗保护釉，把所有能接触到的污物和车表面加以覆盖。在清洁剂的作用下，车表面污渍被软化，并在保护釉的包裹下变成无数小形珠粒，保护釉同时把车表面加以覆盖，在珠粒与车表面保护釉之间的润滑剂起到减少摩擦的作用。珠粒状的污渍在干毛巾的吸水引导下，被毛巾带离车表面。车表面只剩下凹凸不平的保护釉及少量润滑剂。用另一干毛巾擦拭后，去除润滑剂，留下的就是具有相当硬度的耐磨、防水、防尘及防晒的保护釉。

干洗保护釉不与污渍起任何化学反应，它所含的高度润滑配方与高度反光因子不会破坏车漆，使用后使车身整洁干净、光亮如新。

干洗时操作非常简单，只需把干洗保护釉用特制的喷瓶，以雾状喷洒到未经任何清洗的干燥车身表面，无须等候即可用一块干毛巾轻擦车身表面，就可轻易地除去污渍。再用另一块干毛巾轻轻擦拭加以抛光，就可完成车身的清洁、上光作业，整个过程只需 15~30min。同时，用干洗保护釉抛光后的车表面不但不会留下螺旋纹，而且由于坚硬、光滑的保护釉使沙、水、泥等脏物无法吸附在车身表面，因此，下次清洗只需用湿毛巾把留在车表面上的微粒轻轻抹去，再用干毛巾轻轻抛光，车表面又能恢复原亮。保护釉对车表面的保护期长达 30 天。

2.3.6　汽车车身清洁及注意事项

1. 设备、工具和材料准备

1）高压清洗机一台。

2）泡沫清洗机一台。

3）电热式喷水、吸尘、吸水多功能内室清洗机一台。

4）常用工具两套、车巾布若干。

5）不脱蜡清洗剂、脱蜡清洗剂。二合一清洗剂（3M 或龟博士）。

6）发动机外部清洗剂、内室清洗剂，如图 2-11 所示。

7）待洗轿车两辆。

2. 技术标准及要求

在进行汽车清洗作业时，应注意以下几点：

1）洗车时应选用专用洗车液，任何车身漆面均不能用洗衣粉、洗洁精等含碱性成分的普通洗涤用品，以免使车身漆面失去光泽，甚至使车漆干裂，造成不可挽回的损失。

2）洗车时最好用软水，尽量避免用含矿物质较多的硬水，以免车身干燥后留下痕迹。

图 2-11　常用清洗剂

3) 在进行冲车时,水压不宜太高,喷嘴与车身应保持一定的距离。

4) 洗车各工序都应遵循由上到下的原则。

5) 擦洗车身漆面时,应用软毛巾或海绵,并检查是否裹有硬质颗粒,以免划伤漆面。

6) 车身粘有沥青、油渍等污物时,要及时用专用清洗剂进行清洗。

7) 洗车完成后,应进行最后一道吹干工序,不能省略。车身的隙缝之间,车牌隙缝间的水滴如果不吹干的话,久了将会形成顽固的水垢,难以去除。

8) 勿在阳光直射下洗车,以免车表水滴干燥后会留下斑点,影响清洗效果。

9) 若发动机舱盖还有余热,应待冷却后再进行清洗,防止温差太大伤及漆层。

10) 北方严寒季节不要在室外洗车,以防水滴在车身上结冰,造成漆层破裂。

3. 洗车前注意事项

1) 引领车主把车停到指定的位置。

2) 协助车主检查车窗、天窗是否关闭。以防进水。

3) 检查汽车钥匙是否在车内。

4) 尽量先让汽车冷却后再进行冲洗。

4. 洗车步骤

　　洗车一般分冲车、擦洗、冲洗、擦车和吹干5个步骤。洗车时一般由两人配合进行,这样不但速度快而且清洗的质量好。洗车工艺流程及步骤见表2-1。

洗车工艺流程及步骤　　　　　　　　　　　表2-1

步骤	操作内容	操作示范图	技术要求
1	冲车		接到要清洗车辆后,由一人负责驾驶车辆驶入工作间,一人在车前引导,适时提醒驾驶者控制好行驶方向。车辆停放平稳后,一人用高压水冲去车身污物,顺序自上而下,整个过程当中始终由一个方向向另一边的斜下方冲洗,尽量避免正向或反向冲洗,以免将泥沙冲回已经冲洗干净的部位。冲洗车时不可忽视的部位是车身的下部及底部,因为大量的泥沙和污物一般都聚集在这些部位,如果遗留下泥沙等物质,在进行下道工序——擦洗时就会划伤漆面
2	擦洗		将配制好的洗车液均匀喷洒在车身表面,有泡沫清洗机时,可先将泡沫喷洒在车身表面,然后两人手持海绵一左一右按照从上到下的顺序擦洗车身。用柔软的棉布或专用带大孔的擦车海绵,擦拭车辆 目的:去除污垢,为最后擦拭车辆创造条件

步骤	操作内容	操作示范图	技 术 要 求
3	冲洗		擦洗完毕之后,开始用水冲洗车身,这时应以车顶、上部和中部为重点。此时的冲洗主要应为冲洗中部以上的部位,向下流动的水基本能够将下部及底部冲洗干净,所以下部和底部冲洗一带而过即可
4	擦干		用半湿性大毛巾将整个车身从前至后先预擦一遍,待车身中部及下部大部分水分被吸干之后,用干毛巾细擦一遍,要求擦干所留下的水痕。这样经过"一湿一干"两遍抹擦之后车身应不留水痕而且十分干净。擦车时应注意检查洗车工序中容易遗漏的部位,如刮水器安装部位、车身底部等
5	吹干		此时,车身表面基本洗干净,但是有些地方在擦车时不容易擦干,这时要用压缩空气来进行吹干。操作时一手拿着压缩空气枪,一手拿着干净抹布,边吹边抹,直到吹干为止

2.4　汽车车身美容护理

　　光彩照人的车身表面能够体现车主的修养和风度,延长汽车漆面的寿命。因此,不仅需要经常清洗车,而且还需要定期进行更深层次的漆面护理。打蜡与抛光就是车身漆面护理的两个必不可少的步骤。一直以来在汽车美容及维护行业中车身打蜡是不可或缺的。

　　汽车打蜡的目的主要是为了保持车身漆面亮丽整洁,保护车漆。现代轿车越来越广泛地采用金属漆,金属漆的涂装系统是底色漆 + 清漆,日久天长,底色漆的颜色将会产生褪色,影响汽车外观,同时会使全车产生色差。车蜡可将部分入射光反射回去,能减缓底色漆的颜色褪色。如果能及时给汽车打蜡,在车蜡及清漆的共同作用下,车辆涂漆将艳丽如新。

　　汽车车身表面清洗完毕后,就可以进行下一步工作。主要是对车身表面进行抛光与打蜡。汽车车漆长期与空气、酸雨等直接接触,加之行驶中产生的静电层和交通膜,如果长时间得不到及时的清除,极易使车身漆面发生氧化腐蚀。此外,在太阳紫外线的照射下,漆膜不断地向空气中蒸发油分达到保护自身的作用,时间长了会使漆面的油分过分失去,漆面的亮度和深度都大大降低,使漆面慢慢发白,形成氧化层。通过对车身漆面的抛光与打蜡,就可重新使车身表面恢复深度光泽,恢复车身的本来面目。

　　传统汽车打蜡是以上光保护为主,随着汽车美容业的发展,车蜡的种类也越来越多,高级美容蜡的出现及其日益广泛的应用,使汽车打蜡被赋予新的内涵,即研磨蜡。专业人员可以根据车漆表面的情况来选用合适的产品,现代车蜡已具有防氧化、抗腐蚀、填补细小划痕、抛光、增光等一系列功效。镜面蜡的使用效果如图 2-12 所示。

图 2-12　镜面蜡使用效果

2.4.1　汽车车身美容护理用品

1. 车蜡的主要功用

　　车蜡是车身表面最外层的保护,车蜡可快速清洁并去除汽车表面的微痕旋涡状痕渍,漆面氧化膜锈迹和顽固污渍及水斑,恢复漆面色泽与质感,产生高度亮泽的完美表面。其在车表形成的蜡膜还能有效地防止产生静电、防止紫外线的照射,起到抗高温、防氧化、防水、防划伤及研磨抛光等作用。车蜡的主要功用如下:

　　(1)防水作用

　　汽车经常暴露在空气中,受到风吹雨淋,当水滴存留在车身表面,在天气转晴,强烈阳光照射下,每个小水滴就是一个凸透镜,在它的聚焦作用下,焦点处温度达 800～1000℃,造成漆面暗斑,极大影响了漆面的质量及使用寿命。车蜡能使车身漆面上的水滴附着力减少 60%～90%,高档车蜡还可以使残留在漆面上的水滴进一步平展,呈扁平状,最大限度地减少水滴因强烈阳光照射时的聚焦作用造成漆面暗斑、侵蚀和破坏。

　　(2)抗高温作用

　　车蜡抗高温作用是对来自不同方向的入射光产生有效反射,防止入射光线穿透车身表面的清罩漆,导致底色漆老化变色,从而延长漆面的使用寿命。

　　(3)防止产生静电

　　由于汽车在行驶过程中,空气中的尘埃与车身漆面相互摩擦会产生静电,车身漆面通过打蜡可以形成蜡膜,隔断空气及尘埃与车身漆面的摩擦。不但可有效防止车表静电的产生,还可大大降低带电尘埃对车身表面的附着。

　　(4)防紫外线作用

　　防紫外线车蜡充分地考虑了日光中的紫外光较易折射进入漆面对车表的侵害,产品性能将其侵害最大限度地进行了降低。

（5）上光作用

上光是车蜡的最基本作用之一，经过打蜡的车辆，都能不同程度地改善其漆面的光洁程度，使车身恢复亮丽本色。

（6）研磨抛光作用

当漆面出现浅划痕时，使用研磨抛光蜡。如划痕不很严重，抛光和打蜡作业可一次完成。

（7）防划伤作用

车身表面打蜡后，形成的蜡膜都有一定的硬度和厚度，可以防止细小的划伤。

（8）防氧化作用

打蜡后车身表面形成一层蜡膜，可以较好地防止漆面油分的损失，不容易形成氧化层。

车蜡除了具有上述功用外，还具有防酸雨、防盐雾等功能，选用时可根据需要灵活把握，使打蜡事半功倍。如车身褪色及出现细小划痕，经打蜡后可恢复新车一样的色彩和光泽。

2. 车蜡的主要成分

车蜡的主要成分是聚乙烯乳液或硅酮类高分子化合物，并含有油脂和添加剂成分。以石油蒸馏物为主要原料的车蜡，其缺点是易溶于水，不耐高温，无抗紫外线功能。以热带丛林中的棕榈树脂为主要原料，并在后期加入了特氟隆和硅氧树脂，形成了天然蜡、聚合物蜡、釉、车膜蜡等，抗紫外线、防水性好。车蜡成分如图 2-13 所示。

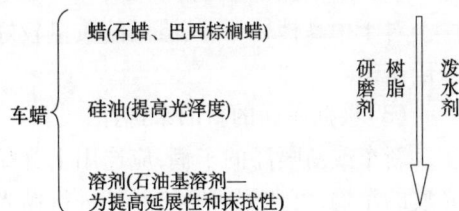

车蜡 {
蜡(石蜡、巴西棕榈蜡)
硅油(提高光泽度)
溶剂(石油基溶剂——为提高延展性和抹拭性)
}
研磨剂　树脂　泼水剂

图 2-13　车蜡成分

3. 车蜡的种类

由于车蜡中富含的添加剂成分不同，使其物理形态性能上有所区别，因此划分为如下种类：

1）按其物理状态的不同可分为：固体蜡和液体蜡两种。在日常作业中，液体蜡应用相对较广泛，如龟牌蜡、即时抛等。

2）按其功能不同可分为：上光蜡和抛光研磨蜡两种。国产上光蜡的主要添加成分为蜂蜡、松节油等，其外观多为白色或乳白色，主要用于喷漆作业中表面上光。国产抛光研磨蜡主要添加成分为地蜡、硅藻土、氧化铝、矿物油及乳化剂等，颜色有灰色、乳黄色及黄褐色等多种，主要用于浅划痕处理及漆膜的磨平作业，以清除浅划痕、橘纹、填平细小针孔等。

3）按其作用不同可分为：防水蜡、防高温蜡、防静电蜡及防紫外线蜡多种。

4. 车蜡的主要品种

我国汽车美容市场车蜡品种主要有如下种类：

1）天然棕榈蜡。这种车蜡的主要成分含有天然巴西棕榈蜡，使用后能增加车漆表面的光泽度和透明度，是汽车美容产品中的极品，适合高档豪华轿车。

2）研磨蜡。这种车蜡的主要成分为研磨剂、地蜡、矿物油及乳化剂等，主要用于汽车漆面浅划痕处理及漆膜的磨平作业，能够清除划痕、橘纹及填平细小针孔等。

3）硅蜡。这种车蜡的主要添加成分为硅酮类高分子化合物、润滑剂等，能够渗透、密封因氧化引起的毛细孔、裂纹等，使汽车表面凹凸处变得平滑，形成非常均匀持久的蜡膜。

4）特氟隆蜡。这种车蜡的主要添加成分为特氟隆的聚合物,使用后能防氧化、防酸雨、防腐蚀,效果牢固、持久,可深入漆的表层。

5）含釉成分蜡。这种车蜡又叫太空釉,内含多种聚合物,使用后能使氧化严重的车漆表面焕然一新,起到防氧化、抗腐蚀、增加光亮度的作用。

5. 车蜡的正确选用

汽车美容护理用品市场车蜡种类繁多,由于各种车蜡的性能不同,其作用与效果也不一样,所以在选用时必须慎重,选择不当不仅不能保护车体,反而使车漆变色。一般,应根据车蜡的作用产品性能、车辆的新旧程度、车漆颜色及行驶环境及使用季节等因素综合考虑。

（1）根据车蜡的作用来选择

由于车辆的运行环境千差万别,在车蜡的选择上对汽车漆面的保护应该有所侧重。例如,沿海地区宜选用防盐雾功能较强的车蜡;而化学工业区宜选用防酸雨功能较强的车蜡;多雨地区宜选用防水性能优良的车蜡;光照好的地区宜选用防紫外线、抗高温性能优良的车蜡。

（2）根据漆面的质量来选择

对于中高档轿车,其漆面的质量较好,宜选用高档车蜡;对普通轿车或其他车辆,可选用一般车蜡。

（3）根据漆面的新旧来选择

新车或新喷漆的车辆,应选用上光蜡,以保持车身的光泽及颜色;对旧车或漆面有漫射光痕的车辆,可选用研磨蜡对其进行抛光处理后,再用上光蜡上光。

（4）根据季节不同来选择

夏季一般光照较强,宜选用防高温、防紫外线能力强的车蜡。

（5）根据车辆行驶环境来选择

如果汽车经常行驶在泥泞、尘土、砾石等恶劣道路环境中,应选用保护功能较强的硅酮树脂蜡。

（6）根据车漆颜色选择

选用车蜡时还必须考虑与车漆颜色相适应,一般深色车漆选用黑色、红色、绿色系列的车蜡,浅色车漆选用银色、白色、珍珠色系列车蜡。

6. 一般保护蜡与高级美容蜡的区别

一般保护性车蜡是由蜡、硅、油脂等成分混合而成的,属于油性物质,它可在漆面形成一层油膜而散发光泽。但由于油膜与漆面的结合力差,保护时间较短,这种蜡常常因下雨或冲洗等因素导致流失,有时甚至附着在风窗玻璃上,而形成油垢。另外,存留在车蜡上的水滴一般呈半球状,会产生透镜作用,聚焦太阳光以至灼伤漆面。

高级美容蜡含有特殊材料成分,不论用水冲洗多少次,一般都不会流失,也不用担心光泽在较短时间失去;施工后车蜡表面水滴呈扁平状,透镜作用不明显,可有效地保护漆面。高级美容蜡外观效果非常好,但价格偏高,特别是水晶蜡、钻石蜡等。因为这类车蜡除了具有一般保养蜡功能外,它还含有一种活性非常强的渗透剂,能使车蜡迅速渗透于漆层内,它特殊的分子结构,可以和漆面之间产生牢固的结合力,蜡与漆面看起来浑然一体,效果颇佳。

高级美容蜡一般要经过许多道复杂的前处理工序,即使是新车上水晶蜡,也要经过清洗、风干、蓝黏土处理等多道工序,所以,上高级美容腊技术含量高,效果一流,持久耐用。

7. 车蜡系列用品简介

(1)去污蜡

产品性能:具有去污、除锈、除垢,保护漆膜光亮的功能。能恢复漆膜及金属表面的鲜艳色泽。

适用范围:用于车身表面清洗护理。

使用方法:将去污蜡直接涂布在清洗物表面,然后用柔软拭布擦拭干净即可。

注意事项:当车身漆膜温热时,不能使用该产品进行清洗护理。需待常温时,才可使用该产品清洗护理。

(2)亮光蜡

产品性能:光亮持久,品质稳定(内含色彩鲜艳剂)。在漆面形成保护膜,防止氧化、酸蚀及雨水的侵蚀,使漆面不粘灰尘。

使用方法:涂抹车身表面。如漆面粘有污垢,用"去污蜡"除垢后,再涂抹本品。

适用范围:汽车车身及各种金属制品。注意事项:不可在车身温热时使用。

(3)保护蜡

产品特性,除去油污、沥青,防止生锈,能产生稳定、防水的保护膜。

使用方法:洗净汽车表面并干燥,使用前摇动罐子,均匀喷涂在需要保护的部位即可。

适用范围:汽车的表面及槽沟。注意事项:不可使用在以桐油为基础的油漆面上。

(4)镜面蜡

产品特性:是一种高性能的护理型天然蜡,含有巴西棕榈和聚碳酸酯。对漆面渗透力极强,光泽如镜,保持长久,能有效护理汽车漆面。

使用方法:涂抹在车身漆面,手工打蜡和机器打蜡均可。

适用范围:适于新车及旧车抛光翻新后的漆面护理。

(5)抗静电蜡

防静电镀膜——手喷保护上光剂。

产品性能:该产品是一种喷雾型上光护理蜡;能防止漆膜产生静电,最大限度地减少静电对灰尘、油污的吸附。该剂含有防静电元素,防尘;不含陶土,缝中不留白色痕迹;手喷蜡可保持6个月之久。它是静电的克星。

使用方法:将该产品均匀地喷涂在车身漆膜上即可。先喷后擦,15min 可完成一辆车作业。

适用范围:适用于汽车漆面、皮革、塑料和镀铬部件表面的护理。

(6)彩色蜡

产品性能:该产品常用红、蓝、绿、灰、黑等五种颜色,即打蜡即抛光,省时省力。不同颜色的车,使用相应颜色的蜡,对漆膜可起到修饰作用,也可掩盖轻微细小的划痕。该蜡呈黏稠的乳状,含有天然巴西棕榈蜡、油分添加剂、增色剂,能在漆面上形成3层蜡膜,可有效抵制有害物质对漆面的损伤。可针对不同色彩的漆面进行增色上光护理。其特殊的水置换型成分可以在不擦干车身的情况下打蜡,非常方便。适用于各种漆质表面上光护理。此外,纤维硅树脂透明层体现出深度光泽,以及氟化树脂的防水薄膜可保持3个月。

使用方法:彻底洗净车身,用海绵或软布均匀涂于车身,保持 3～5min 后,用干净软布轻轻擦拭即可光亮艳丽。使用抛光机进行抛光,转速应控制在 1000r/min。

注意事项:不要在阳光下或过热表面使用,应按车漆颜色选择彩色蜡,密封存放于阴凉通风处。

适用范围:适用于各种汽车漆膜护理。

(7)车辆底盘保护蜡

产品性能:适用于漆面、橡胶、塑料及 PVC 烤漆。可长久防止底盘腐蚀及碎石的碰击。可预防表面颜色的改变,达到隔音防锈的效果。

使用方法:使用前先将车辆底盘洗净,并用钢刷除锈,直到完全清洁及无锈情况下尚可喷涂。使用前需用力摇动罐子,使内部化学剂能充分混合。喷涂时使用 295kPa 的压缩空气。

注意事项:本品为易燃物。使用时需注意保护眼睛、皮肤与呼吸系统。不可喷在排气装置、制动器及减振弹簧上,使用时须用酒精稀释。

(8)新车镀膜——新车保护蜡

产品性能:新车保护蜡含两种化学价截然相反的分子聚合物,两者的结合形成了一个完美的流线平面——水珠在上面存不住。看一辆车是否打过蜡,传统的方法是看车身漆面有水后的水珠效果:有水珠即是打过蜡;但涂过新车保护蜡的车几乎没有水珠,因为它不存水,浇到车上的水流线似的流下来,剩下的是比镜子还光亮平整的车漆表面。带来真正的"镜面"效果。

(9)塑料、皮革清洁保护蜡

产品性能:该产品含有清新柠檬香味,适用于塑料、橡胶、皮革制品的清洗护理;能清洁汽车内室各种部件表面的污垢和油渍,并在被处理表面留下一层自然保护层,可使灰尘不再聚集;清洁润光一次完成。

适用范围:主要用于车身内室的清洗护理。也用于外部前后保险杠等塑料件的清洗护理。

使用方法:先将该产品喷涂在清洗物表面上,然后用拭布擦拭干净即可。

(10)防锈蜡

汽车车身的有些部位是不能单依靠涂层就可以达到防锈作用的。如点焊形成的缝隙,因磁屏蔽作用使阴极电泳底漆到达不了的一些空腔、夹层等处。这些部位达不到有关防腐蚀规定的年限标准,因此须进行喷蜡或灌蜡防护处理。喷蜡应在涂装施工完成后进行。用过一段时间的旧汽车需修补作业时,要根据需要重新进行喷蜡保护,对高级轿车尤为重要。

2.4.2　汽车车身美容护理工具设备

1.手工清洁工具

手工清洁工具及用品,如图 2-14～图 2-16 所示。

2.机械抛光、研磨设备

(1)研磨盘、抛光盘安装

研磨盘和抛光盘有两种安装方式。

1)吸盘式安装法。首先将一个硬质(硬塑料聚酯)底盘(托盘)用螺钉固定在研磨机的机头上,托盘的另一面可粘住带有尼龙易粘平面的物体。这时可根据需要选择各种吸盘式的研磨盘和抛光盘,使用极为方便,只要把研磨吸盘或抛光吸盘贴在托盘上即可。

图2-14　各种车蜡

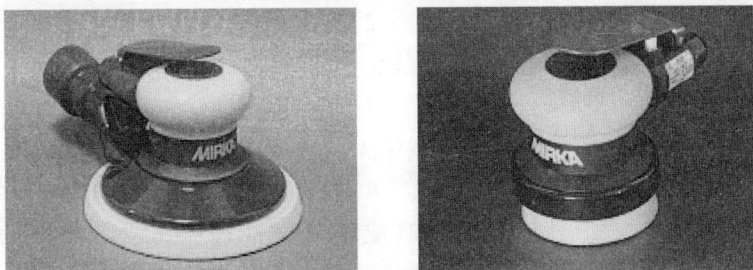

图2-15　打蜡、抛光工具

图2-16　抛光砂纸、海绵

2)固定式安装法。研磨机头不带托盘,只有一个互嵌式接头。安装时需要把研磨紧固盘或抛光紧固盘嵌进去,安装方法也不是很复杂。

(2)研磨机的安全操作方法

1)研磨机开机或关机时决不能接触工作表面。

2)作业时,右手紧握直把,左手紧握横把,由左手向作业面垂直用力,转盘与作业面保持基本平行,如图2-17所示。

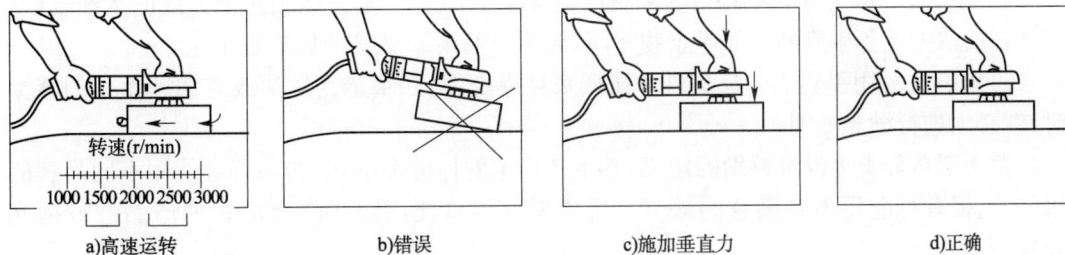

a)高速运转　　　　b)错误　　　　c)施加垂直力　　　　d)正确

图2-17　研磨机的操作方法

3）在研磨机完全停下之前，不要放下研磨机。

4）不要对太靠近边框、保险杠和其他可能咬住转盘外沿的部位进行研磨。

5）应时刻注意研磨机的电缆，防止将电缆卷入机器。

6）抛光时，应注意不要让灰尘飞到脸上，而应使其落向地板。

（3）打蜡机的使用方法

1）上蜡。使用打蜡盘套上蜡时，将液体蜡转一圈倒在打蜡盘上，每次按 $0.5m^2$ 的面积涂匀，直至上完全车；不使用打蜡盘套上蜡时，可用海绵或毛巾沾蜡少许，每次按 $0.5m^2$ 的面积涂匀，至全车上完。

2）凝固。上完蜡后，等待几分钟时间，待车蜡凝固。

3）安装检查盘套。将抛蜡盘套装上，确认绒线中无杂质。

4）抛光。打开打蜡机，将其轻放在车体上横向（或纵向）进行覆盖式抛光如图2-18所示，直至光泽令人满意。

图2-18　打蜡机抛光线路图

2.4.3　汽车车身漆面护理美容

1.汽车车身表面的抛光

抛光的目的是为了增加车身漆面的光泽度。

车身表面的抛光是通过静电、摩擦和抛光的作用原理来消除车身漆面的氧化层，改善车身的漆面缺陷。处理时，使用研磨抛光机进行工作。在抛光盘的作用下，抛光剂与车漆摩擦发生静电反应而产生静电，摩擦的同时车身热量使漆膜变软，毛细孔变大。在这种情况下，静电将漆面毛细孔内的污物吸出，抛光盘将漆面微观的氧化层磨掉，并将细微的伤痕拉平填满，同时抛光剂的一些成分溶入漆膜发生还原变化，所以漆面通过抛光处理会改善缺陷的状况而变得光滑亮丽。

进行车身漆面抛光处理时首先要正确判断漆面的氧化程度和硬度，然后针对不同的车漆和氧化程度，采用不同的抛光剂和抛光方法。

判断车身漆面是否需要抛光处理可以按照以下方法进行：

1）观察法。从车身的不同角度来观察车身漆面的亮度，通过眼睛感觉光线的柔和度、反射景物的清晰度等来判断。如果景物暗淡、轮廓模糊则需要进行抛光处理。

2）触摸法。用手套上一层塑料薄膜纸来触摸漆面，如果感到发涩或有凹凸不平的感觉时，就必须进行抛光处理。

抛光剂在分类上没有特别的定义，各生产厂家的标准都不同，如果混合使用不同品牌的用品时，很有可能得不到满意的效果。所以建议尽量使用同一品牌的系列产品进行抛光处理。

抛光时首先安装好抛光盘，调好抛光机的转速，然后将抛光机的抛光盘用水充分润湿后,甩去多余的水分,最后在车漆表面抹上抛光剂就可进行抛光了。抛光机的转速调整可利用局部的测试法来判别。先在车身平整处选取小面积抹上抛光剂进行手工抛光试验,然后根据抛光布上沾染的漆色来调整。如果抛光布上没有漆色,则可以选取较高的转速来进行,否则就应选择较低的转速来进行,甚至考虑采用手工抛光。抛光时应小块面积循序渐进,不可大面积同时工作,从车顶棚开始抛光,按照一定的次序进行,切不可随意乱抛。

2. 车身打蜡

为了使汽车漆面亮丽清洁,长久保持深度光泽,保护车漆不易受到侵害,当汽车清洗抛光后就可以进行打蜡了。但对于车主而言何时候该对汽车进行打蜡,多久要打蜡,一般不是很清楚,要么是频繁打蜡,要么干脆不打,甚至还有的车主不结合自己车漆表面的性质,盲目使用进口车蜡,认为车蜡价格越贵越好,出现消费误区,造成浪费。作为车主了解一些关于车蜡的知识,有助于对爱车的良好护理,避免在进行美容护理时出现不必要的纠纷。

(1)打蜡的步骤

1)上蜡。上蜡可分手工上蜡和打蜡机上蜡两种。手工上蜡简单易行,打蜡机上蜡效率高。无论是手工上蜡还是打蜡机上蜡,都要按一定的顺序进行,要保证车身漆面涂抹的均匀一致。上蜡时每次不要涂得太厚,上太多的蜡不但造成成本的增加,而且还会增加抛光的工作量,并且容易粘上灰尘,使抛光摩擦时有可能产生划痕。

①手工上蜡(图 2-19)。首先将适量的车蜡涂在海绵上,然后按一定顺序往复直线或环形均匀涂布。涂布时手感力度一定要掌握好,可将手指摊开,用大拇指和小拇指夹住海绵,其余三个手指及手掌按住海绵均匀涂抹。上蜡时每次涂抹的面积不要过大,整个车身可分块进行,顺序可从前到后或从左到右,尽量做到薄而均匀。每次处理的面积要有一定的交叉重叠,防止漏涂。

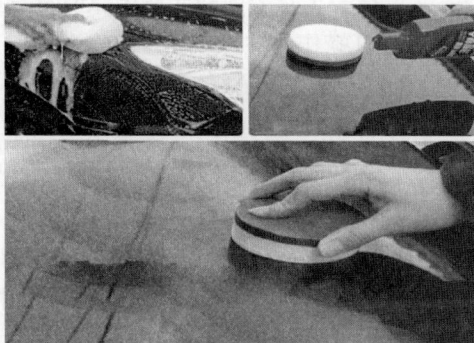

②打蜡机上蜡(图 2-20)。将车蜡洒在车身表面上,用手控制好打蜡机,起动开关,注意涂布

图 2-19　手工上蜡

时的力度、方向性及均匀度。车身表面在边、角、棱处的涂布使用打蜡机上蜡时不易把握,而在这方面手工涂布更有优势。

上蜡的层数视车漆状况决定,并不是愈多愈好,太多的蜡反而会使抛光产生困难,而上得太薄,又无法填补车身的缝隙。通常新车需要上蜡 1~2 层,旧车可上 3~4 层。

2)抛光(图 2-21)。上蜡后根据使用说明,一般停留几分钟,然后用手工抛光或用抛光机将其打磨光亮。手工抛光时:应先用手背感觉车蜡的干燥程度,以刚刚干燥而不粘手为度。手工抛光作业通常使用无纺棉布按一定的顺序作往复直线运动,适当用力挤压,以清除剩余车蜡。使用抛光机进行处理:应等车蜡完全干燥后才能进行,抛光机转速应设置较低,一般控制在 1000r/min 以下,抛光时要注意用力的均匀以及抛光方向的一致性,以保证抛光后光线漫反射的一致,表现深度的光泽。

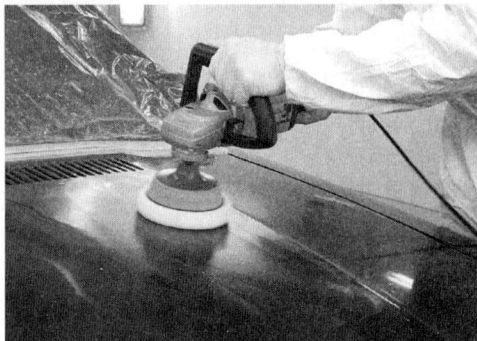

图 2-20　打蜡机上蜡

图 2-21　抛光处理

3)检查整理。抛光后要进行检查整个车身的护理质量,特别是车身较显眼的地方,如果发现蜡上得不均匀,产生无序的反光现象,可用干净的无纺棉布轻轻地擦,也可以用抛光机重新进行抛光,直到光线反射一致。此外,要仔细检查清除厂牌、车标内空隙及油箱盖周围、纤细的边缘或转角部分,车门车窗密封橡胶的边条缝、车牌、车灯、门边等处残存的车蜡。不要认为这些地方不显眼,而有所忽视,影响整车的护理效果。打蜡结束后,设备及用品要作适当清洁处理,妥善保存。

如果想使车蜡保留的时间长些,可以在打完蜡的车身上喷抹一层护车素,既可保护车蜡,又可提高车身表面的光泽度,还可以起到一定的防晒、防酸雨的作用。

(2)打蜡作业注意事项

汽车打蜡的质量好坏,不但同车蜡的品质有关,而且同打蜡作业方法关系密切,要做到正确打蜡,在汽车打蜡时应注意以下几点:

1)掌握好上蜡的频率。由于汽车行驶的环境与停放场所不同,各种车蜡的保持时间也不同,因而打蜡的间隔时间也应有所区别。一般可以通过目视感觉或用手触摸车身漆面,若感觉发涩无光滑感,就应该进行再次打蜡。一般 2～4 个月打一次蜡。一般有车库停放,多在良好道路上行驶的车辆,每 3～4 个月打一次蜡;露天停放的车辆,由于风吹雨淋,最好每2～3 个月打一次蜡。

2)注意打蜡的环境。打蜡作业应在室内进行,周围环境要清洁,要有良好通风,以免沙尘附着在车身上,影响打蜡质量,甚至产生划痕。

3)注意选择打蜡时机。打蜡应选择天气晴朗的日子,雨天一般不应进行。打蜡应避免车表温度高时进行,否则车蜡附着能力下降,影响打蜡效果。应在阴凉处给汽车打蜡,保证车体不致发热。因为随着温度的升高,车蜡的附着性变差,会影响打蜡质量。

4)注意打蜡的方法。在上蜡作业时,要穿好工作服,摘下手表、戒指之类的装饰品,以防划伤漆面。上蜡时尽量采用质地柔软的海绵或柔质的干净棉布进行均匀涂抹,应遵循先上后下的原则,即先涂抹车顶、前后盖板、车身侧面等,一次作业要连续完成,不可涂涂停停。打蜡时手工海绵及打蜡机海绵运行路线应该按一定的顺序进行,防止出现光线漫射的不一致。一般蜡层涂匀后 5～10min 用新毛巾擦亮,但快速车蜡应边涂边抛光。

5）注意打蜡的范围。上蜡时要注意涂抹的地方,小心不要涂在天窗和风窗玻璃上,否则玻璃上形成的油膜很难擦干净。

6）掌握好力度和转速。上完蜡采用机械抛光时,应控制抛光的力度和转速,避免力度过大转速过高,从而抛到车漆。若海绵上出现与车漆相同的颜色,可能是漆面已经破损,应立即停止抛光,先进行修复处理。

7）注意检查整理。抛光结束后,要仔细检查,清除厂牌、车标内空隙及油箱盖钥匙孔周围、纤细的边缘或转角部分,车门车窗密封橡胶的边条缝、车牌、车灯、门边等处残存的车蜡。使车身显得很不美观。这些地方的蜡垢若不及时擦干净,还可能产生锈蚀。因此,打完蜡后一定要将蜡垢彻底清除干净,这样才能得到完美的打蜡效果。

8）检查清理设备。打蜡结束后,设备及用品要作适当清洁处理,妥善保存。

3.汽车车身漆面美容护理实施步骤

漆面美容护理实施步骤见表2-2所示。

漆面美容护理抛光处理步骤　　表2-2

步骤	操作内容	操作示范图	技术要求
1	抛光前打磨		使用磨卡6寸或3寸打磨机配磨卡P1500号砂纸干磨
2	抛光(1)		使用磨卡打磨机配磨卡P2000号精磨砂棉水磨
3	抛光(2)	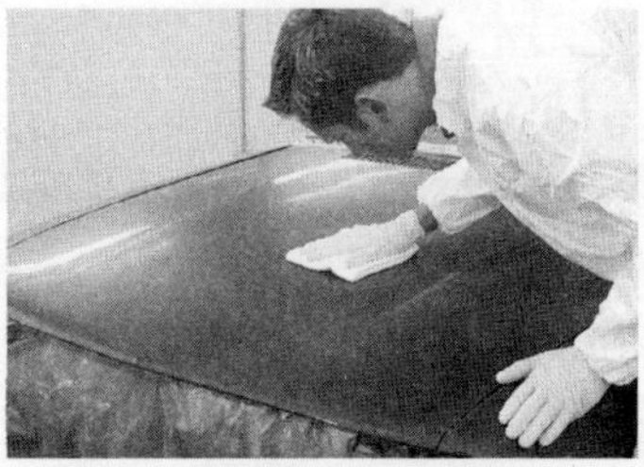	用SYSTEM ONE专用布擦拭并且检查瑕疵

续上表

步骤	操作内容	操作示范图	技 术 要 求
4	抛光(3)	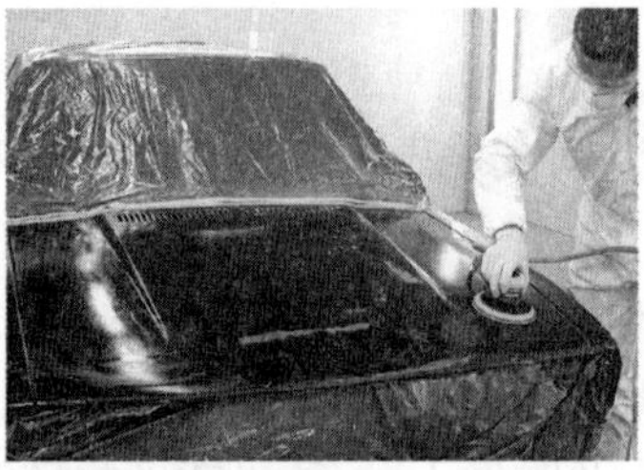	使用磨卡 6 寸打磨机配磨卡 P4000 号精磨砂棉水磨
5	抛光(4)		使用 SYSTEM ONE 全能抛光蜡抛光
6	抛光完成		检查整理各边角处残留抛光剂

本章小结

　　本章内容学习了汽车车身清洁美容及护理,包括汽车车身清洁美容及护理用品(如车身清洗剂系列用品简介及正确选用等)、汽车车身清洁美容(如汽车车身外表的清洗、发动机部分的清洁及底盘部分的清洁等)和汽车车身美容护理(如车身美容护理用品、工具设备及车身漆面护理美容等)等内容。

自测题

　　一、多项选择题(下列各题的备选答案中,有两个或两个以上选项是正确的,请把正确答案的序号填写在括号内)

　　1.下列哪种方法不适合车表顽固污渍的清除(　　　)。

　　　　A.抛光机清除　　　　　　　　　　B.有机溶剂清除

　　　　C.焦油去除剂清除　　　　　　　　D.清洁剂清除

2.下列哪项不是车蜡的主要功能(　　　)。

　　A.增加漆面的光洁度　　　　　　　　　B.研磨抛光

　　C.保护漆面　　　　　　　　　　　　　D.清洗漆面

3.溶剂是用来去油的,溶剂的重要性在于它的(　　　)。

　　A.溶解功能　　　　B.去油功能　　　　C.清洗功能　　　　D.以上都是

4.树脂蜡一般作运输车辆的保护剂,它的主要目的是防雨水、防尘和划痕。这种保护层一般不含油脂物质。因此,在开蜡时要用含树脂聚合物的溶解元素的(　　　)开蜡。

　　A.水质去油剂　　　B.油脂蜡开蜡水　　C.树脂开蜡水　　　D.以上都是

二、判断题(在括号内正确打√,错误打×)

1.洗车时最好使用含矿物质较多的硬水,以免车身干燥后留下痕迹。　　　　　　(　　　)

2.使用打蜡机上蜡时,可不按一定的顺序任意进行,以保证打蜡的效率。　　　　(　　　)

3.发动机外表可用汽油来代替专用清洁剂进行清洗。　　　　　　　　　　　　　(　　　)

4.去油剂主要是用来清洗发动机等油泥较厚的汽车部位。　　　　　　　　　　　(　　　)

5.选用车蜡时一般深色车漆选用黑色、红色、绿色系列的车蜡,浅色车漆选用银色、白色、珍珠色系列车蜡。　　　　　　　　　　　　　　　　　　　　　　　　　　(　　　)

6.煤油可以开蜡是因为煤油可以溶解油。　　　　　　　　　　　　　　　　　　(　　　)

三、简答题

1.简述汽车车身清洗的工艺流程。

2.简述车身打蜡时的注意事项。

3.简述蜡的主要功用。

4.简述汽车为什么要适时打蜡。

第3章 汽车内饰清洁美容及护理

导言

汽车内饰美容通常是对汽车内部空间的美容护理,而汽车内饰件大多数由塑料、人造纤维、皮革、橡胶等材料制成。这些饰件在使用过程中难免被脏污和性能退化。例如塑料件在风吹日晒的情况下会氧化而失去光泽,皮革件用久后易出现磨损、老化、褪色等。所有这些都会影响汽车的舒适性和美观,缩短其使用寿命。汽车美容时一般人只注重汽车的外表美容,而忽视车饰的美容护理,特别是驾乘舱。其实汽车内部空间的美容护理更加重要,因为使用人员接触最多的是汽车的驾乘舱,它的舒适与否极大的影响着驾乘人员的情绪和健康。汽车的内部空间平时容易受到水渍、沙土、烟尘、汗渍等因素的影响,使得丝绒座椅、地毯及车内顶棚发霉,真皮老化,产生难闻异味,甚至产生大量的细菌,影响驾乘人员的身心健康。因此,每隔一定时间必须做一次全套的内饰专业护理。

本部分内容是学习汽车内饰清洁美容及护理,包括汽车内饰清洁美容用品及工具设备、汽车内饰清洁美容主要内容及实施步骤、汽车车内污染源分析及治理等内容。通过本部分内容的学习,能够正确选择相关美容用品及工具设备,顺利完成汽车内饰清洁美容及护理工作。

学习目标

1. 知识目标
(1)了解车饰美容的作用。
(2)掌握车饰美容的主要内容。
(3)掌握各类汽车内饰清洁工具的使用方法。
(4)了解汽车内部空气污染物的成因。
(5)掌握车内污染治理的原理。
(6)了解车内污染治理的方法。
2. 能力目标
(1)会正确选择汽车内饰清洁用品及工具。
(2)会根据汽车内饰材料正确进行清洁护理操作。
(3)会分析车内污染源的成因。
(4)能够正确选用污染治理方法。
(5)掌握车内空气消毒净化操作。

(6)能根据污染物的性质提出治理方案。

3.情感目标

(1)具有良好的汽车内饰美容语言表达与社会沟通能力。

(2)具有良好的组织与协调能力。

(3)具有良好的团队合作精神。

(4)具有良好的职业道德与行为操守。

3.1　汽车内饰清洁美容用品及工具设备

3.1.1　汽车内饰清洁美容的作用

1.美化内饰环境

车室作为车主活动的重要空间,它对人会产生重要的生理及心理影响,美化汽车内饰使驾乘人员拥有一份好心情。

2.有助于健康

汽车内饰中的地毯、座椅、空调风口、行李舱等处,经常接触潮湿的空气或水渍,在特定的环境中,这些地方最易令细菌滋生,使内饰霉变,散发出臭气,不但影响了室内空气环境,更重要的是对驾乘人员的健康产生了威胁。汽车内饰美容为驾乘人员的健康提供了保障。

3.延长内饰件使用寿命

车室的清洁、杀菌、除臭,可以有效地防止各种污物对车室如地毯、真皮座椅、纤维织物等的腐蚀,加之使用专门的保护品,对塑料件,真皮及纤维品进行清洁上光保护,可大大延长内饰件的使用寿命。

4.延长发动机寿命

发动机清洁翻新作为内饰美容的一部分,它对汽车发动机性能的影响非常大。油泥、灰尘及污物的附着,不但影响发动机的美观,而且还易造成发动机附件的故障,更主要的是影响发动机的散热能力,加速发动机运动副的磨损,使发动机使用寿命降低。

3.1.2　汽车内饰清洁美容用品

1.汽车内饰清洁美容用品种类

(1)汽车室内清洗剂

汽车室内清洁剂包括多功能清洁柔顺剂、丝绒清洁保护剂、地毯洗涤保护剂、万用清洁剂等。

产品性能:能除去各种玻璃、油漆表面及金属制品表面的污垢,不伤害漆膜、塑料及橡胶制品。该产品是泡沫清洁剂,不产生滴流。

使用方法:将该产品直接喷涂在待清洗的物体表面,使泡沫停留1min,然后用干净的拭布擦拭干净即可。

适用范围:适用于车内各表面、玻璃、座椅等清洗。

注意事项:不要等泡沫完全干后才进行擦拭。

(2)玻璃清剂及专业保护剂

包括玻璃清洗液、玻璃清洁防雾剂、防雾防冻清洗剂、玻璃抛光剂等。

2.汽车内饰清洁用品使用要求

1)使用适当的清洁剂。

2)不要随意混合或加温使用车饰清洁用品。

3)对不熟悉的产品应先测试使用。

4)应选用专用清洁剂进行清洗。

5)清洁作业时,喷上清洁剂稍停片刻后才进行擦拭。

6)可对清洗过的较难干燥的饰件进行烘干处理,防止发霉。

3.1.3　汽车内饰清洁美容工具设备

1.吸尘器

吸尘器是一种能将尘埃、脏物及碎屑吸集起来的吸尘设备,它是进行汽车内室日常清洁的主要设备。汽车内室虽然空间小,但结构复杂,不便于清洁。采用吸尘器可方便地将内壁、地毯、座椅及缝隙中的浮尘和脏物吸除干净,且不会使尘土飞扬。

(1)吸尘器的种类

常见的吸尘器主要有专业型和便携型二种。

1)专业型吸尘器。吸尘效果最好,使用较多,它具有较好的防水性,而且集吸尘、吸水、风干于一体,配有适用于汽车内室结构的专用吸嘴,操作简单,吸力大,并可与内室蒸汽机配套使用,如图3-1所示。

2)汽车专用便携型吸尘器。是供车主随车携带的工具,它使用汽车上的电源(利用点烟器插座),体积小,携带方便,清理汽车方便实用,可将车内灰尘、脏物统统吸进,让汽车内部崭新如初。但其不适合专业护理店使用,如图3-2所示。

图3-1　专业吸尘器

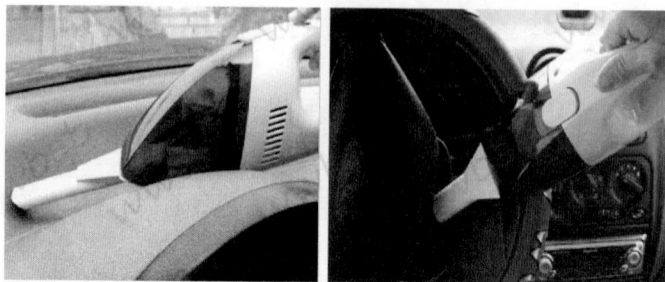

图3-2　专用车载吸尘器

①产品功能及特点。外形美观,精巧轻便,适合各类型 12V 点烟器车辆使用(不可用于其他电压)。使用安全方便、操控简单。适用于微尘,纸屑,小颗粒脏物。

②使用说明:

a)用点烟器插头连接车内点烟器;

b)确认连接正确,将多功能吸嘴插入吸尘器顶端,开启工作开关;

c)以 30°~45°角吸取脏物或灰尘杂物等;

d)工作完毕后,关闭开关,打开吸尘器前罩清理其内吸入的灰尘等;

e)再次闭合前罩,准备下次使用。

(2)吸尘器的工作原理

吸尘器是利用电动机的高速转动,带动风叶旋转,使吸尘器内部产生局部真空,形成空气吸力,将灰尘、脏物吸入,并经过吸尘器内部的过滤装置,然后将过滤过的清洁空气排出去,以达到吸尘的目的,如图 3-3 所示。

(3)吸尘器使用注意事项

1)每次使用前,先将集尘袋清理干净。

2)有灰尘指示器的吸尘器,不能在满刻度状态下工作,若发现指示器接近满刻度,要停机清灰。

3)不要用吸尘器吸集金属碎屑,以防电动机损坏。

4)吸尘器在清理尘埃时,不要将手放在吸入口附近,以免发生危险。

5)要保护好吸尘器电线的绝缘保护层,以免发生触电事故。

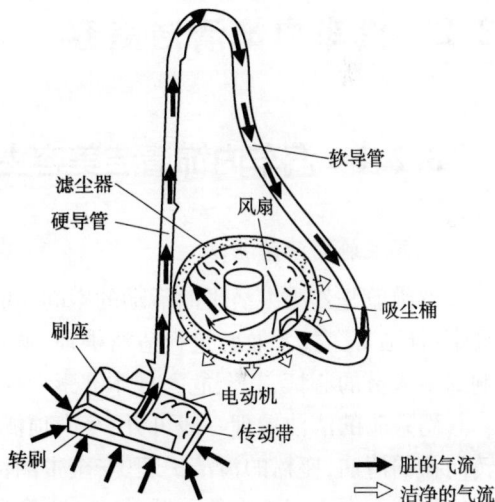

图 3-3　吸尘器工作原理图

2. 空气清洁枪

空气清洁枪用于清洁汽车内饰品。

3. 蒸汽清洗消毒吸尘器

蒸汽清洗消毒吸尘器用于清除汽车驾驶室及车厢内的各种污渍。可对丝绒、化纤、塑料、皮革等不同材料进行清洗,还可以去除车身外部塑料件表面的蜡迹。不仅具有较强的去污功能,而且还具有杀菌消毒的作用,特别是对带有异味的污垢有很强的清洗作用,能使皮革恢复弹性,丝绒化纤还原至原有光泽,是汽车内室美容的首选设备。图 3-4 所示为高压蒸汽清洗消毒吸尘器。

图 3-4　高压蒸汽清洗消毒吸尘器

蒸汽清洗消毒吸尘器的操作方法:清洗前,首先将续水口打开,注满清水,盖好后开机预热 10min 左右,待使用指示灯显示后便可以操作。因蒸汽温度很高,可达 130℃,所以操作时应根据不同材料的部件选择不同的温度,以免损伤部件,并使用半湿毛巾包裹适合内室结构的蒸汽喷头,一般情况下,车内物品在 80℃ 左右就已经够用,无须太高的温度。有些制品如塑料、皮革耐热性较差,在使用蒸汽清洗机清洗时,温度应适当调低。

4. 其他设备

其他设备有地毯脱水机、蒸汽桑拿机,如图 3-5、图 3-6 所示。

图 3-5　地毯脱水机

图 3-6　蒸汽桑拿机

3.2　汽车内饰清洁美容

3.2.1　汽车内饰清洁美容主要内容

1. 驾乘舱的清洁护理

驾乘舱是驾乘人员平时活动的空间,易受外界因素的影响。例如外界的油尘,驾乘人员吸烟、汗渍等。如不及时进行清洁护理,就容易污染内部空气质量,造成驾乘人员的不适,影响驾乘人员的心情,甚至危害身体健康。

驾乘舱的清洁护理一般可分:车内顶棚、车侧立柱及车门内表面的清洁;仪表控制面板、转向盘的清洁;座椅的清洁护理、安全带的清洁;车窗玻璃的清洁护理;地毯的清洗及其他饰面的清洁。由于汽车内部顶棚、侧壁、坐套及地毯等部位主要由化纤、皮革、塑料及橡胶等材料制成,清洗时应根据不同材料选择清洗剂和清洗方法。车内清洁应按照自上而下的顺序进行,即从顶棚到仪表板、座椅,最后是地毯。

(1)车内顶棚的清洁

车内顶棚因为其位置特殊,一般不沾染其他污物,主要是顶棚绒布吸附烟雾、粉尘及人体头部油脂等。

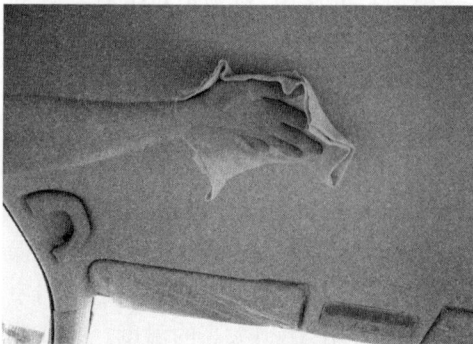

图 3-7　车内顶棚的清洁

车厢内衬及座椅面套是化纤制品时,首先,可用刷子和大功率吸尘器配合使用,先对汽车顶棚进行一次全面的吸尘清洁,必须注意的是顶棚内的填充物是辐热吸音材质,具有很强的吸水能力,清洁时一定要用稍干一些的擦布,否则会使清洁剂浸湿顶棚内材料很难干燥。然后将化纤专用清洗剂喷在需清洁的化纤制品表面,润湿5min,待污物充分溶解、松化,再用洁净的棉布将污液吸出;最后用毛巾擦拭进行全面清洁,如图 3-7 所示。

清洁时必须注意的是车顶棚内填充物是隔热吸音的材料,较易吸收水分,所以抹布一定要拧干一些,否则太湿的抹布在清洁时会使顶棚材料吸进过多的水分,增加以后干燥的难度。

(2)车侧立柱及车门内表面的清洁

车侧立柱位于驾乘人员上下汽车处,手容易触摸到,通常污垢较多,可选用浓度高些的中性洗涤液进行清洗。对仪表板、顶棚支架、座椅护围等处的塑料制品,首先将专用清洗剂喷洒于塑料表面。然后用毛刷稍蘸清水刷洗表面,直至细纹中的污垢完全被清除,再用半湿性毛巾擦净刷掉的污垢。如果去污力不够强劲,可视油污轻重而定清洗剂的稀释比例,加大力度,但仍然应该由轻到重,以免出现失光白化现象,如图3-8所示。

图3-8　车门内表面的清洁

(3)仪表控制面板的清洁护理

仪表控制面板大多为塑胶制品,由于控制台上各种仪表和按钮比较多且结构复杂,外表面凹凸不平,边边角角多,清洁起来比较困难。在清洁之前,可根据各部位的不同特点,自制一些不同厚度的木片,将其头部分别削成三角形、矩形和尖形等,然后把它们包裹在干净的毛巾里,用于清洁沟沟坎坎之处,不仅清洁效果好,而且不会损伤台面。

首先将专用清洗剂喷洒于半湿性毛巾,然后直接擦洗橡胶部件,切勿使用毛刷,以免使橡胶件失去亮度,再用干净的半湿性毛巾擦净表面的清洗剂,如图3-9所示。把各部分污垢清洁干净以后,便可以进行上光护理,使用专用的仪表蜡喷在仪表面板上,稍停片刻,再用干净的棉布擦拭,即可得到干净如新的表面。为了防止仪表板上光线的反射,刺激驾乘人员的眼睛,最好使用不发亮刺眼的增亮剂。做完这些步骤后,可以再涂一层清洁保护水蜡,以减少外界阳光紫外线对它的损伤。

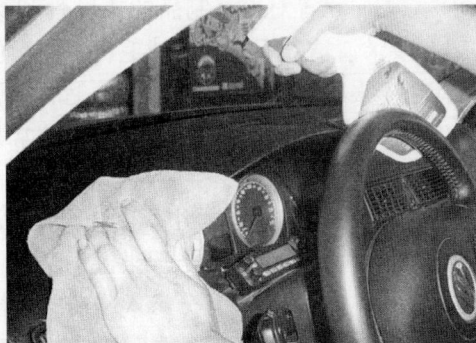

图3-9　仪表控制面板的清洁

(4)车窗玻璃的清洁护理

车窗玻璃要经常保持干净透亮,否则影响能见度,影响行车安全。车窗玻璃内侧日久天长会被蒙上一层雾状污垢,特别是在车内吸烟,一般用水难以清除。因此,对于前风窗玻璃应先用风窗玻璃清洁剂进行清洗,然后涂上风窗玻璃防雾剂,如图3-10所示。后风窗玻璃因内侧装有防雾除霜电热丝栅格,清洁时应注意擦拭用力不要过猛,一定要沿着电热线的方向左右擦拭,不可垂直擦拭,以防损伤藏在玻璃内的电热丝,造成断线。前、后风窗玻璃的下端由于玻璃倾斜不容易擦到,可用尺子等工具在前端包上棉布后擦拭。

（5）座椅的清洁护理

1）皮革座椅的清洁护理

人造革和真皮座椅的表面有许多细小的纹理,容易积聚灰尘污垢,较难彻底清除干净。一般不能直接用水清洗,必须要用专门的皮革清洁护理用品,才能有效地去除静电和灰尘污垢。可先将真皮清洁柔顺剂喷到座椅表面,然后用软毛刷进行擦洗,如图3-11所示,最后用洁净的棉布擦干,再用真皮上光保护剂进行上光护理。如果皮革座椅不太脏时,可以直接用真皮上光保护剂进行清洁上光即可。

图3-10　车窗玻璃内侧的清洁

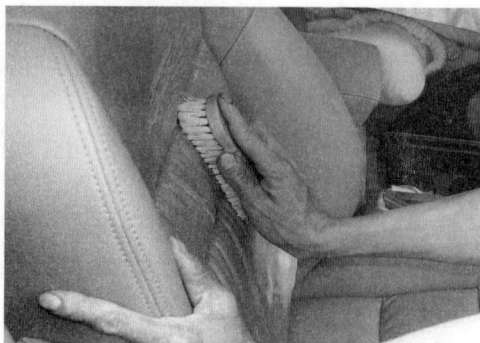

图3-11　真皮座椅的清洁

2）丝绒座椅的清洁护理

对于丝绒座椅,由于其绒毛的特点,其表面容易吸附灰尘污物,而且,丝绒座椅用久了会失去绒毛材料的柔顺性。清洁时要注意以下几点:首先是要除去座椅表面的灰尘污物;其次要恢复座椅绒毛本身材料的柔顺性,必须采用专用的清洁剂进行清洁处理,不能采用像汽油、丙酮、漂白粉等对绒毛制品的柔顺性和颜色都有很大影响的非专业用品来进行清洁护理;最后要求清洁剂不能影响绒毛材料的颜色,防止清洗后出现颜色不一的败色情况。

对于不很脏的座椅,建议使用长毛的刷子和吸力强的吸尘器配合,一边刷座椅表面一边用吸尘器的吸口把污物吸出来。接缝处常是灰尘容易堆积的地方,可用手拨开再用吸尘器吸。

对于较脏的座椅,可先用软毛刷子清刷污渍、污点、污垢等较脏处;然后,用干净的抹布喷上少量的丝绒清洁剂,在半干半湿的情况下,全面擦拭座椅表面,特别要注意的是抹布一定要拧干,以防止多余的水分渗入座椅的内衬海绵中;最后,用吸尘器再对座椅清洁一下,吸出多余的水分,尽快使座椅干爽起来,投入使用,也可使用电吹风将座椅烘干。

（6）安全带的清结

安全带是较频繁使用的物品,容易沾染上灰尘、油污等。清洁时可用中性的清洁剂对安全带进行擦洗,如图3-12所示。不可选用染色剂或漂白剂作为清洗剂进行清洗,否则将影响安全带的强度。

（7）地毯的清洗

汽车里面通常会放置活动的脚垫,脚垫的材料一般采用塑料胶质或人造纤维,可以拿出车外进行清洗。对于不是很脏的脚垫,可用高压水进行冲洗,晾干即可。对于较脏的脚垫可先喷上适量的清洁剂,再用刷子刷洗,最后用水冲洗干净。汽车本身自带的地毯基本是和汽车一体的,不容易拆下来清洁,可使用毛刷头的吸尘器先进行吸尘处理;对于地毯深处的泥沙、小杂物等的清除,可先用硬一点的刷子刷出后再吸走,之后喷洒适

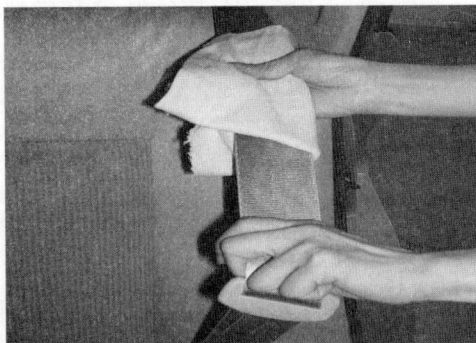

图3-12　安全带的清洁

量的专用洗涤剂,用刷子刷洗干净,最后用干净的抹布将多余的洗涤剂吸掉就可以了。为使地毯尽快干爽起来,还可以用烘干设备进行烘干处理。

（8）转向盘的清洁

转向盘是驾驶员手触摸的地方,容易沾上人体的油脂和汗渍。对于转向盘的清洁,可针对其不同材质进行不同的处理。转向盘的外表材料有塑胶、人造革、真皮、桃木等。对于塑胶材质的转向盘,可用干净的抹布沾上中性的清洁剂进行擦洗,然后用塑胶护理上光剂轻轻擦拭即可。对于人造革、真皮材质的转向盘,可用真皮清洁柔顺剂进行擦洗,然后用真皮保护上光剂轻轻擦拭即可。对于有桃木饰条的转向盘,可用中性的清洁剂进行擦洗,然后用塑件橡胶润光剂轻轻擦拭即可。

（9）其他车内操作部件的清洁

离合器踏板、制动踏板、加速踏板等部件表面,可以用刷子或沾有去油洗涤液的抹布进行擦洗。离合器踏板、制动踏板、加速踏板等部分要认真进行清洁,特别要清除上面的油脂类污垢,以免开车时脚底打滑,影响行车安全。堆积在变速器变速杆部分狭窄空隙的灰尘,可用吸尘器吸出。

2. 行李舱的清洁

行李舱是车辆放置大件物品的地方,由于车主的需要,装载的物品复杂,容易产生垃圾,也容易脏污,而汽车的备用轮胎及随车工具也放在行李舱中。行李舱中通常有泥沙、油污、小杂物等垃圾,清理不够方便,不能用水直接冲洗。行李舱中铺设的材料有胶垫,有丝绒地毯,要针对不同材质进行清洁处理。可先清理出行李舱中如纸屑、沙粒等垃圾,再用吸尘器进行吸尘处理,对于铺设胶垫的行李舱,可用抹布沾上清洁液进行擦洗,对于铺设丝绒地毯的行李舱可按地毯的清洗方法进行清洁。

3.2.2　汽车内饰清洁美容实施步骤

1）整理杂物。

2）除尘。

3）清洗。

按照使用清洗设备分为:手工清洗;机器清洗。

按不同的内饰件材质分为:真皮饰品的清洗;塑料饰品的清洗;橡胶制品的清洗;玻璃的清洗;其他材质的清洗。

4)上光护理。

5)消毒处理。

3.3 汽车车内空气净化

近年来,汽车零部件的安全性受到越来越多车主的关注,车内空气污染更是令人担忧。相比汽车排放危害和车内空气污染,通过接触即可致癌的汽车内饰致癌物造成的伤害更加直接、可怕。中国室内装饰协会室内空气监测中心曾对 200 辆汽车车内进行检测,结果发现,若参照室内空气质量标准,近 90% 的汽车都存在车内空气甲醛或苯含量超标问题。车内空气污染源主要来自车体本身、装饰用材等,其中甲醛、二甲苯、苯等有毒物质污染后果最为严重。车内空气污染主要来自于皮革、纺织品、塑料配件、胶合剂等内装饰材料,它们散发出的苯、甲醛、二甲苯等有毒气体,对人体肝、肾、呼吸系统、造血器官、免疫功能等会造成严重危害。车内空气污染指汽车内部由于不通风、车体装修等原因造成的空气质量差的情况。

我国已进入汽车社会,汽车给消费者带来了更多的便捷和快乐。然而,车内空气污染却严重威胁着消费者的健康和生命安全。自 2012 年 3 月 1 日起国家环保部与国家质检总局联合发布的《乘用车内空气质量评价指南》正式实施。

3.3.1 汽车车内污染源分析

1. 汽车内部空气污染物成因

(1)乘用车本身

汽车零部件和车内装饰材料中所含有害物质的释放。乘用车各种配件、使用的塑料和橡胶部件、织物、油漆涂料、保温材料、黏合剂等材料中含有的有机溶剂、助剂、添加剂等污染物和车内装饰中的脚垫、座椅套、胶粘剂等中有含有甲醛、TVOC、苯系物等挥发性成分释放到车内环境,造成车内空气污染。

(2)乘用车发动机

发动机工作过程中产生的甲醛、多环芳烃(苯并芘)、可吸入颗粒物、CO、NO_2、SO_2 等。使汽车自身排放的污染物进入车内(通过排气管、曲轴箱、燃油蒸发等途径排放的污染物),或汽车空调长期使用后风道内积累的污物对车内空气造成污染。污染物主要有碳氢化合物、一氧化碳、氮氧化物、微生物、苯、烯烃、芳香烃等。

(3)乘用车尾气

乘用车排放的尾气中含有大量 CO、NO_x、CO_2、多环芳烃等。

(4)车内空调

乘用车空调设备及系统主要是细菌、真菌等生物污染因素的来源。例如车内空调气流组织不合理,形成气流死角,导致污染物在局部滞留、积累;空调新风采集口受到污染,大量可吸入颗粒进入车内;空调过滤器失效,真菌大量繁殖;空调凝结水盘或者冷却水中存在的细菌而导致的车内微生物污染等。

(5)交通道路空气

道路上,特别是复杂路况和拥堵路况上,道路空气中含有汽车尾气中的有害物质浓度高,若车厢不密闭或者通过外循环进行换气,则道路空气中的 CO_2、CO、可吸入颗粒物、多种挥发性有机物也成为车内空气的主要污染物来源,在交通堵塞的情况下尤为明显。

(6)人体自身

人体生命活动过程,如呼吸、汗液等排出过程中会产生乳酸、硫醇、氮化物、CO_2、大量角质层等污染物。

2.汽车内部空气污染物来源

乘用车内污染物的种类及对人体影响的车内空气污染物种类众多。

(1)按污染物性质分类

1)物理性污染物。包括乘用车车内灯光照明不足或过亮、乘用车内外产生的噪声、温度及湿度过高或过低等。

2)化学性污染物。主要为从内饰材料、座椅等地方释放出来的污染物。可分为碳氧化物、氨、氮氧化物、硫氧化物等无机化合物和甲醛、TVOC 等有机污染物以及可吸入颗粒等有害物质。

3)生物性污染物。包括细菌、真菌、螨虫等微生物。

(2)按污染物来源分类

1)新车本身。由于市场需求使很多汽车下了生产线就直接进入市场,各种配件和材料的有害气体和气味没有释放期,新车内空气污染的来源主要有三大类:一是车内的各种配件,比如座椅材料、保温材料、防撞填料、仪表板等;二是汽车内饰件材料,如塑料、纤维纺织、皮革、橡胶等;三是生产使用的稀释剂、胶水、油漆和涂料等。这些物件所散发出来的有毒气体,其中相当一部分有着较大的致癌性,对人体肝、肾、呼吸系统、造血器官、免疫功能等会造成严重危害,侵害着消费者的人身安全。

2)车内装饰。大多数消费者买车以后都要进行车内装饰,有的车开了一段时间也要重新进行装饰,还有的经销商也以买车送装饰为优惠条件,一些含有有害物质的地胶、坐套垫、胶粘剂进入车内,这些装饰材料中含有的有毒气体,主要包括苯、甲醛、丙酮、二甲苯等,必然会造成车内的空气污染,让人不知不觉中毒,渐渐出现头痛、乏力等症状。严重时候会出现皮炎、哮喘、免疫力低下,甚至白细胞减少。

3)车用空调蒸发器。若车用空调蒸发器长时间不进行清洗护理,就会在其内部附着大量污垢,所产生的胺、烟碱、细菌等有害物质弥漫在车内狭小的空间里,导致车内空气质量差甚至缺氧。同时,由于汽车空间窄小,新车密封性比较好,空气流通不畅,车内空气量本来就不多,再加上车内乘客间的交叉污染严重,汽车内有害气体超标比房屋室内有害气体超标对人体的危害程度更大。当空气中 CO_2 浓度达到 0.5% 时,人就会出现头痛、头晕等不适感。

4)车内吸烟。如果司机或乘客吸烟,不仅会大大增加挥发性有机化合物、CO 和尘埃之类的空气污染物水平,它所散发出的气味也可能会长期停留在车厢内。

5)车辆状态。通过对乘用车内空气质量的调查、检测、分析,找出了影响车内空气质量的主要因素,还包括温度及湿度、行驶状态、道路空气、车龄及型号、空调开闭状态等,并针对各个影响因素展开分析,得到如下结论:

温度升高,车内污染物浓度增高;室内空气的含湿量(通常以相对湿度度量)对健康和舒适性均有间接的影响。

(3)不同的车辆行驶状态,对车内空气质量的影响

1)开窗行驶时,车内空气与车外空气污染状况相同,车内浓度随车外浓度呈同步变化趋势并稍有滞后。运行一段时间后,车内污染物浓度也有一定的累积效应,在堵车慢行时尤为明显。

2)在车窗关闭、空调运行,采用空调系统外循环的情况下,车外空气由空调进风系统不断进入车内,在车厢内循环停留一段时间后,由车厢后部排出车外。当乘用车中速正常行驶时,车内外空气污染状况完全一致。

3)在车窗及空调通风系统均关闭情况下,车内空气污染变化与车外空气变化不同。随着行驶时间延长,车内空气污染物逐渐累积,其浓度不断升高,污染较严重。数分钟后 CO_2 在乘用车内部超过了0.1%的限量值,乘坐的人数越多,CO_2 浓度上升的速率越快。

4)在红灯待行状态和绿灯车辆起动时,车内 TVOC 值从 $0.37mg/m^3$ 上升到 $0.46mg/m^3$。即乘用车起动时,是有害气态排放最严重的时候。

(4)道路空气对车内空气质量影响具有正相关性

在行车高峰期、拥挤路段或者行驶在尾气污染严重的车辆的后方时,外环境对车内空气环境影响较大,应当暂时停止车外空气循环流通模式。在车辆行驶至车外空气较好的地段后,再及时地进行车内外空气交换。

(5)车龄对车内空气的影响

同品牌的车辆,同条件下,车龄长的车内空气质量优于车龄短的。不同品牌的车内空气质量有所不同,但总体上仍为新车污染高于旧车。

3. 车内空气污染的危害

(1)甲醛

乘用车内的甲醛主要来自车内的装饰材料、塑料件、树脂件、黏合剂和乘用车尾气。甲醛存在与多种材料当中,如塑料、橡胶、树脂胶粘剂、油漆涂料、泡沫树脂隔热材料等。甲醛对乘用车车内空气质量的影响对新车来说更加严重。乘用车空间狭小,车内空气更新量有限,加上新车密封性好,因此新车车内空气的有害物质比室内可能更高。

(2)苯及同系物甲苯、二甲苯

苯被国际癌症研究机构确认为有毒的致癌物质,可能导致白血病。主要存在于车内的各种装饰材料、黏合剂皮革、树脂材料中,挥发后以气态存在于空气中。由于吸入蒸汽或皮肤吸收可能引起中毒。人不容易警觉苯的毒性,苯属于中等毒类物质,轻者可出现头痛、头晕、乏力、胸闷、恶心、意识模糊等症状。

(3)CO

大气中人为排放的 CO 一半以上来自汽车废气,在一些大城市车流量高峰时,大气中 CO 的含量可以达到 $20mg/m^3$ 以上。在冬、夏两季,某些人在停车时喜欢将空调打开,此时发动机处于怠速空转,由于燃料燃烧不充分,会产生大量 CO,并在车内聚集,可能使乘员发生 CO

中毒。另外在乘用车行使在怠速状态或发动机转速超过 3000r/min 时,CO 也会急剧增多。CO 的毒性主要表现在 CO 与血红蛋白结合的能力比氧气结合的能力大 200 倍,降低了血液输氧能力,引起人体组织缺氧,造成低氧血症。

(4)PM_{10} 和 $PM_{2.5}$

在空气动力学中,直径小于或等于 $10\mu m$ 和 $2.5\mu m$ 的大气颗粒称为 PM_{10} 和 $PM_{2.5}$。$PM_{2.5}$ 通常也称为细粒子,PM_{10} 也称为可吸入颗粒物,它们都是可吸入颗粒的主要成分。乘用车内的可吸入颗粒主要来自于道路地面扬尘、乘用车尾气。据统计,车内乘客吸入的微粒数量是路上行人的 10 倍。

(5)胺

胺、烟碱等有害物质主要由车内空调蒸发器内部附着大量污垢并长期积累产生的,导致车内空气质量差甚至缺氧。

(6)生物因素

生物影响因素主要有真菌、细菌、螨虫等。真菌是乘用车通风系统内长年存在的一个问题,在潮湿气候条件下运行的汽车空调中尤为突出,并有异味产生。真菌会造成记忆力及听力丧失、呼吸困难、哮喘、肺部出血、甚至死亡。

3.3.2 汽车车内污染治理

1. 车内空气减污措施

(1)汽车装饰选用绿色原材料

乘用车要想避免车内空气污染,必须对使用的装饰材料和零部件进行控制,尽量选用不会造成污染或者污染较小的原材料和零部件。乘用车内置材料的环保指标作为乘用车质量,特别是高档乘用车质量的一个重要因素来考虑。

(2)汽车制造生产工艺改进

尽量选择低毒、无毒原料进行零部件的加工,对含有害气体的材料和零部件,在使用前需经过烘烤、室外空旷处放置或其他过滤等方法,使车内的有害气体降至最低。

尽量提高换气系统吸入口的位置。在测试中发现长途客车的室内空气污染普遍高于小乘用车,且开启空调后污染值突然增加,这与车身空调装置吸入口的位置有关。

乘用车的 CO 和 NO_x 相对其他交通工具过高的原因是乘用车的车身和换气系统的吸入口较低,使得外部其他车辆的尾气很容易进入车内,而车内的狭小空间又将这些污染物积累起来。

(3)增加天窗

乘用车天窗能够使得进入车内的空气更加清洁柔和,也更少灰尘,因此,建议装备天窗。

(4)工程技术控制策略

工程技术控制策略包括温度控制和通风控制两种。

1)温度控制。夏日气温高,使车内高温条件下,有害气体浓度更高。如若通过控制车内温度,也可一定幅度的降低车内污染物浓度。有研究表明,装贴太阳膜的乘用车可以显著地降低车内温度的升幅,但其作用有限应配合采取其他合理措施;如在停车时选择阴凉的停车点,这样对乘用车车玻璃或全车身遮阳,效果会更好。

注意:汽车暴晒后不要立刻开空调行车,应该敞开车门、车窗,将异味排除干净后再开空调行车,会在一定程度上降低车内污染物浓度,减轻对人体的危害。

2)通风控制。驾驶新车要注意通风,使车内环境中的有害物质尽快挥发。建议新车使用时最好开窗行驶,或者将空调置于"外循环"位置,这样 VOC 浓度会下降得很快。新车如果能在高温环境下停放更好,高温有利于 VOC 挥发。如果车舱内湿度高,VOC 的挥发也会很快。另外要尽量少在车内停留。

若新车内气味在 3 个月甚至 6 个月都不能完全散发,或驾车者有不良反应,如熏眼睛、呼吸刺激甚至头晕的感觉,要尽快对车内空气质量进行检测,以早发现和清除车内污染源。

2. 车内空气消毒净化措施

(1)臭氧消毒

臭氧的化学性质是它的氧化能力很强,臭氧对细菌、病毒等微生物杀灭率高、速度快,对有机化合物等污染物质去除彻底而又不产生二次污染。由于臭氧属气体杀菌剂,在密封条件下容易保证和提高在空气中的杀菌浓度、确保消毒效果,所以在使用时,应关闭好车门窗,保持车内良好密封效果。此外,臭氧消毒机要求在相对空气湿度大于 60% 条件下使用,湿度越大消毒效果越好。臭氧消毒机在消毒杀菌的一次开机消毒时间以半小时为宜,才能够达到无菌标准。图 3-13 所示为等离子臭氧分体式消毒机。

臭氧消毒是常用的一种杀菌方法,其最大好处是可以迅速杀灭使人和动物致病的各种细菌、病毒等微生物,不会造成二次污染。臭氧消毒法操作起来较简单,价格便宜,几分钟便可完成一辆车的消毒,灭菌也比较彻底,但消毒一次只能维持 1 ~ 2 个月。需注意的是,高浓度的臭氧会对人体造成损害,使用时应考虑。

(2)光触媒消毒

"光触媒"是以二氧化钛为代表的具有光催化功能的光半导体材料的总称。"光触媒"的主要成分是纳米级的二氧化钛。二氧化钛吸收阳光中的紫外线后,内部电子被激发,

图 3-13 等离子臭氧分体式消毒机

形成活性氧类的超氧化物,它具有超强的氧化能力,可以破坏病毒细胞的细胞膜,使细胞质流失死亡,凝固病毒的蛋白质,抑制病毒的活性,并捕捉、杀除空气中的浮游细菌,杀菌能力达到 99.997%。具有极强的防污、杀菌和除臭功能。同时,二氧化钛受光后生成的氢氧自由基能对有机物质和有害气体进行氧化还原反应,将其转化为无害的水和 CO_2 从而达到净化环境、净化空气的功效,能从根本上解决车内空气的污染,如图 3-14 所示。

(3)活性炭吸附

活性炭是一种常用的吸附剂,具有良好的吸附性,可以吸附空气中的各种气态、胶态与颗粒态污染物质,从而达到消毒除臭的目的。活性炭在吸附饱和时需要再生或者更换,约每 3 个月再生或更换一次。

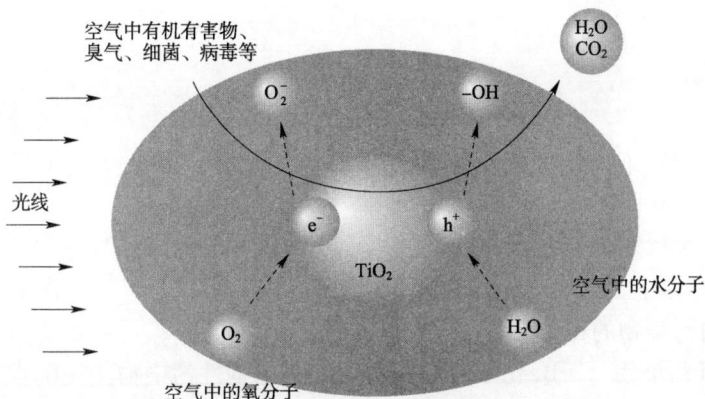

图3-14　光触媒消毒原理图

活性炭等也会对 VOC 有一定的吸附作用。但是,活性炭不能解决所有问题,只是对某些物质会起到吸附作用,另外,吸附材料也有相应的饱和值,使用一段时期之后就需要定期更换。而甲醛等有害气体有效挥发性长达 3~15 年,寻求长久有效的清除甲醛方法,才是车内空气污染治理的必由之路。

（4）高温蒸汽消毒

高温蒸汽消毒是利用蒸汽高温对汽车内饰进行消毒的方法,蒸汽温度高达 130℃ 以上,俗称"汽车桑拿"。因此,能对车内座椅、车门饰板、仪表盘、空调风口、地毯等进行消毒,基本上可以清除车内的异味,还杜绝了细菌、螨虫的滋生。不过要注意,这种方法属于一次性杀菌方法,保持的时间不长,而且,容易引起电器、仪表及塑料件老化,因此不宜经常使用。

（5）车载空气净化器

车载空气净化器能迅速地清除车内空气中的浮沉颗粒、细菌及有毒有害气体等,并释放出负离子,从而能够有效地保持车内空气的高质量。车载空气净化器采用静电吸附、紫外线灯管等对车内空气进行过滤处理,不仅可以过滤和吸附空气中带菌的尘埃,也可吸附微生物,通过车载空气净化器处理后的车内空气指标均能达到国家标准,且效果稳定、保持时间长等特点。

（6）高科技——PB 除味系统

这个系统采用的是世界卫生组织推广的最新环保型广谱高效杀菌消毒剂对汽车空调管道及车内进行彻底杀菌消毒,从而根除异味根源。科技技术含量较高,不利于大众化普及应用。

本章小结

本章主要学习汽车内饰清洁美容及护理,包括汽车内饰清洁美容用品及工具设备、汽车内饰清洁美容主要内容及实施步骤、汽车车内污染源分析及治理等内容。通过本章内容的学习,能够正确选择相关美容用品及工具设备,顺利完成汽车内饰清洁美容及护理工作。

自测题

一、多项选择题(下列各题的备选答案中,有两个或两个以上选项是正确的,请把正确答案的序号填写在括号内)

1. 汽车座椅按材质分类主要有( )。

　　A. 人造革座椅　　　　B. 真皮座椅　　　　C. 丝绒座椅　　　　D. 胶皮座椅

2. 乘用车内污染物的种类有( )。

　　A. 物理性污染物　　B. 化学性污染物　　C. 生物性污染物　　D. 以上都不是

3. 车内空气减污措施在工程技术控制策略方面有( )。

　　A. 温度控制　　　　B. 材料控制　　　　C. 通风控制　　　　D. 以上都是

二、判断题(在括号内正确的打√,错误的打×)

1. 在选购吸尘器时,吸尘器的性能要稳定,噪声越小越好。　　　　　　　　( )

2. 安全带可以用漂白剂来清洗。　　　　　　　　　　　　　　　　　　( )

3. 高温蒸汽消毒属于一次性杀菌方法,保持的时间不长,宜经常使用。　　( )

三、简答题

1. 简述光触媒消毒概念。

2. 简述汽车内饰清洁美容实施步骤。

3. 简述汽车车内污染源。

第4章 汽车漆面修复美容

导言

汽车在使用过程中因为人为、非人为等众多因素使漆面出现失光、斑点以及划痕等需要进行美容处理;汽车油漆表面由于长时间未做任何漆膜保护,受空气中的有害气体、紫外光照射、酸雨、鸟粪等侵蚀及汽车在高速行驶时与空气摩擦产生静电,将有害气体的分子和灰尘吸附黏结于车身油漆表面形成一种氧化膜,使车身颜色变暗、不鲜艳,同时严重影响上蜡质量,必须进行护理;另外,汽车漆面出现划伤、破损及严重腐蚀失光等现象也必须采用喷漆工艺来恢复汽车的原有风采。

本章主要是学习汽车漆面修护美容,包括汽车漆面斑点与失光的处理及塑料件的美容与护理(涵盖塑料件漆面成片脱落、漆面开裂和针孔3种常见现象)两部分内容,具体从表象到成因再到选择设备工具、材料进行修护美容处理。通过本章内容的学习,能够正确选择相关美容用品及工具设备,顺利完成汽车漆面修护美容工作。

学习目标

1. 认知目标

(1)掌握汽车漆面斑点与失光治理的方法及工艺过程。

(2)理解汽车漆面斑点与失光形成的原因。

(3)了解汽车漆面斑点与失光形成的防治对策。

(4)掌握汽车车身塑料件漆面易出现问题的防治。

(5)理解汽车车身塑料件漆面易出现问题的原因。

(6)了解车身塑料件漆面易出现问题的防治对策。

2. 技能目标

(1)能够正确鉴定汽车漆面失光、斑点程度及产生原因。

(2)能够正确使用设备及工具。

(3)能够进行漆面失光及斑点处理作业。

(4)能够正确鉴定汽车塑料件漆面问题及产生原因,能对此进行防治。

(5)能够正确使用设备及工具。

(6)能够进行汽车塑料件漆面的美容与护理处理作业。

3. 情感目标

(1)具有良好的汽车漆面修复美容专业语言表达与社会沟通能力。

（2）具有良好的组织与协调能力。

（3）具有良好的团队合作精神。

（4）具有良好的职业道德与行为操守。

4.1　汽车漆面斑点与失光的处理

汽车油漆表面由于长时间未做任何漆膜保护，以及受空气中的有害气体、紫外光照射、酸雨、鸟粪等侵蚀而导致漆面出现斑点，或者是汽车在高速行驶时与空气摩擦产生静电，将有害气体的分子和灰尘吸附黏结于车身油漆表面，而形成一种氧化膜，使车身颜色变暗、不鲜艳，失去原有的光泽，同时严重影响上蜡质量，为达到漆面的耐久性及美观等需要，而进行的美容处理。需要找到汽车漆面斑点及失光现象形成的原因，并合理使用工具、设备及材料对汽车漆面斑点与失光现象进行处理。

4.1.1　漆面斑点及失光的成因

强氧化性物质与车漆相互作用，在漆面形成氧化层，造成漆面失光。或者是漆面遭受一定损伤后（一般是保养不当所致），变得凹凸不平，产生光线漫射，从而使漆面视觉效果恶化。形成原因可分为以下几个方面：

1. 日常保养不当

1）洗车不当。洗车时频繁选用碱性较强的清洗剂，漆面易出现失光。

2）日常打蜡保护不当。日常保护中不打蜡或不及时打蜡，使漆面受到紫外线、酸雨等不应有的侵蚀，容易出现失光。

3）暴露环境恶劣。

①汽车行驶环境。存在酸雨和盐雾及其他化学微粒，会对漆面造成一定的腐蚀。

②汽车停放环境。汽车有80%左右的时间处于停车状态，在无库房情况下，沿海区域易受盐雾侵蚀；化学工业区易受到化学气体及酸雨侵蚀；北方冬季易受寒冷风雪的侵蚀，造成漆面斑点或者是失光。

4）交通膜。汽车在运行中形成交通膜，造成漆面失光。

2. 透镜效应

透镜效应是指当车表漆面上存有小水滴时，由于水滴呈扁平凸透镜状，在阳光的照射下，对日光有聚焦作用，焦点处的温度高达800～1000℃，从而导致漆面被灼蚀，出现用肉眼看不见的小孔洞，有些深达金属基材，这一现象在汽车美容行业中常被称为透镜效应。由于透镜效应致使漆面被灼伤，若灼伤范围较大，分布密度较高，漆面就会出现严重程度的失光。因此，在汽车使用中应注意：一是热天用冷水给车表降温时，要擦净漆面残存水滴；二是在雨过天晴阳光灿烂时要将车表雨滴擦净。

3. 自然老化

车辆在运行及存放中，即使车辆各方面保护工作都很细致，漆面暴露在风吹、日晒及雨雾环境中,久而久之,也会出现自然氧化、老化现象,从而呈现漆面失光现象。

4.外界因素造成的斑点

由于多种原因造成的油漆表面物理侵袭或褪色,形成各种颜色和尺寸的斑点,如图4-1所示斑点的成因及外观见表4-1。

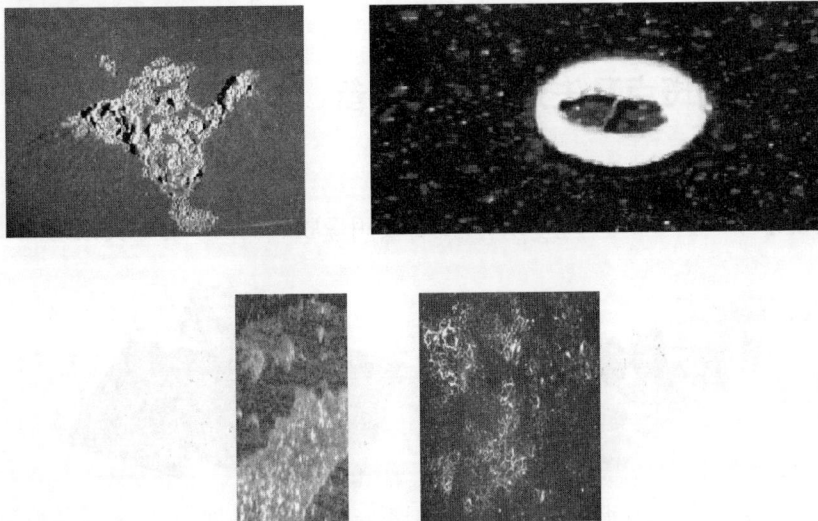

图4-1　外界因素造成的漆面斑点

漆面斑点成因及外观　　　　　　　　　　　　　　　　　　　表4-1

序　号	成　　因	外　　观
1	沥青	脏,棕色或黑色斑点
2	工业废气如 SO_2	大面积或斑点状区域变哑光
3	酸雨	短期内看不见,但是将会失光
4	酸(电池)	通常会损坏整个漆膜结构直至裸金属
5	树液	细丝状或水滴状,有时是清澈的,有时呈褐黄色痕迹,伴有膨胀
6	昆虫	油漆表面能看到昆虫身体的印迹
7	昆虫分泌物	如蜜蜂的粪便:长条形黄褐色印迹;蚜虫的排泄物:圆形环状
8	鸟类排泄物	外观随鸟的不同类型,气候条件及被污染的持续时间而不同

4.1.2　漆面斑点及失光的处理方法

1.确定漆面失光的原因

1)自然氧化导致的失光。漆面无明显划痕,用放大镜观察漆面斑点较小,原因大多是氧化还原反应所致。

2)浅划痕导致的失光。漆面分布较多的浅划痕,特别是在光线较好的环境中,如在阳光的照射下十分明显,导致漆面光泽受到严重影响。

3)透镜效应引起的失光。用放大镜仔细观察漆面,若发现漆面有较多的斑点,则说明漆面受透镜效应侵蚀严重,光泽受到不同程度的影响。

2.漆面斑点及失光处理工艺程序及方法

1)自然氧化不严重或浅划痕导致的失光,通常可采用抛光研磨的方法进行处理。

2)自然氧化严重或透镜效应严重引起的失光,必须进行重新涂装施工。

本部分只介绍可以通过抛光解决的汽车漆面斑点及失光现象,重新涂装的施工将在后续学习中讲解。

4.1.3 漆面斑点及失光处理的设备、工具和材料

1.砂纸

抛光之前采用 P1500 ~ P3000 砂纸,并配合使用橡胶磨块或水磨垫块,如图 4-2 所示。

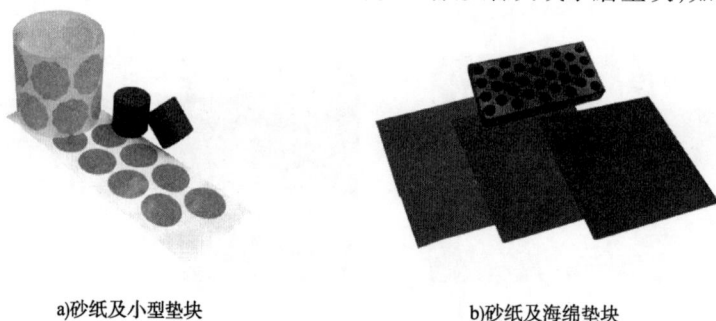

a)砂纸及小型垫块   b)砂纸及海绵垫块

图 4-2　抛光前用砂纸

2.抛光机

抛光机有电动型和气动型两种,如图 4-3 所示。抛光机要安装抛光垫使用,目前广泛使用的是电动抛光机。

3.抛光垫

抛光垫配合抛光蜡安装在抛光机上使用如图 4-4 所示。有海绵垫和羊毛垫之分。

4.打蜡机

打蜡机是把车蜡打在漆面上,并将其抛出光泽的设备。打蜡机工作时以椭圆形轨迹旋转,类似卫星绕地球的旋转轨道,故也称轨道打蜡机,如图 4-5 所示。轨道打蜡机具有质量小、做工细、转盘面积大、操作便利等特点。转盘直径有 203.2mm(8in)、254mm(10in)和 304.8mm(12in)3 种。

图 4-3　抛光机　　　　　　图 4-4　抛光垫　　　　　　图 4-5　轨道打蜡机

（1）轨道打蜡机的种类

轨道打蜡机种类很多,样式不一,大致可分为:普通轨道打蜡机和离心式轨道打蜡机。普通轨道打蜡机由于转盘较小,使用材料较差,扶把位置不容易平衡等缺点,一般不在专业汽车美容场所使用。离心式轨道打蜡机的动作是靠一种离心式的、无规律的轨道旋转来完成的,这种旋转方式模拟人手工操作,但比手工操作要快得多,省事得多,是专业汽车美容人员常用的机型。

（2）轨道式打蜡机的配套材料

轨道式打蜡机的配套材料主要指打蜡盘的各种盘套。打蜡机使用固定的打蜡盘,但盘套却有下列选择:

1）打蜡盘套。用于把蜡涂布在车体上。其结构为外层是毛巾套,底层是皮革,皮革起防渗作用。

2）抛蜡盘套。用于将蜡抛出光泽。其材料有3种:一是全棉制品;二是全毛或混纺制品;三是海绵制品。目前使用最广泛的是全棉盘套,使用该盘套时应选择针织密集而且线绒较高,有柔和感的制品,越柔和就越减少发丝划痕,越能把蜡的光泽和深度抛出来。全棉盘套不宜反复使用,一般一辆车要换一个新的盘套。即使不换新的,也一定要清洗旧盘套。清洗旧盘套时要使用柔和剂,否则晒干后盘套发硬,最好用防静电方式进行烘干。

5．抛光垫清洗机

抛光垫清洗机用于清洗羊毛垫上的抛光剂,如图4-6所示。所用海绵垫需要用手清洗。

6．法兰绒布

法兰绒布是一种质地柔软的布料,用于手工抛光,如图4-7所示。

图4-6 抛光垫清洗机　　　　　图4-7 法兰绒布

7．材料准备

（1）研磨剂

研磨剂可以分为两大类:普通漆研磨剂;透明漆研磨剂。

1）普通漆研磨剂。普通漆研磨剂指透明漆出现前所生产的研磨剂。普通研磨剂中含有坚固的浮岩作为摩擦材料,浮岩颗粒的主要特点是坚硬、研磨速度快。但因为这些浮岩颗粒不会在研磨中产生质变,故用于透明漆时就会将透明漆涂膜打掉,因此普通研磨剂不适用于透明漆的研磨。

2）透明漆研磨剂。透明漆研磨剂中的摩擦材料有了很大的革新，以合成磨料或陶土代替了浮岩，它的切割功能依旧存在，但不像浮岩那样坚硬了。在一定的热量下，摩擦材料可通过化学反应变小或变无。又称为通用型研磨剂。

研磨剂都是按其摩擦材料颗粒的大小来决定其研磨功能的，没有任何一种单一的研磨剂能"医治百病"。因为在治理大划痕的同时，研磨剂又在造成小划痕，而治理小划痕则需要更细的研磨材料。

（2）抛光剂

抛光剂的基本成分多为硅蜡或硝基氨，其主要成分还有研磨剂（碳化硅）、去污剂、光亮剂和还原剂等。抛光剂按其所含研磨剂的粒度及含有还原剂多少，又细分为研磨剂、抛光剂和还原剂。

抛光剂是混在溶剂或水中的摩擦粒子，其用处因其所含的粒子的大小不同而异。通常使用粗的和细的抛光剂，见表4-2。

抛光剂的组分和特性　　表4-2

组　　分	特　　性
摩擦粒子	用于抛光涂装表面
溶剂和水	促进抛光
添加剂	有的用于增加光泽，有的用于防止成分改变

（3）密封剂

密封剂是在蜡和漆中间起绝缘作用，以确保打蜡后的保质期，能使涂膜避免空气中的污染物的侵蚀，主要分为增光剂和还原剂。

1）增光剂。功能以"亮"为主，集抛光与打蜡为一体的二合一产品，是含蜡（或上光剂）的抛光剂。增光剂与抛光剂的唯一区别在于增光剂含蜡（或上光剂）而抛光剂不含。

2）还原剂。功能以"消除最后的划痕，把涂膜还原到新车"为主。所谓还原，就是使打蜡前的最后一道工序完善，可以使研磨、抛光等效果再上一个台阶。

4.1.4　漆面斑点及失光处理过程

汽车漆面斑点及失光治理的实施步骤见表4-3

车漆面斑点及失光治理的实施步骤　　表4-3

步骤	操作内容	操作示范图	操作说明	技术要求
1	清洗车身		1）选用电动细磨机或气动细磨机配合专用超软接垫和超软尼龙细砂网S1200，用中低速将氧化膜除掉； 2）快干清洁剂清洁	车身表面清洗后达到车身清洗的要求，漆面整洁无污物

续上表

步骤	操作内容	操作示范图	操作说明	技术要求
2	粗抛漆面		用抛光机和粗海绵球配水溶性抛光粗蜡,将抛光蜡涂于海绵球表面用中速1600r/min扩散研磨一遍,以调整漆膜纹理	粗抛后划痕去掉,有较明显抛光痕迹
3	细抛漆面		将水溶性抛光细蜡加少许水粉均匀涂抹在需抛光部位,改用羊毛球,抛光机选中高速1900~2200r/min将砂纸纹抛掉	在抛光过程中应该尽量使羊毛球湿润防止过热损伤漆面细抛后漆面光泽产生
4	上光封闭保护	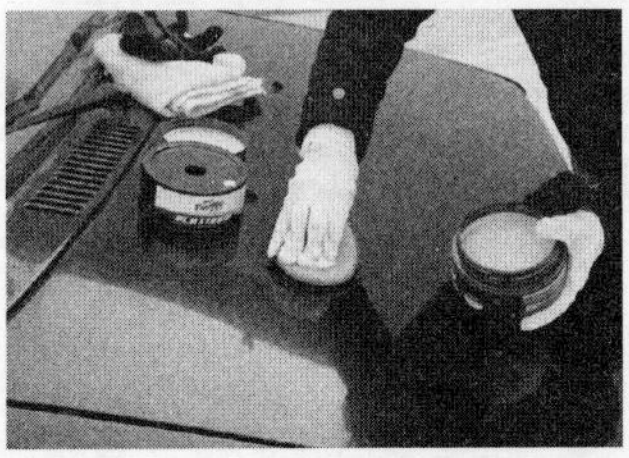	用水溶性漆膜上光保护蜡和费斯托细海绵球将蜡均匀涂在车身表面,保持10min后用洁净的羊毛球抛光	漆面光亮并披上一层保护膜

4.2　塑料件的美容与护理

　　汽车车身保险杠、装饰条等多部位使用塑料件,而塑料件漆面在施工或者是使用过程中易出现成片脱落、开裂、针孔等问题,需要找到形成的原因,并合理使用一定的工具设备及材料对汽车车身塑料件漆面易出现的问题进行防治。

　　在汽车车身塑料件部分,漆面在使用过程中容易出现如下问题:

　　1)整个漆层结构从塑料底材上成片脱落。

　　2)塑料件漆面开裂。

　　3)塑料件针孔。

4.2.1　塑料件漆面成片脱落

1.现象

整个的漆膜很容易从塑料底材上剥落,如图4-8所示。

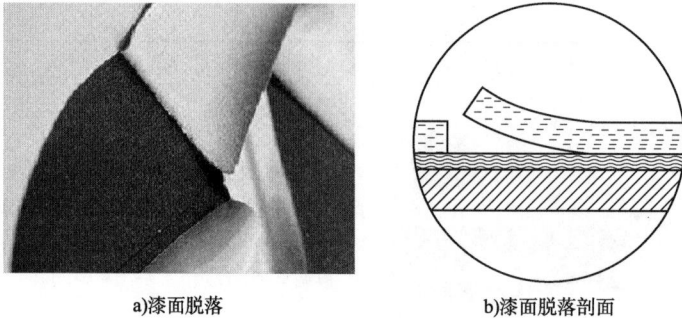

a)漆面脱落　　　　　　　　　　b)漆面脱落剖面

图 4-8　塑料件漆面脱落

2. 成因

1）塑料底材上的清洁不充分。

2）塑料底材上的打磨不充分。

3）使用了不适当的清洁剂或除油剂，或使用方法不当。

4）某些特殊塑料部件在喷涂前未被加温。

5）未使用塑料附着力增强底漆或双组分塑料中涂漆。

3. 防治方法

1）清除脱模剂。使用中性的洗涤剂彻底清除部件上所有水溶性的脱膜剂；用塑料件清洁剂彻底清除表面溶剂型的脱膜剂。当塑料件较脏或有纹理，则用菜瓜布配合进行清洁，在打磨前和打磨后都要清洁表面。

2）打磨表面。使用推荐的打磨材料型号，不规则造型部件可用菜瓜布打磨（如散热器外罩壳，保险杠等等）。

3）清洁。用塑料件清洁剂清洁塑料件。

4）加热。用热胀冷缩的原理使脱膜剂脱离出来。

5）修补。按修补系统，使用单组分塑料底漆或双组分塑料中涂底漆涂于塑料件表面上。

4. 修补

完全地清除涂层，按照修补流程施工。不要使用脱漆剂，否则会损伤化学合成的塑料件。

4.2.2　塑料件漆面开裂

1. 现象

在受到机械力作用后塑料件漆面出现破裂或裂纹，情况严重时甚至塑料件本身也出现裂纹。这个问题通常发生于柔软有韧性的塑料件（如 PUR 后扰流器）上，如图 4-9 所示。

2. 成因

1）柔软添加剂添加量不足或应用不正确。

2）整体涂膜太厚。

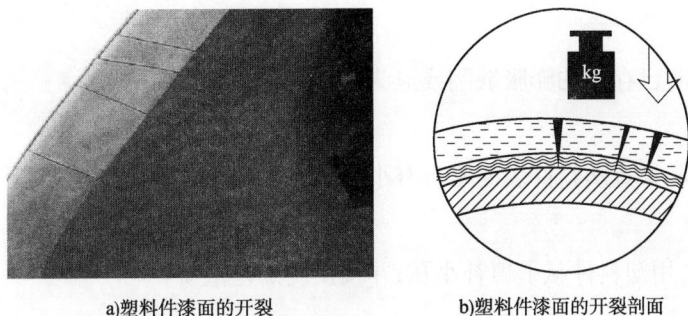

a)塑料件漆面的开裂　　　　　　　　　b)塑料件漆面的开裂剖面

图4-9　塑料件漆面的开裂

3.防治方法

1)柔软添加剂的添加量取决于需要的柔软程度,该塑料件是较硬的还是较软的(有韧性的)。柔软的塑料(如海绵状塑料)通常是 PUR 泡沫(如后导流板),能用拇指按压出印迹。其他的称为硬质塑料。原则上中涂漆,纯色双组分面漆或清漆必须添加柔软剂,双工序系统的底色漆无须柔软添加剂。

2)较硬的塑料在添加固化剂前,以 4∶1 的比例添加柔软添加剂;柔软的塑料在添加固化剂前,以 2∶1 的比例添加柔软添加剂。

4.注意事项

1)按照推荐的比例先添加柔软剂,然后再加入固化剂。

2)遵循所推荐膜厚。

5.修补

尽可能用机械方法清除缺陷漆层(否则不能修补),并按照修补系统流程施工。不要使用脱漆剂,否则会损伤化学合成的塑料件。

4.2.3　塑料件针孔

1.现象

因塑料件里的毛孔和气泡而形成针孔,这个问题通常出现在柔软的塑料件(如 PUR 后扰流板)和 GRP 玻璃纤维件上,如图4-10所示。

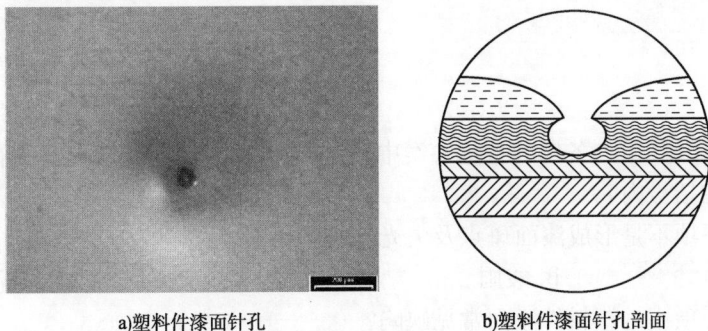

a)塑料件漆面针孔　　　　　　　　　b)塑料件漆面针孔剖面

图4-10　塑料件漆面针孔

2. 成因

塑料件生产时已存在的膨胀缺陷或泡沫孔。

3. 防治方法

在施工前彻底检查塑料件表面是否有小孔。然后用塑料件腻子填补。

4. 修补

磨损缺陷处,用塑料件腻子填补小孔,并按正确工艺重喷。

5. 注意事项

塑料件如有太多的气孔,将难以喷涂,所以在喷涂前对表面的检查很重要。

4.2.4　塑料件漆面问题的处理实施步骤

汽车塑料件漆面常见问题的处理实施步骤见表4-4。

汽车塑料件漆面常见问题的处理实施步骤　　　　　　　表4-4

步骤	成片脱落	开裂	针孔
1	清除脱模剂	添加柔软剂	打磨表面
2	打磨表面	清除脱模剂、打磨表面	清洁
3	清洁	清洁	检查
4	加热	加热	用塑料件腻子填补
5	修补	修补	重喷修补

本章小结

本章主要内容是学习汽车漆面美容,包括汽车漆面斑点与失光的处理(从成因到选择设备工具、材料进行处理)、塑料件的美容与护理(从塑料件漆面成片脱落、漆面开裂和针孔三种常见现象入手)等。通过本章内容的学习,能够正确选择相关美容用品及工具设备,顺利完成汽车漆面美容工作。

自测题

一、多项选择题(下列各题的备选答案中,有两个或两个以上选项是正确的,请把正确答案的序号填写在括号内)

1. 下面哪一项不是形成漆面斑点及失光的外界因素?(　　　)

　　A. 柏油　　　　　　B. 酸雨　　　　　　C. 透镜效应　　　　　　D. 树液

2. 下面哪一项不是塑料件漆面常见缺陷?(　　　)

　　A. 成片脱落　　　　B. 橘皮　　　　　　C. 开裂　　　　　　　　D. 针孔

3.抛光剂的主要组分有(　　)。

   A.摩擦粒子　　　　　　B.溶剂　　　　　　　C.水　　　　　　　　D.添加剂

二、判断题(在括号内正确打√,错误打×)

1.漆面无明显划痕,用放大镜观察漆面斑点较小,大多是氧化还原反应所致。　　(　　)

2.自然氧化严重或透镜效应严重引起的失光可以用抛光研磨或者重新涂装来处理。

                                                        (　　)

3.增光剂与抛光剂的唯一区别在于增光剂含蜡(或上光剂)而抛光剂不含。　　(　　)

三、简答题

1.简述漆面美容的主要目的。

2.简述漆面美容的主要内容。

3.简述漆面斑点产生的原因。

4.简述漆面失光的原因及处理方法。

第5章 汽车漆面划痕的处理

导言

汽车日常运行及停放绝大多数时间处于露天环境中,由于诸多人为因素,如行车中与其他物体或车辆刮擦,甚至停放在路边或生活区的车辆被划伤,造成漆面伤害。通过专业汽车美容师漆面处理施工完全可以达到漆面的面目一新。

本章内容是学习汽车漆面划痕的处理,包括汽车漆面浅划痕及深划痕两大部分内容,从深浅划痕鉴别到成因再到选择设备工具、材料进行漆面划痕处理。通过本章的学习,能够正确选择相关美容用品及工具设备,顺利完成汽车漆面划痕处理工作。

学习目标

1. 认知目标
(1)掌握喷枪的类型及应用。
(2)掌握喷枪的操作方法。
(3)理解喷枪的喷涂雾化原理。
(4)了解漆面深、浅划痕的区分方法。
(5)掌握漆面划痕修复工艺。
2. 技能目标
(1)通过学习喷枪的操作方法能正确调整喷枪并能进行喷涂操作。
(2)通过学习喷枪的类型及应用会正确选用喷枪。
(3)通过学习会正确选用工具、设备及材料进行漆面划痕修复。
3. 情感目标
(1)具有良好的汽车漆面划痕处理专业语言表达与社会沟通能力。
(2)具有良好的组织与协调能力。
(3)具有良好的团队合作精神。
(4)具有良好的职业道德与行为操守。

5.1 汽车漆面划痕处理的工具、设备及材料

汽车漆面美容的效果,主要取决于汽车漆面美容设备的质量和操作人员的技术水平,汽

车漆面美容设备的质量由设备的精度所决定,所以首先应对汽车漆面美容工具与设备有总体上的认识。

5.1.1　喷枪的操作

1.喷枪工作原理

喷枪是漆面修复的主要设备,其质量对漆面修复的质量影响很大。喷枪的类型和规格较多,可适用于不同场合的喷涂,但其基本功能和原理基本上是一致的。

空气喷枪的原理:空气喷枪使用压缩空气将雾化涂料喷涂到需喷涂工件的表面上,与雾化器的原理是一样的。当压缩空气从气罩的气孔中排出时,就在涂料喷嘴处形成一个负压,该负压对杯中的涂料施以吸引力。然后,由于气罩里的气孔处的压缩空气的作用,被吸上的涂料以雾化形式喷出,如图 5-1 所示。

a)雾化原理图　　　　　　b)喷枪喷涂　　　　　　c)喷涂原理图

图 5-1　空气喷枪的工作原理

2.喷枪种类

空气喷枪可以大致分为 3 种:重力式、吸力式及压力式,见表 5-1。

空气喷枪类型及特点　　　　　　　　　　　　　表 5-1

类　型	图　示	涂料供应方法	优　点	缺　点
重力式		涂料杯在喷枪的涂料喷嘴上面,涂料是靠其自身的重力以及在喷嘴处产生的吸引力供应至喷嘴	可将由于黏度变化导致的涂料喷涂量的变化减至最少	由于涂料杯容量小,不适合于大面积长时间的喷涂

类型	图　示	涂料供应方法	优　点	缺　点
吸力式		涂料杯在喷枪的涂料喷嘴的下面,涂料是靠喷嘴处产生的吸引力供应的	由于涂料杯容量大,适合于喷涂大的面积	由于涂料杯容量大,故喷枪重
压力式		涂料和喷枪是分开的,涂料在涂料罐内被压缩空气加压,并供至喷枪	适合于大面积连续喷涂作业	不适合于小面积的涂装工作

对于一般的汽车维修、美容重涂,最好用重力式和吸力式喷枪,因为它们使用简便;压力式喷枪一般适用于汽车制造厂进行连续喷涂。

3. 空气喷枪的结构

（1）整体结构

空气喷枪的结构,以重力式为例,如图5-2所示。

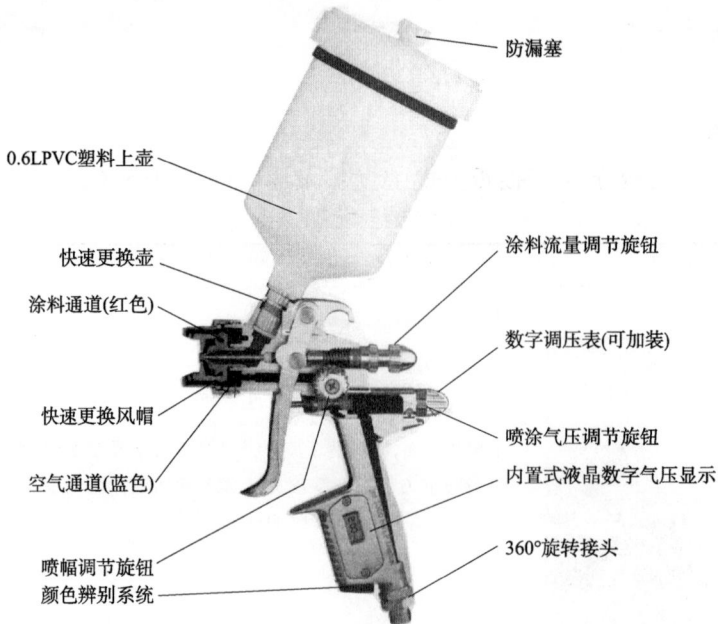

防漏塞

0.6LPVC塑料上壶

快速更换壶

涂料通道(红色)

快速更换风帽

空气通道(蓝色)

喷幅调节旋钮

颜色辨别系统

涂料流量调节旋钮

数字调压表(可加装)

喷涂气压调节旋钮

内置式液晶数字气压显示

360°旋转接头

图5-2　重力式喷枪结构

（2）部分重要部件结构

1）涂料喷嘴和枪针，如图5-3所示。

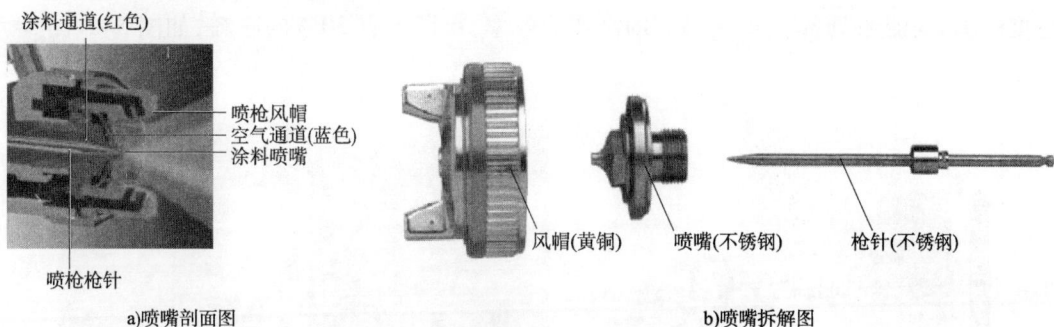

涂料通道(红色)

喷枪风帽
空气通道(蓝色)
涂料喷嘴

喷枪枪针

风帽(黄铜)　　喷嘴(不锈钢)　　枪针(不锈钢)

a)喷嘴剖面图　　　　　　　　　　　　　　b)喷嘴拆解图

图5-3　涂料喷嘴和枪针结构

2）风帽。用于排气，以助雾化涂料，如图5-4所示。

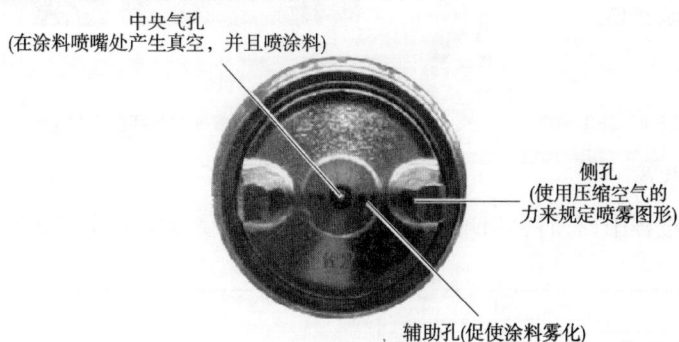

中央气孔
(在涂料喷嘴处产生真空，并且喷涂料)

侧孔
(使用压缩空气的
力来规定喷雾图形)

辅助孔(促使涂料雾化)

图5-4　风帽

3）扳机。拉动扳机，空气及涂料便会喷出。扳机工作分两步。初始拉扳机时，气阀打开，仅让空气喷出；再一步拉扳机，枪针便打开，涂料随空气喷出，如图5-5所示。

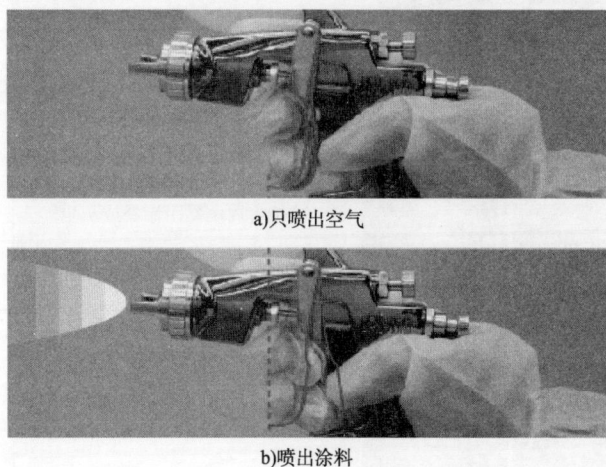

a)只喷出空气

b)喷出涂料

图5-5　扳机工作示意图

4. HVLP喷枪的特性及功能

随着社会的进步，人们对周围环境的要求越来越高，传统的喷枪对环境造成的污染以及原材料上的浪费已经越来越受到人们的重视。为了满足这样的需求,设计生产了环保喷枪(HVLP),它的特点是低气压(最高0.7bar),因此得以增加过度喷涂的再生发展成低过度喷涂;高流量具备了大于65%的高作业效率,得以节省30%的涂料,如图5-6、图5-7所示。

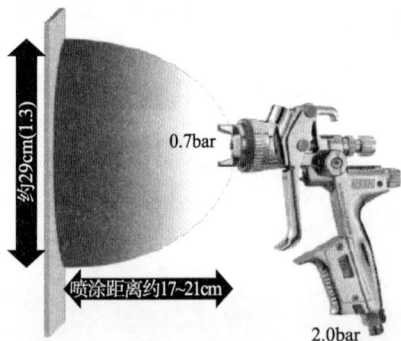

图5-6 环保喷枪

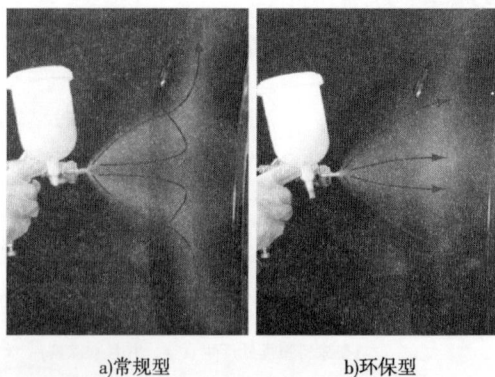

a)常规型   b)环保型

图5-7 常规型与环保型喷枪喷涂效果对比

5.喷枪常见故障

喷枪在喷涂过程中,有时会出现非正常的喷涂效果,喷枪常见故障见表5-2。

喷枪常见故障   表5-2

序号	故障名称	故障示意图	产生原因	应对措施
1	喷溅		1)枪针顺坏或松动; 2)枪嘴损坏或松动; 3)枪壶松动; 4)涂料通路中有空气	1)紧固/更换枪针; 2)紧固/更换枪嘴; 3)紧固枪壶
2	偏移		1)风帽孔堵塞或损坏; 2)枪嘴周围黏附涂料或灰尘	清洁或更换风帽
3	弯月形		风帽孔堵塞或损坏	清洁或更换风帽
4	涂料泄漏	(无图示)	1)枪针损坏或松动; 2)枪嘴损坏或松动	1)紧固/更换枪针; 2)紧固/更换枪嘴

6. 调整喷枪

根据需要调整喷枪，调整说明见表5-3。

喷枪调整说明　　　　　　　　　　　　　　　　　　　　表5-3

序号	调整项目	喷枪部位	调整效果	调整说明
1	涂料流量调节		 a)拧紧　　　b)松开	通过调节针的移动量来调节涂料喷出量： 放松调节螺钉，喷出量便增加； 拧紧该螺钉，喷出量便减少； 如果调节螺钉拧紧，那涂料流便停止
2	扇面（喷幅）调节		 a)拧紧　　　b)松开	调节喷雾图形： 拧松螺钉可以产生椭圆形状，拧紧螺钉可以产生较圆的形状； 椭圆形状比较适合于喷涂大的工作表面；圆的形状比较适合于喷涂较小的面积

续上表

序号	调整项目	喷枪部位	调整效果	调整说明
3	空气压力调节		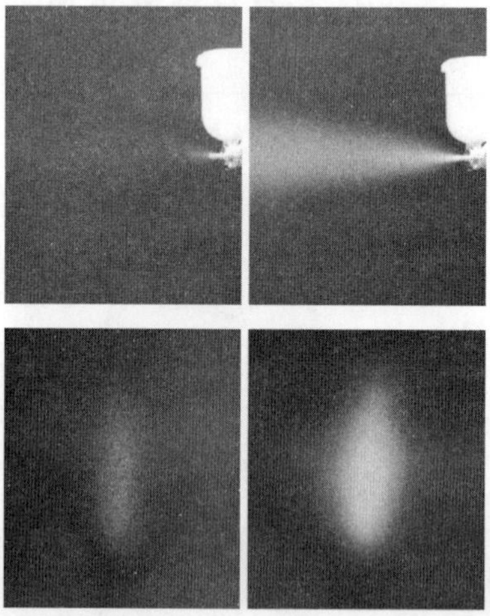 a)拧紧　　　　b)松开	调节空气压力： 拧松调节螺钉可增加空气压力，拧紧则降低空气压力； 空气压力不足可以降低涂料雾化的程度，而压力过大，则会使更多的涂料溅散，从而增加所需要的涂料量； 传统喷枪 4.0bar；RP喷枪 2.5bar；HVLP 喷枪 2.0bar

7. 喷涂操作(使用喷枪)

在喷涂操作中,喷涂气压、喷涂的距离、喷枪移动速度、喷涂角度及扇面重叠度等因素,涂膜的质量和漆面的美观都有直接的影响,根据实际需要来进行调整,调整说明见表 5-4。

喷枪使用要点　　　　　　　　　　　　表 5-4

序号	要点	效果图	调整说明
1	喷涂距离	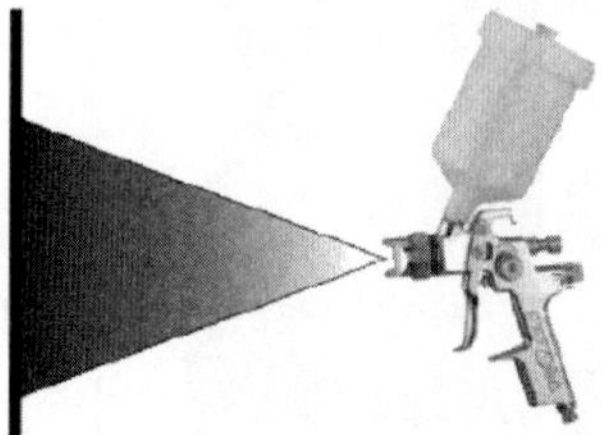 a) 传统喷枪 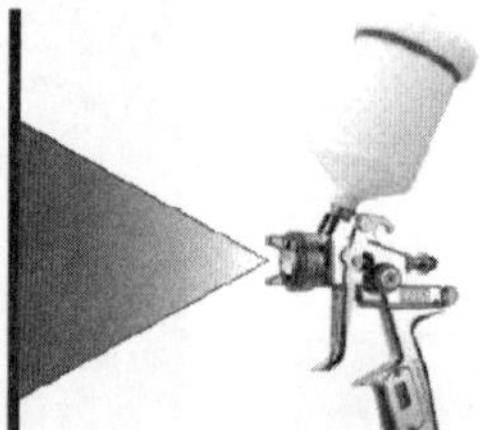　　　　b) 环保喷枪	传统型喷枪的喷涂距离应保持在 18~23cm,环保喷枪应保持在 13~17cm; 距离过近易产生流痕,距离过远会造成涂膜面粗糙无光
2	喷涂角度	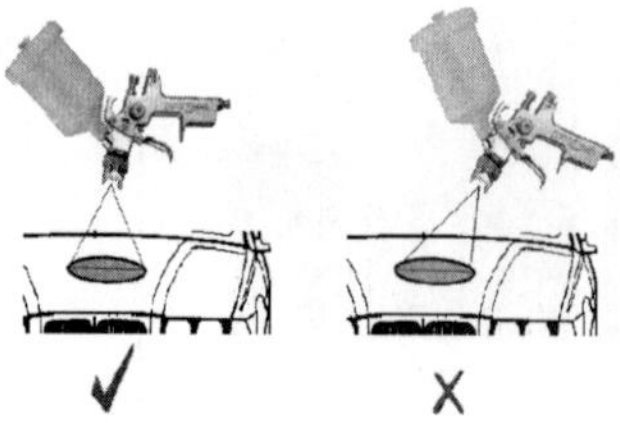 a) 水平面 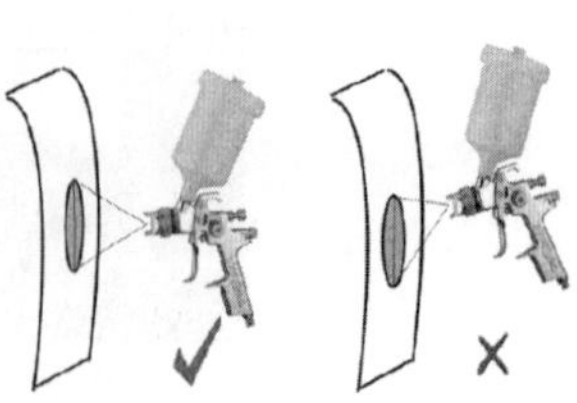　　　　b) 垂直面	无论被涂物面是水平面、垂直面、斜面、侧面,喷涂的喷雾流应始终与被涂面保持垂直

续上表

序号	要点	效 果 图	调整 说明
3	扇面重叠	50% a) 正确 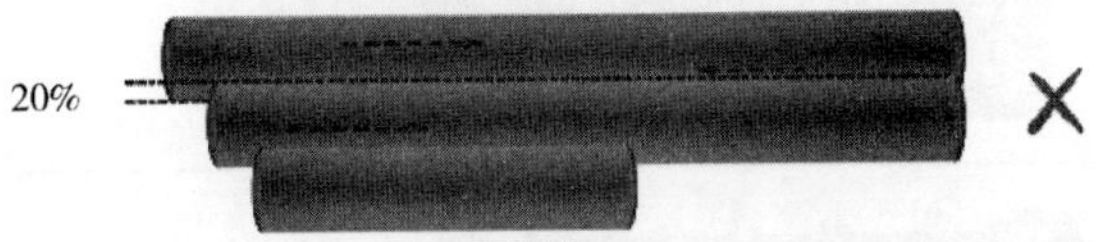 ✔ / 20% b) 错误 ✘	正确的喷雾图形重叠宽度为喷雾图形的1/2～2/3。喷雾图形的重叠一定要均匀。如果发生不均匀现象，那么涂层厚度便不均匀，从而可以产生涂装缺陷

8.喷枪清洗及安装维护

要保持喷枪正常有效地工作，必须经常对喷枪的进行维护，主要分为拆卸和手工清洗以及组装和保养两个方面，具体操作见表5-5、表5-6。

喷枪拆卸及手工清洗实施步骤 表5-5

步骤	操作内容	操作示意图	操作说明
1	拆卸喷嘴套装	 ① 首先拆下针	用手拆下枪针
		 ② 然后取下风帽	用手取下风帽
		 ③ 最后用工具包里的扳手取下喷嘴	用扳手取下喷嘴
2	清洗和吹干	 ① 清洗涂料通路	清洗涂料通路

步骤	操作内容	操作示意图	操作说明
2	清洗和吹干	清洗枪体外部 用风枪吹干	清洗枪体外部 用风枪吹干
3	清洗喷嘴套装		1)在喷枪的清洗过程中,要确保所有刷子没有金属丝,因为金属丝会使喷枪受损;

续上表

步骤	操作内容	操作示意图	操作说明
3	清洗喷嘴套装		2)在手工清洗时也要保持喷枪与降低了气压的空气管路连接,并确保清洁剂不会进入喷枪空气管路

喷枪的安装与维护实施步骤　　　　　　　　　　表5-6

步骤	操作内容	操作示意图	操作说明
1	安装喷嘴	装上喷嘴 用扳手旋紧	1)装上喷嘴; 2)用扳手旋紧
2	安装风帽	装上风帽 在枪针接触密封圈的位置涂少许润滑油	1)装上风帽; 2)在枪针接触密封圈的位置涂少许润滑油

步骤	操作内容	操作示意图	操作说明
3	安装枪针	装上枪针 在枪针弹簧上涂少许润滑油	1）装上枪针； 2）在枪针弹簧上涂少许润滑油
4	安装流量 调节旋钮	在涂料流量调节旋钮的螺纹上涂少许润滑油 涂上涂料流量调节旋钮	1）装上涂料流量调节旋钮； 2）在涂料流量调节旋钮的螺纹上涂少许润滑油
5	涂润滑油	在扳机顶杆的可见部分涂少许润滑油	在扳机顶杆的可见部分涂少许润滑油

5.1.2 前处理工具和用品

汽车漆面深划痕修复中经常用的工具分三大类：清除工具、喷涂工具和打磨抛光工具。

1. 清除工具

在汽车修补喷漆之前，应将作业面的锈蚀清除干净，然后才能进行底漆、刮原子灰等涂装。常用的除锈工具有手工和机械两种。

（1）手工除锈工具

手工除锈是一种最简单的除锈方法，使用的工具主要有刮刀、扁铲、钢丝刷、锉刀、废砂轮片、砂布等。使用手工除锈工具除锈操作费力，工效低，除锈效果差。但手工除锈因其简便易行，不受任何限制，仍是局部及零部件等小工作量清除锈蚀的主要方式。

（2）机械除锈工具

机械除锈是利用机械产生的冲击、摩擦作用对工件表面进行除锈，机械除锈速度快，质量好，工作效率高，适于大面积或批量汽车清除锈蚀。

机械除锈工具按动力装置的不同分为电动除锈工具和气动除锈工具两类。

1）电动除锈工具。具有结构简单、体积小、质量轻、使用方便、易于维修等特点，主要用于汽车维修涂漆前钢铁表面的除锈。常用的电动除锈工具有电动刷、电动砂轮、电动锤、电动针束除锈机等。

2）气动除锈工具。利用压缩空气作动力，带动机器作业进行除锈的工具，常用的气动工具有气动枪、气动砂轮、气动圆盘钢丝刷、离心除锈器、气动除锈锤等。

2. 打磨工具

（1）手工打磨工具

手工打磨主要是用砂布包垫板进行打磨，垫板有木制的，也有硬橡胶制的。木块可选用长 180 ~ 200mm，宽 50 ~ 60mm，厚 25 ~ 30mm 的平直木板，橡胶块可使用厚 18 ~ 20mm，长宽相应的厚橡胶板剪制而成，如图 5-8 所示。

a)各类打磨垫块

b) 橡胶垫块

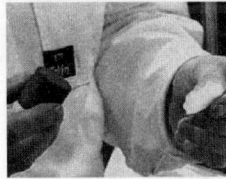

c)粘附砂纸的小型打磨垫块

图 5-8　打磨块

砂纸、砂布是打磨工具的辅助材料，砂纸分水砂纸和木砂纸两种，是将磨料黏结在纸上制成的。木砂纸主要用于磨光木制品表面；水砂纸由于涂有耐水涂料，所以不怕水，可以水磨。砂布一般由布、胶、砂子制成。砂纸、砂布的规格和用途见表 5-7 及图 5-9。

砂纸、砂布规格和用途 表 5-7

水 砂 纸				砂 布			
规格代号	粒度(目)	粗↑↓细	用途	规格代号	粒度(目)	细↑↓粗	用途
60			打磨腻子层及涂膜表面砂磨时湿磨施工	4/0	200		打磨底层腻子及钢铁表面
80				3/0	180		
100				2/0	160		
120				0	140		
150	100			1/0	120		
180	120			1	100		
200	140			3/2	80		
220	150			2	60		
240	160			5/2	46		
260	170			3	36		
280	180			4	30		
300	200			5	24		
320	220			6	18		
360	240						
400	260						
500	320						
600	400						
700	500						
800	600						
900	700						
1000	800						

除了砂纸以外,还有其他打磨材料,其中包括含有合成纤维毡垫的材料。使用黏合剂,黏合粒子便附着于每个纤维上。由于这种材料具有挠性,所以它非常适合于打磨外形比较复杂的、不易触及的工件表面。由于它能防水,又耐用,它在干式和湿式打磨中都可以使用。最多用的筛目数为 320～1500,如图 5-10 所示。

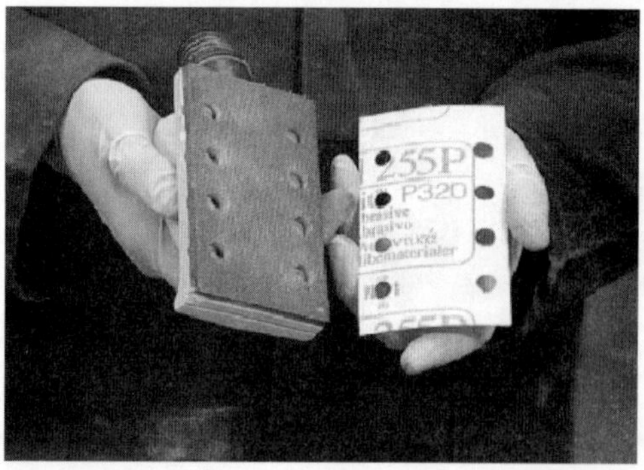

(2)机械打磨工具

常用的机械打磨工具的种类很多,按动力装置不同可分为气动打磨工具和电动打磨工具两大类。

图 5-9 干磨砂纸

1)气动打磨工具。气动打磨工具主要有风磨机、风动砂轮、钢丝轮等,主要用于清除钢铁表面的铁锈、旧涂层及打磨腻子等。具有体积小、质量轻、速度快、磨平质量好、使用安全、可干磨也可水磨等优点,如图 5-11 所示。

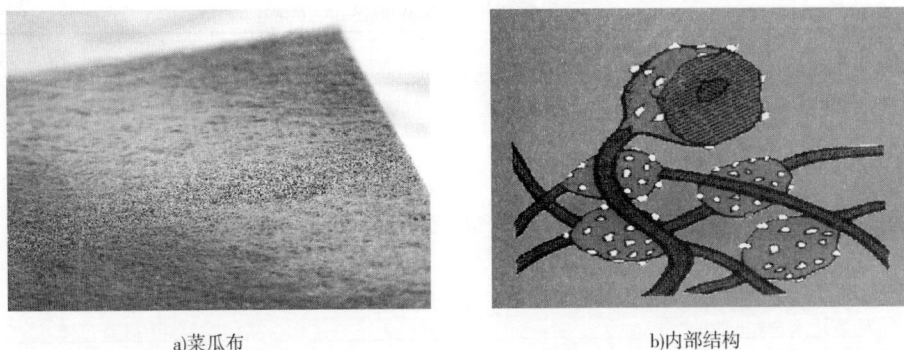

a)菜瓜布   b)内部结构

图5-10 绒布打磨材料

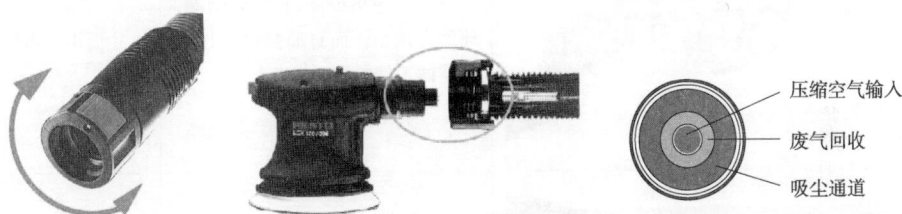

压缩空气输入
废气回收
吸尘通道

图5-11 气动打磨机

2）电动打磨工具。电动打磨工具主要有电动软轴磨盘式打磨机、电动软轴带吸尘袋磨盘式打磨机、A0N3 型电动磨灰机等，主要作用同气动打磨工具。具有噪声小、振动轻、粉尘飞扬少等优点，但质量通常比气动打磨工具大些，且不适于水磨。相匹配的砂纸如图 5-12 所示，电动打磨机结构如图 5-13 所示。

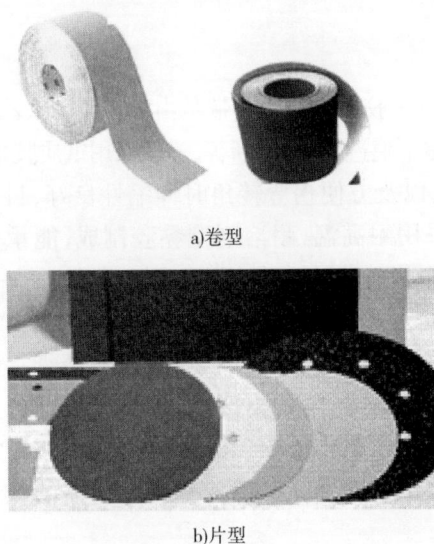

a)卷型

b)片型

图5-12 机械打磨用砂纸

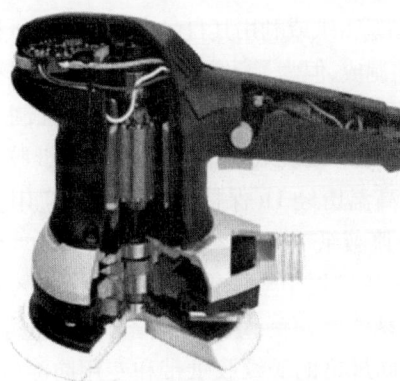

图5-13 电动打磨机剖视图

按打磨垫的作用，打磨机可分为单作用打磨机、轨道式打磨机、双作用打磨机三类，见表5-8。

打磨机的分类及使用

表 5-8

序号	名称	图　示	工作原理	主要用途
1	单作用打磨机		打磨垫绕同一固定的点旋转,研磨力很大	主要用于清除涂料
2	轨道式打磨机		整个打磨垫振动,犹如画圆圈,研磨力很小。而打磨垫可以按要修整的工件的面积改变	主要用于修整腻子
3	双作用打磨机		整个打磨垫除了绕其自己的中心旋转外,还振动,犹如画圆圈。动作比作是轨道式打磨机和单作用打磨机的动作的组合。研磨力属中等	如果用于腻子修整和表面平整,则使用较硬的打磨垫;如果用于磨毛,则使用较软的打磨垫

3.遮蔽工具和用品

（1）遮蔽胶带

粘贴遮盖纸或利用其自身来遮盖的遮纸称为遮盖胶带。这种胶带是由各种纸、布、乙烯树脂等原材料制成,但为了粘牢,且剥开后黏着剂不会留下痕迹,容易切断等,一般采用纸质胶带。

为了适应涂装及美容作业场合需强制干燥,以及方便拐弯转角时伸缩性良好,目前通常使用涂装专用皱纹纸胶带。这种皱纹纸胶带,采用耐高温,耐溶剂型黏胶制成,能承受超过100℃的高温历经 1h 保持性能稳定。适用于汽车修补涂装和汽车美容作业。

（2）遮蔽纸

在涂装过程中为保护不需要喷涂的区域而进行遮蔽。汽车涂装中用的遮蔽纸一般要求干净,不易掉毛,有一定的耐溶剂性,防止溶剂及涂料渗透,价格便宜,容易施工即可。使用前,将不同规格的皱纹胶纸带和专用防涂纸安装在支架相对应的位置上,使用时按所需要长度拉出,再从贴胶纸带的一侧开始用力上拉,安装在支架上的切纸刀刃即把所需的纸切下供使用,如图 5-14 所示。

4.红外线烘烤灯

用于加热被施工表面,含小面积的修补涂膜快速干燥,或改善漆面施工性能,如图 5-15所示。

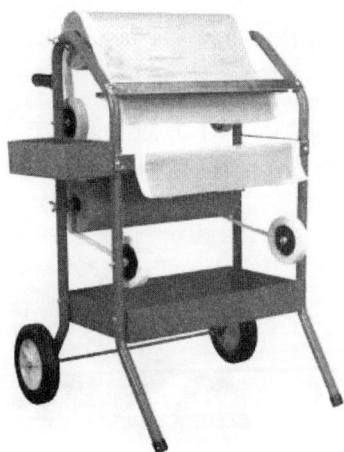

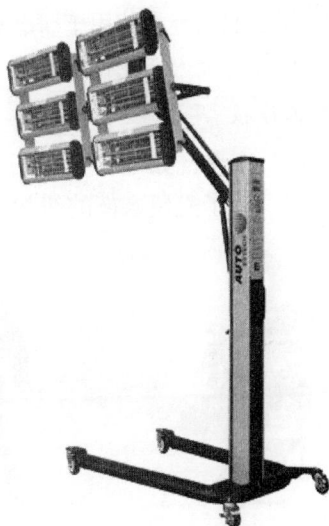

图 5-14 专业遮蔽胶带及遮盖纸　　　　图 5-15 红外线烘烤灯

5.1.3 安全防护用品

1. 手套、护目镜、面具

手套、护目镜、面具如图 5-16 所示,使用于酸性极强的脱漆剂及毒害较大的涂料辅助材料等场合。

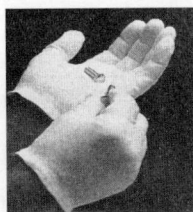

a)防护手套

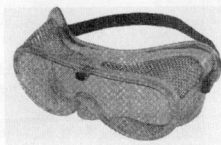
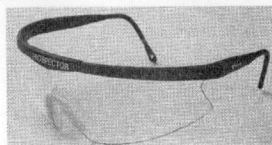

b)护目镜

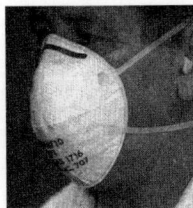

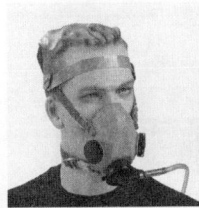

c)面具

图 5-16 防护手套、护目镜、面具

另外,护目镜、面具,经常使用于研磨和抛光作业中。扩目镜保护眼睛不受灰尘、研磨粒子侵袭;面具防止操作者吸入作业粉尘和研磨渣。若进行修补涂装作业,则必须戴防毒面具。

2. 防静电工作服、耳罩、安全鞋

工作服、耳罩、安全鞋如图 5-17 所示,用于劳动保护。为了方便工人解手,建议采用衣、裤分开的工作服。为了避免衣裤的纽扣、皮带等硬物划伤漆面,可佩戴工作围裙。

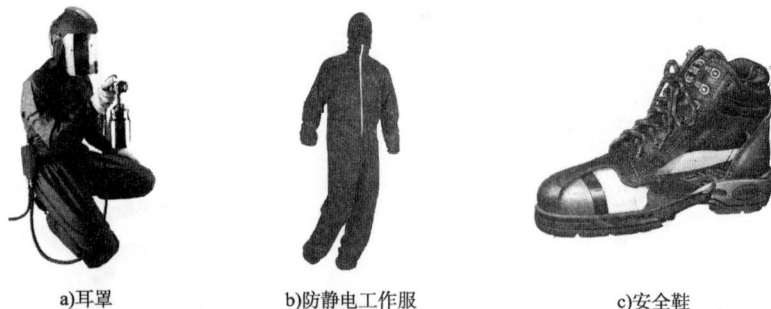

a)耳罩　　　　　　　　b)防静电工作服　　　　　　　c)安全鞋

图 5-17　防静电工作服、耳罩、安全鞋

5.2　汽车漆面浅划痕的修复

汽车漆面结构一般为色漆 + 清漆系统。现代轿车普遍与清漆结合的面漆系统,汽车表面的深的或浅的划痕总是相伴产生的,划痕深浅的区分是由划伤部位是否露出底漆而区分的。

5.2.1　汽车漆面深、浅划痕的鉴别

汽车漆面受硬物刮擦产生的浅划痕,浅划痕不触及底漆,一般浅划痕仅涉及清漆和部分色漆层。硬物划伤导致伤及底漆的深划痕,严重者达到钣金层,如图 5-18 所示。

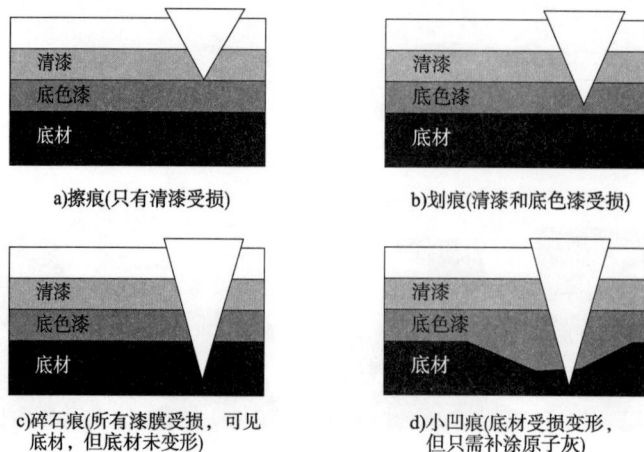

a)擦痕(只有清漆受损)　　　　　　　b)划痕(清漆和底色漆受损)

c)碎石痕(所有漆膜受损,可见
底材,但底材未变形)　　　　　　d)小凹痕(底材受损变形,
但只需补涂原子灰)

图 5-18　漆面损伤情况

5.2.2　汽车漆面浅划痕的成因

漆面浅划痕主要是由于擦车不当造成。车表附有尘埃时用抹布或毛巾擦拭,因尘埃中有一些硬质颗粒状物质,在擦拭时,易使车表漆面出现细小划痕。

5.2.3　汽车漆面浅划痕的处理

1.漆面浅划痕处理方法及过程

对于一般的极浅的浅划痕,可用抛光机来进行抛光,如果相对的深一点的,可以用P2000砂纸进行一下打磨,然后在进行抛光,即可恢复原有的漆膜。过程如下:

1)洗车。清除汽车车身表面的污染物,泥土等,避免造成意外的伤害。

2)漆面研磨。抛光之前再次判断划痕的伤及程度,选择性的用P2000砂纸进行研磨。

3)抛光。清除研磨留下的细微划痕。

4)漆面还原增艳。抛光作业结束后,漆面浅划痕已基本消除,对于抛光作业中残留的一些发丝划痕、旋印等,可通过漆面还原进行处理。漆面还原时用小块无纺布将还原剂均匀涂抹于漆表,后用无纺布毛巾抛光即可。经还原处理后的漆面亮丽如新,可达打蜡的效果。

5)漆面保护。漆面保护通过对漆面上保护剂来实现,漆面保护剂有蜡质和釉质两类。

2.漆面浅划痕处理应注意的问题

1)在漆面浅划痕处理施工前,待处理表面必须进行清洁。

2)抛光剂尽可能不涂在抛光轮上,而是用小块毛巾均匀涂抹于漆面待处理部位。

3)抛光剂涂抹面积要适当,即可便于抛光操作,又要避免未及时抛光出现干燥现象。

4)抛光时要掌握好轻重缓急,漆面瑕疵多的地方要重,要缓慢,用力要去时重,回时轻,棱角边处抛光要轻,来回抛光速度要快。

5)抛光时要及时洒水,水最好呈雾状喷洒,防止因水流过大,冲掉抛光剂。

6)欧美汽车的面漆涂层一般较厚,而日本、韩国及国产车辆面漆涂层一般较薄。在抛光时要注意把握好分寸,千万注意不能抛露面漆。

7)抛光作业可以手工完成,在手工抛光时应注意抛光运动路线不可胡乱刮擦、环形运动,应该以车身纵向平行线为准往复运动。

总之,抛光作业是面漆浅划痕处理的核心技术,抛光剂的选择、抛光剂的用量、抛光机的正确使用以及抛光程度的鉴定等事宜都有具体要求。

5.2.4　汽车漆面的镜面处理

如果用砂纸与"粗蜡"的方式来抛光漆面,难以使车漆达到镜面效果,故在汽车漆面镜面处理时必须使用汽车漆护理材料。目前一般采用的护理材料是原子灰和抛光剂,且最佳的镜面效果的护理材料是抛光剂。

抛光剂也是一种研磨剂,是一种含颗粒更细的摩擦材料的研磨剂。抛光剂按摩材料颗粒大小或功效分为微抛、中抛和深抛三种。

微抛是用于去除极轻微的漆损伤,一般刚发生的(几天内)环境污染及酸性侵蚀(鸟粪、落叶等),但这类的轻微损伤目前可使用含抛光剂的蜡来取代微抛;中抛和深抛主要是用来处理不同程度的发丝划痕。另外,中抛对透明漆的效果更好些,而深抛则对普通漆来得更快。

一般来说,就所含的摩擦材料来看,抛光剂与还原剂是同一类别的材料,但两者的主要区别是:还原剂含上光材料(上光剂或蜡),而抛光剂不含上光材料。含不含上光材料,对汽车漆产生"镜面效果"是很重要的因素。

使汽车漆的光泽度提高,以达到"镜面效果"而进行抛光的途径主要有:

1)靠研磨和摩擦材料的力量,硬性地把细微划痕去掉。

2)靠蜡的功效,抛光到一定程度后靠蜡的光泽来弥补抛光的缺陷。

3)靠化学反应,即靠抛光机转速的调整而使抛光剂产生的化学反应。

前两种方法一般使用得较多。主要原因是一般对抛光机的转速、抛光头的材料(全毛材料、混纺材料、海绵材料及全棉材料等)、对漆的结构及对抛光剂的功效之间的关系了解不够,经验不足,因此对抛光的要求也不高。因为即使不太光也没有关系,涂上蜡后就非常光亮。但这种光是虚光,它达不到最终的镜面效果,光泽也没有深度。而且它的保持时间很短,因为它的光泽不是来自漆,而是来自蜡。再好的蜡,充其量也只能"发"2~3个月的光,蜡的光没了,汽车漆的光也就没有了。

所以,真正能产生良好"镜面效果"的方法应是第三种,即用抛光机转速带来的热量使汽车漆与抛光剂之间产生一种能量,一种化学反应,来消除细微划痕,让汽车漆显示出它的车身的光泽,然后再施以上光蜡让汽车锦上添花。汽车漆越亮,蜡的光泽也就保持得越长。

5.3　汽车漆面深划痕的修复

随着汽车工业的发展,车辆在运行中难免出现漆面老化、破损、划伤等现象,当汽车漆面受硬物划伤导致伤及底漆的深划痕,严重者达到钣金层,但板件并未变形,如不及时处理,会加剧钣金腐蚀,影响车辆使用寿命。伤及底漆的深划痕而未涉及钣金层的深划痕的修复一般采用喷漆的方法来处理。

5.3.1　汽车漆面深划痕的处理

1.深划痕处理意义

深划痕即划痕深至底漆层的划痕。这种划痕若不进行及时处理,不但对汽车美观影响大,更重要的是极易对漆面产生腐蚀,缩短钣金使用寿命,为此,要予以及时修补处理。

2.深划痕处理工艺一般程序及操作方法

(1)表面处理

深划痕表面处理工艺包括以下内容:

1）清洗、除油。

2）除锈。

3）清除旧漆：即深划痕两侧旧车漆松动易脱落，在表面处理时应予以清除。

4）打磨羽边：即对深划痕两侧进行"薄边"处理。

（2）底漆和中涂漆施工

划痕经表面处理后未露金属基材或者是金属基材外露但并没有凹陷等变形，底漆层附着良好，则可以在原有底漆层基础上直接喷涂中涂漆；或者是先喷防锈底漆，然后喷涂中涂漆。

（3）面漆涂装

修补深划痕时，必须进行面漆的涂装。

5.3.2　汽车漆面深划痕修复工艺

对汽车漆面深划痕进行修复必须使有划痕的被修补部位的面漆涂层无论在颜色、光泽度还是在表面流平效果等方面，都要与未修补的部位相同或极其相似，经过修补的区域必须达到不留修补的痕迹，否则会影响车身面漆的装饰效果。所以，对深划痕需要修补的区域要进行准确的调色，根据所修补区域的特点采用相应的喷涂手法和处理措施来才能达到无痕修补的目的。按照汽车漆面深划痕所触及的范围，一般修复分为板块修补和局部修补，其中局部修补更为常见。

1. 板块修补喷涂

板块修补的工艺流程为：表面预处理→遮盖→中涂漆→面漆→修整。其中面漆的修补喷涂最为重要，在后续表5-10有详细叙述。

（1）面漆喷涂前处理

在进行去旧涂膜、清洁、刮涂原子灰、打磨原子灰及清洁、遮盖等操作后，可以进行中涂漆的涂装。中涂漆的涂装包括喷涂、表面整平、修补区域打磨及清洁等工序。

（2）调色

是汽车漆面深划痕修复（板块修补或局部补修）作业中关键的工序之一。

现在多用计算机调色系统进行面漆调色，利用计算机调色系统可根据实际用量，准确调出全世界各大汽车厂原厂漆颜色，同时也可根据颜色样板调出所需颜色，操作较手工调漆准确、快捷，可节省时间。

计算机调色系统一般由计算机、汽车颜色资料库、电子天平、分色仪和油漆搅拌机五大部分组成。用到的工具一般有：调色杯、比例尺、搅拌架、比色卡、比色灯箱、样板烤箱、电子秤等，如图5-19所示

计算机调色系统储存有调漆程序，只要将所需修补车身油漆的漆码（颜色编号）输入计算机，就可以得到所需配方。同时，由于计算机软件不断更新，用户可以及时得到世界上各汽车制造厂、油漆厂的最新原料配方。分色仪是用于找出油漆配方的一部仪器，它可以利用探头在待修补车身上读取数据，数据经计算机调色系统处理后就可获得按色母配漆的精确配方。

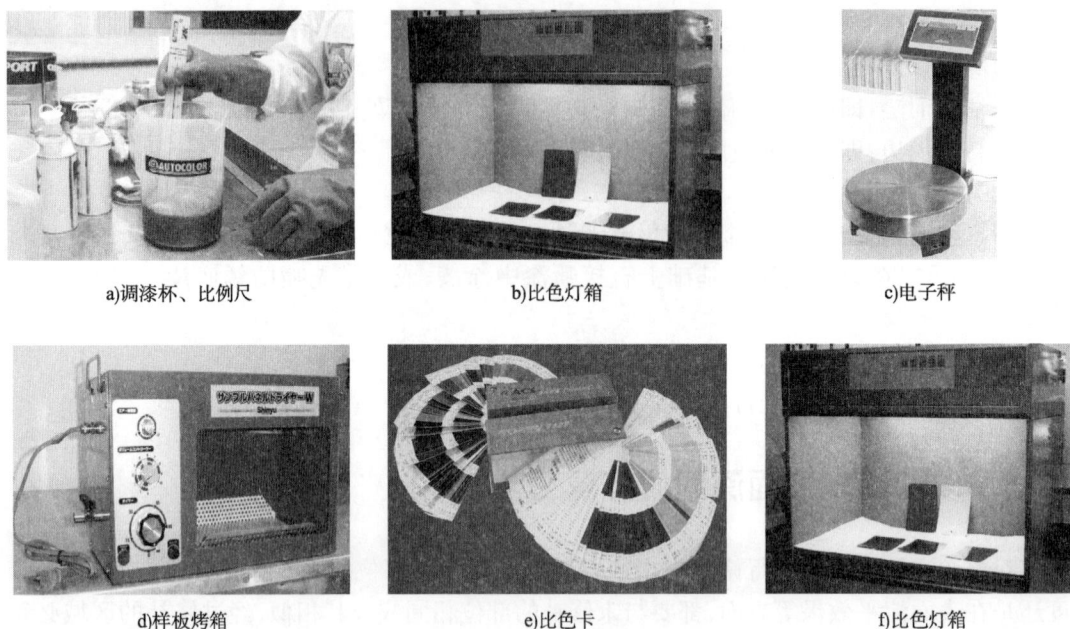

a)调漆杯、比例尺　　　　　　　　b)比色灯箱　　　　　　　　c)电子秤

d)样板烤箱　　　　　　　　e)比色卡　　　　　　　　f)比色灯箱

图5-19　部分调色工具、设备

计算机调色的基本程序是:

1)原厂颜色编码的查询。大部分车身上都有印有颜色编号的汽车资料身份证,所在位置因不同的车厂及型号而有所差异,每一种品牌的油漆和原厂漆色号都有相对应的色卡号。

2)表面清洁。在配色前,应该用细腻进行清洁处理,以免配色标准板(如:油箱盖、车身部件)上的污染物对车身造成颜色差异。

3)比对色卡。有些车型颜色资料不全,如全车改过色的,或国产车车身上的无颜色号,可以利用品牌漆提供的色卡,从色调、明度和彩度3个方面进行比对挑选出相对接近的颜色。

4)配方查询。可通过计算机光盘、全球联网系统查询最新的配方。

5)调配油漆。依照查出的颜色配方,加进正确分量之各种色母。需要注意的是:查到配方后,根据第三步中找到的差异,相应的去加、减色母的量。

6)准备调色试验板。所有的调色试验板必须大小一致,因为面积的大小也会影响我们对颜色的判断。这个样板是不能吸收油漆的,如果吸收油漆后发生化学反应,颜色会改变。

7)试色。使用刮刀把未稀释过的涂料用力涂抹在一个约4cm×5cm大的面积上。需要注意3个问题:第一,颜色调好后,必须马上进行测试;第二,每一个色调样本必须紧靠另一个涂抹,不要留下任何空隙;第三,等色板完全干燥后,方可将之与车身的色调做比较。

8)微调修正。确认色差,修正色母。

9)固化、稀释、喷涂。最后将微调好的涂料加相应比例的固化剂、稀释剂,按正确的施工程序进行涂装。

（3）面漆的喷涂

喷涂前要再次用压缩空气吹干净被涂物表面,并用粘尘布将表面擦拭干净。面漆喷涂一般有湿喷两层或薄喷一层加湿喷两层的方法,若面漆的遮盖力不够时应以完全遮盖为准,确定喷涂层数,此处不做赘述。根据所用品牌涂料的施涂工艺要求进行施工。

（4）修整

清除所有遮盖纸、胶带,揭去专用遮盖罩,修补边角遗漏处,进烘房烘烤30～60min,或自然干燥24h。

对于任何深划痕均采用板块修补或板块间驳口修补是比较稳当的方式,但若考虑到提高工作效率及节约涂料则有时最好能做局部修补。

2.局部修补喷涂

局部修补与板块修补是汽车漆面修复中应用最广的方法,有时可能通过驳口工艺掩饰颜色差异。局部修补即对车身的某一局部进行修补喷涂。最重要的是使修补区域的颜色与未修补区域的颜色一致且表面流平效果相同,要求在底材处理和喷涂时需要采用一定的技术措施。

3.面漆的抛光

现在通常使用丙烯酸基或丙烯酸聚氨酯型的双组分面漆,虽然表面具有高度的光泽,但由于喷涂环境的影响,喷涂表面有时也会产生大量的污点,或是由于局部修补需要使修补部位与原涂层消除光泽上的差异或色差,往往也需要进行整板抛光处理。

何时进行抛光效果最好,具体的时间要看使用的是何种涂料以及干燥的温度等条件,可参考涂料的使用资料,一般在涂膜干燥程度为90%时是抛光处理最好的时机,丙烯酸型双组分面漆一般在常温下干燥2～3天最适合抛光。如果抛光时涂膜还是比较软的,其中仍有较多的溶剂需要挥发,这样只能获得暂时的光泽,当剩余溶剂挥发时,面漆表面会褪色失光;若等面漆完全干燥后再抛光,由于双组分面漆的硬度很高,会造成打磨和抛光的困难,增加劳动强度并可能影响涂膜的光泽和装饰性。

4.面漆修复实施过程

以油漆（双工序金属漆）损伤5cm范围内的翼子板修补涂装为例介绍:

在对油漆损伤5cm范围内的轻微深划痕,靠近板块边缘时适合小修补,最好选用环保省漆的小修补喷枪,具体的修补工艺及实施步骤见表5-9。

汽车漆面深划痕修复实施过程   表5-9

步骤	操 作 内 容	操 作 示 范 图	技 术 要 求
1	确定修补工艺		翼子板油漆损伤5cm范围内的轻微划痕,靠近板块边缘,适合小修补,可在修补区内对底色漆及清漆进行驳口

续上表

步骤	操作内容	操作示范图	技术要求
2	打磨		用 P280 干磨砂纸或 P500 水磨砂纸在旧漆面上打磨需要喷涂中涂底漆的范围
3	清洁除油		打磨完成后，用除油剂清洁，然后喷中途底漆
4	喷涂中涂		尽量控制中涂底漆在较小的范围内，并注意边缘位置涂层要渐进，不要成台阶状
5	打磨中涂		待中涂漆干燥后，用 P400～P500 干磨砂纸或是 P800～P1000 水磨砂纸打磨中涂漆
6	打磨中涂		用特细砂纸（如 P2000 水磨砂纸）或尼龙布打磨将喷涂面漆的范围

续上表

步骤	操 作 内 容	操 作 示 范 图	技 术 要 求
7	打磨		扩大打磨范围,增强面漆在旧漆膜上的附着力
8	打磨完成		完成打磨工序,便可准备喷涂底色漆
9	除油、除尘		用除油剂清洁整个需要喷涂的弓箭,用粘尘布进行喷涂前除尘作业。(有时也可以先在整个需要喷涂表面喷上接口清漆/树脂,以加强银粉的附着力)
10	底色漆喷涂①		使用环保省漆小修补喷枪喷涂底色漆。调整好喷幅、出漆量及喷涂气压。假如面漆遮盖力低,可先以低气压遮盖中涂漆范围,喷涂时从内向外
11	底色漆喷涂②		每一层底色漆干燥后,用粘尘布轻轻除去多余的银粉后再喷下一层,直至中涂漆完全被遮盖好

步骤	操作内容	操作示范图	技术要求
12	底色漆喷涂③		把喷枪气压调高从外至内喷涂,把握喷涂范围一层比一层稍宽以做过渡,每一层干燥后,用粘尘布粘走多余银粉
13	底色漆喷涂④		喷涂底色漆至接口位置已不明显,便可等待底色漆干燥
14	干燥		使用吹风枪加快底色漆(特别是水性底色漆)干燥
15	完成底色漆喷涂		底色漆干燥后,用粘尘布清除工件表面多余银粉,准备喷涂清漆
16	喷涂清漆①		喷涂第一层清漆,完全覆盖底色漆范围

续上表

步骤	操作内容	操作示范图	技术要求
17	喷涂清漆②		第一层清漆的闪干时间过后,喷涂第二道清漆,需完全覆盖第一层清漆的范围,直至预定的接口位置
18	驳口①		完成清漆喷涂,立刻换上驳口水火或在原有的清漆中加入接口添加剂或稀释剂
19	驳口②		在清漆的接口位置薄喷 2~3 次驳口水或已稀释的清漆
20	完成修补		清漆涂层完全干燥后,可用幼蜡在接口位置抛光,完成修补

本章小结

本章主要讲述了汽车漆面划痕的处理,从汽车漆面深浅划痕的鉴别到成因,再到处理方法,工具设备材料选取到处理工艺及注意事项,旨在通过本章内容的学习,学生能够正确选取工具设备材料进行汽车漆面划痕处理。

自测题

一、单项选择题（把正确答案的序号填写在括号内）

1. 下面关于研磨机说法正确的是（　　）。

　　A. 研磨机转速不可调

　　B. 研磨机主要由壳体、电动机、控制机构三部分组成

　　C. 双功能型研磨机既能安上砂盘打磨金属材料,又能换上研磨/抛光盘做车漆护理

　　D. 定速研磨机转速一般为 1750r/min

2. 喷涂修复前对漆面进行表面清洁时应选用的清洁剂是（　　）。

　　A. 碱性清洁剂　　　　B. 酸性清洗剂　　　　C. 中性清洗剂　　　　D. 以上均可

3. 环保型喷涂中的涂料至少要达到（　　）的利用率。

　　A. 30%　　　　　　　B. 45%　　　　　　　C. 65%　　　　　　　D. 70%

二、判断题（在括号内正确打√,错误打×）

1. 汽车在修补喷漆之前,应将作业表面的锈蚀清除干净,然后才能进行底漆、刮原子灰等涂装。（　　）

2. 喷枪的移动速度应根据涂料的干燥速度来确定,一般干燥较慢的涂料喷枪的移动速度应为 40~80cm/s 为宜。（　　）

3. 对漆面进行深切研磨时,应选用 400~600 目的研磨剂。（　　）

4. 漆面划痕过深伤及底材时仍可采用抛光方式进行修复。（　　）

三、简述题

1. 简述漆面深划痕处理的一般工序。

2. 简述几种划痕修复中常见的缺陷及其原因和解决方法。

3. 简述板块修补与局部修补的区别。

第6章 汽车漆面常见缺陷的处理

导言

汽车漆面在施工时,如果是在无专用喷烤设备的车间喷烤,或在喷漆房的通风净化不洁净的情况下,或者是当喷漆房内的空气压差不稳时,用于喷漆的压缩空气不稳,会导致修补漆的接口边缘出现流挂、尘埃、橘皮和干喷等缺陷,这些缺陷必须经修复才能达到高质量的漆面效果。又或是在汽车喷涂后或使用短暂的时间里,汽车漆面会出现一定的缺陷,消除此缺陷进行的美容称为漆面修复美容。

本章是学习汽车漆面常见缺陷的处理,包括涂装刚结束时漆面常见缺陷的处理、涂装几天后汽车漆面常见缺陷的处理以及漆面长期使用后常见缺陷的处理3个方面的内容,主要从缺陷表象、成因、预防措施及处理来学习。通过本章内容的学习,能够正确选择相关美容用品及工具设备,顺利完成汽车漆面常见缺陷的处理工作。

学习目标

1.认知目标

(1)掌握漆膜常出现的缺陷及处理。

(2)理解漆膜常出现的缺陷处理原理。

(3)了解漆膜常出现的缺陷成因。

2.技能目标

(1)通过学习能对漆膜常出现的缺陷进行正确处理。

(2)通过学习会正确使用处理漆膜缺陷时用到的工具、设备及材料。

3.情感目标

(1)具有良好的汽车漆面常见缺陷处理专业语言表达与社会沟通能力。

(2)具有良好的组织与协调能力。

(3)具有良好的团队合作精神。

(4)具有良好的职业道德与行为操守。

6.1 涂装刚结束时漆膜常出现的缺陷处理

涂料或喷涂操作导致的涂膜缺陷,包括污点、垂流、鱼眼、银粉不均、银粉回流不均、橘子皮、溶剂气泡、针孔、砂纸痕、失光、原子灰印痕、起泡、缩皱、龟裂、起雾、剥落、渗色、色差、晕色失误、喷涂过度等。

6.1.1 漆膜缺陷修补方法

若确定涂膜缺陷的产生原因后,可以运用下面4种基本修补涂膜表面的方法进行修补。

1. 加热

由于外力而致的涂膜表面变形,可用加热方法来修补,例如,花粉斑或污点。首先,清洗车辆去除导致涂膜缺陷的物质,然后使用红外线烤灯(70~80℃,10min)加热涂膜表面。

2. 去除污点

因为污秽物质的渗入而导致涂膜表面的污点或隆起,可以从涂膜表面将污秽物质去除来修补这种类型的缺陷。首先将涂膜表面加热至70~80℃,然后使用浸泡稀释剂的布缓缓地轻拍表面,并且重复相同的动作。

3. 抛光

若涂膜已经溶解而且形成凹状或颗粒物时,可以用抛光使涂膜表面恢复光滑,若有需要也可以研磨后再抛光;若缺陷较小,可以仅使用抛光剂来抛光;若缺陷较大,则使用P1500~P2000砂纸研磨表面后,再进行抛光。

4. 重新喷涂

若加热、污点的去除或抛光都无法消除涂膜缺陷时,则研磨涂膜表面至缺陷完全去除后,再进行重新喷涂。在实际工作中,大多数情况都是采用这种方法对涂膜缺陷进行修补。

6.1.2 漆膜缺陷修复美容的施工工艺

漆膜缺陷的修复美容主要可以通过两种途径解决:

1. 磨平

新喷的漆面必须完全干燥后再进行打磨,故必须遵循涂料制造商有关干燥时间,确定干燥的温度及涂层可抛光的时间要求,必须是漆面完全干燥后才可打磨。

大面积的磨平处理可用电动偏心振动圆形细磨机或气动圆形细磨机两种磨机。细磨机的偏心振动直径均为3cm并带有平滑起动、无级调速功能,运转平稳。细磨机配专用美容磨砂纸P1500,打磨时适当加少许水,尽量使打磨垫底盘平放于打磨部位,用中挡速度均匀打磨需处理的部位。这样操作可获得更好的平稳性,并减少损坏涂料表面的机会,避免因高速打磨产生的热量,使磨削的粉尘粘在砂纸表面后造成漆面新的划痕。

小面积或点状颗粒的尘埃,可用手动小打磨头,配自粘式专用水砂纸P2500平稳打磨。在打磨时应保持打磨头垂直于物体表面,磨头要在尽可能小的圆圈移动,并在砂纸表面涂一些肥皂,以减少打磨颗粒的堵塞,将有问题的漆面打磨平滑后进行抛光。

2. 抛光

将水溶性抛光蜡均匀涂在已处理好的表面,用中号抛光机配合抛光用软毛垫进行抛光。

在抛光过程中使用喷雾瓶向工件表面及抛光毛毡喷水,以防止发热后抛光剂和漆面粘着。先将抛光机转速调整为 900～1600r/min 进行扩散抛光,把磨过的砂纸痕磨平,然后再将转速调整为 1900～2500r/min 进行高光洁度抛光。经过抛光后的漆面要上光蜡进行保护,用中号抛光机加细海绵球及水溶性漆膜保护蜡,用中低速涂匀、封闭和保护 10min,使蜡中的高分子聚合物覆盖于漆膜表面后,再用中号抛光机配合洁净羊毛球进行保护性抛光。

6.1.3　涂装刚结束时常出现的缺陷

1. 污点

当外来的微粒陷入涂膜内部,涂膜表面会形成凸状。这种类型的缺陷会依照外来微粒的种类及形状而形成许多不同的凸状,如图 6-1 所示。

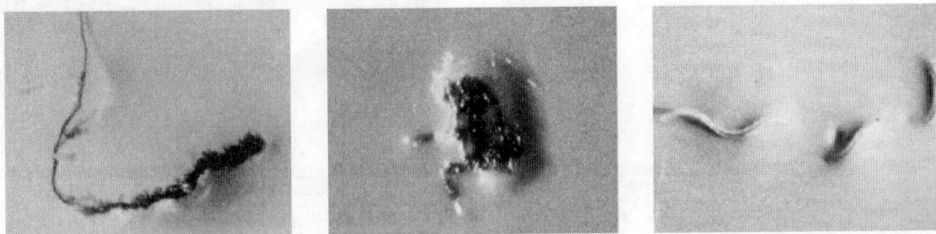

图 6-1　车表面污点

(1) 起因

在涂装作业流程中,工作区域周围的灰尘或微粒附着在涂膜上,残留在涂膜上硬化后就会发生这样的缺陷。也有可能是外来微粒早已与涂料混合而发生这样的缺陷。

(2) 修补方法

1) 使用磨石或 P2000 砂纸,将颗粒物磨除。

2) 配合抛光剂来抛光,将砂纸痕去除。

3) 若研磨后呈现出不同的颜色时,则使用适当粒度的砂纸(P400 砂纸)来研磨该部位,然后重新喷涂该区域。

(3) 防治对策

随时保持涂装作业区的整洁,并且在将车辆移入烤漆房前,将烤漆房彻底清洁。喷涂者必须穿着无尘衣,且烤漆房的滤网须定期更换。

2. 垂流

垂流是涂膜干燥前,涂料的流动和聚集,如图 6-2 所示。

(1) 起因

涂膜厚涂时,须花费很长的时间使其干燥,且也容易产生垂流的现象。同样的,若添加太多的涂料稀释剂或使用慢干型的稀释剂也可能会产生垂流的现象。

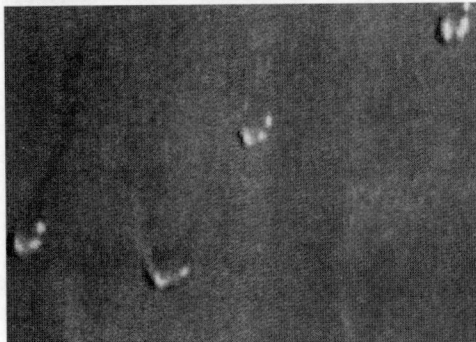

图 6-2　车表面垂流

（2）修补方法

1）若垂流较小，使用磨石或 P2000 砂纸研磨缺陷部位，直到表面平顺为止。

2）使用抛光剂抛光以去除砂纸痕。

3）若垂流的区域过大或含有气泡时，则将缺陷部位研磨平顺，然后重新喷涂该区域。

（3）防治对策

在适当的喷涂条件下使用喷枪。在稀释涂料时，应使用适当的形式和适当量的稀释剂。一次漆膜不要喷涂太厚，应分多次喷涂，直到达到标准漆膜厚度为止。

3.鱼眼

这种类型的缺陷会在涂膜面形成像火山口一样的凹陷现象，如图6-3所示。

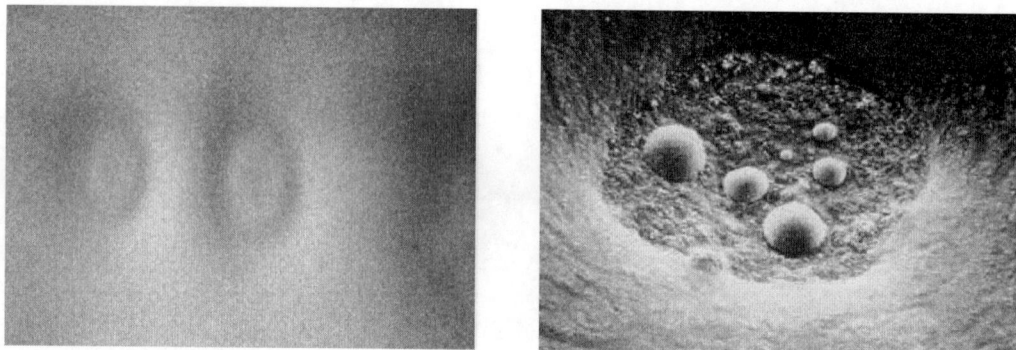

图 6-3　车表面鱼眼

（1）起因

喷涂前，表面并未实施适当的清洁，并且有油渍或硅残留在涂膜表面。若油渍（或硅）残留在被涂物的表面，则涂料将无法附着在被涂面上，而形成鱼眼。

（2）修补方法

1）研磨缺陷部位，直到表面平顺为止；使用调好色的涂料，重新喷涂该部位。

2）在损伤的区域实施局部喷涂，待点漆干燥后，将凸出部位磨除，并抛光表面。

（3）防治对策

喷涂前彻底地清洁和脱脂被涂物表面。脱脂后，手不可触到涂膜表面。在涂装作业区，不要实施抛光作业。

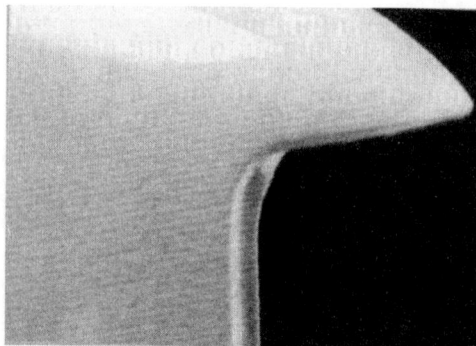

图 6-4　车表面橘皮

4.橘皮

这类的缺陷是在涂膜表面呈现出橘皮的现象。然而在车门下围板和车门槛板的抗沙石涂料所呈现的橘皮纹路，并不是涂膜缺陷，如图6-4所示。

（1）起因

喷涂后，柔软的涂膜面开始流动，直到表面平坦为止。但若涂膜在完成平坦之前就已经硬化时，就会形成橘子皮的纹路。这种类型的缺陷可能由以下几种情况引起：涂料黏度太高；使用挥发速度不恰当的稀释剂;过高的空气压力或喷枪距离太远。若被涂物表面的温度高,也会发生这类涂膜缺陷。

（2）修补方法

1）若损伤较小,使用 P2000 砂纸研磨涂膜纹路,直到表面平顺为止。

2）用抛光作业来调整纹路,若以前已实施研磨作业时,则须去除砂纸痕。

3）若损伤较大,使用适当粒度的砂纸（P400 砂纸）研磨须研磨的部位,然后使用调好色的涂料,重新喷涂该部位。

（3）防治对策

1）依照涂料供应商的要求,配合所要使用的涂料温度,维持稳定的喷枪操作技巧。

2）选择适当的稀释剂形式,并调整涂料黏度。

3）若被涂物的表面温度太高时,则不要进行喷涂作业。

4）要等到温度降低到适当的程度,才可实施喷涂作业。

5. 溶剂气泡

这类的缺陷会在涂膜面上形成小孔或产生一群气泡,溶剂气泡时常发生在水平的表面或钢板边缘涂膜较厚的部位,如图 6-5 所示。

（1）起因

若喷涂完后,涂膜立即被强制干燥的话,涂膜内部在未干燥前,涂膜表面就已硬化;然后,当内部溶剂要挥发时,将会推挤已硬化的涂膜表面而导致隆起的现象。而当溶剂穿透出涂膜面时就会形成小孔。因此,必须要让内部的涂膜彻底干燥。

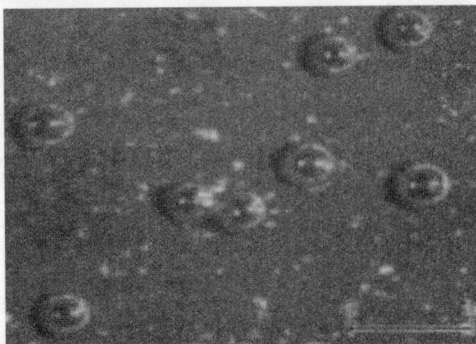

图 6-5　车表面溶剂气泡

（2）修补方法

1）研磨缺陷部位,直到表面平顺为止。

2）使用调好色的涂料,重新喷涂该部位。

（3）防治对策

1）依照涂料供应商的要求,配合所要使用的涂料温度,选择适当的稀释剂形式,并调整涂料黏度。

2）给予足够的静置时间,使底涂层彻底干燥。

6. 针孔

若涂膜表面原本已有小孔的存在,且外层涂膜无法将它填平,因此会在涂膜面上残留有凹陷的现象,如图 6-6 所示。

（1）起因

针孔是由于在中涂底漆或原子灰层有小孔,在外层涂膜引起缩孔。

（2）修补方法

1）若损伤较小,使用 P2000 砂纸将缺陷部位研磨平顺。

2）用抛光作业将缺陷/砂纸痕去除。

3）若损伤较大,使用适当粒度的砂纸(P400砂纸)研磨该部位,然后使用调好色的涂料,重新喷涂该部位。

简单方法,在凹陷的部位实施局部喷涂,涂膜干燥后,将凸出部位磨除,并抛光表面。

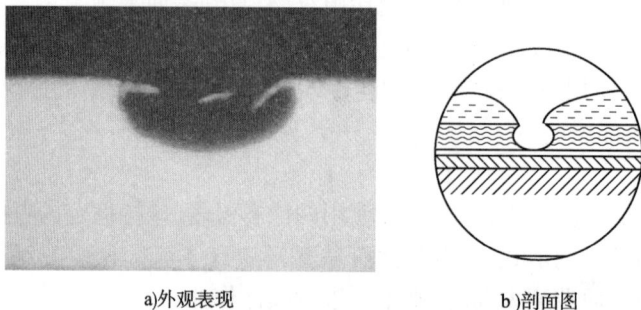

a)外观表现　　　　　　　　b)剖面图

图6-6　涂膜表面针孔

（3）防治对策

1）施涂原子灰时,用力涂抹不要让空气混入原子灰。

2）中涂底漆喷涂后,如有必要才使用硝基原子灰填平针孔部位。

3）一般情况下不要使用单组分涂料。

7.砂纸痕

砂纸痕是由于使用砂纸研磨底层涂层时所导致的。依照砂纸移动的方式或所使用的气动研磨工具,而有直线、曲线、螺旋状等形状的砂纸痕。总的来说,砂纸痕是由于在旧涂膜或在表面处理产生的刮痕,和上层涂膜的溶剂接触而发生隆起及扩展所造成的,如图6-7所示。

（1）起因

由于研磨底涂层所用的砂纸痕无法被上层涂膜所填平而导致的现象,主要是因为使用粒度较粗的砂纸所导致的。若底涂层未彻底干燥前即开始研磨,且接着喷涂面漆,也会导致砂纸痕的发生。一次喷涂黏度高的厚涂膜或使用慢干型的涂料稀释剂,也会导致砂纸痕的出现。

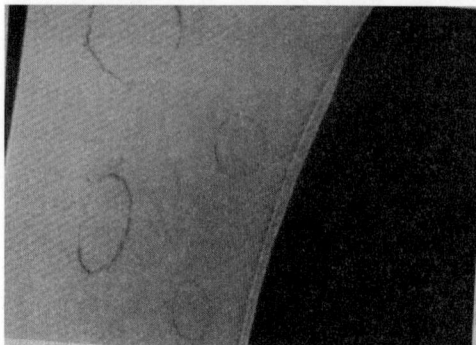

图6-7　车表面砂纸痕图

（2）修补方法

1）若损伤较小,使用P2000砂纸去除砂纸痕。

2）抛光去除砂纸痕。

3）若损伤较大,使用适当粒度的砂纸(P400砂纸)研磨该部位,然后使用调好色后的涂料,重新喷涂该部位。

（3）防治对策

1）针对每个涂层的打磨,使用适当粒度的砂纸。

2）给予底涂层足够的干燥时间,涂层未干透之前不能打磨。

3）选择适当的稀释剂形式,依照涂料供应商的指示调整涂料黏度,并且分数次喷涂,每层不宜过厚。

8．原子灰印痕

原子灰印痕是当面漆喷涂后,所出现的原子灰修补痕迹。若在旧涂膜与原子灰间发生不同的隆起比率时,由于溶剂的渗入,沿着羽状边的部位会产生收缩,这就产生了原子灰印痕,如图6-8所示。

（1）起因

主要因为原子灰干燥不足。有时旧涂膜是硝基形式的,或一次喷涂厚的中涂底漆或面漆,都会导致原子灰印痕的发生。

（2）修补方法

1）若损伤较小,使用P2000砂纸将缺陷部位研磨平顺。

2）用抛光将缺陷部位的纹路调整平顺。若使用砂纸时,则须去除砂纸痕。

3）若损伤较大,使用适当粒度的砂纸（P400砂纸）研磨该部位,然后使用调好色的涂料,重新喷涂该部位。

（3）防治对策

1）原子灰中掺入适量固化剂,并让原子灰彻底的干燥。

2）选择适当形式的涂料稀释剂,并掺入所规定的量。

9．起泡

起泡是在涂膜表面形成球状般的隆起。通常隆起的直径在0.5～2.0mm的起泡会聚在一个小的区域,随着时间的增长,隆起会增大,如图6-9所示。

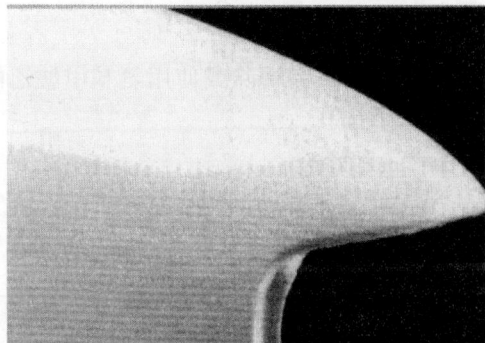

图6-8　车表面原子灰印痕

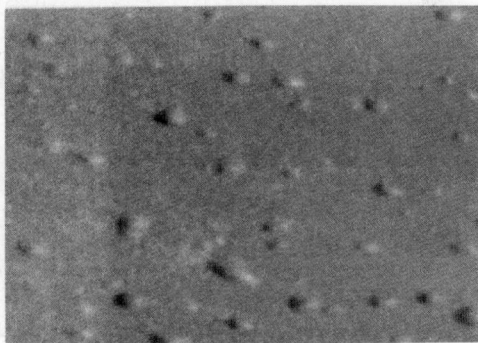

图6-9　车表面起泡

（1）起因

湿气存在涂膜底层,而将涂膜顶起。涂膜被喷涂在一个没有将油渍或湿气清洁干净的底涂层上,湿气渗透入涂膜并聚集在污垢的周围。若外部的温度上升时,在涂膜下方的湿气就会蒸发,这样向上的压力就会导致涂膜隆起和起泡。通常空手或不正确的清洁会将手印或擦拭痕迹残留在涂膜面,而导致起泡。若底涂层（包括中涂底漆、原子灰）是使用防水性低或附着力差的材质时,起泡将会发生在整个喷涂区域。一般来说,车辆在高温和高湿的状态下喷涂时,较容易发生起泡的现象。

（2）修补方法

1）将旧涂膜磨除到钢板。

2）由底漆作业开始,重新喷涂。

（3）防治对策

1）除油工作完成后,双手绝不可直接触摸被涂物表面。

2）尽量不要使用防水性低和附着力差的涂料。

3）在喷涂前,彻底清洁和脱脂被涂表面。

10. 缩皱

涂膜被咬起而在涂膜面形成细纹缩皱的现象,如图 6-10 所示。

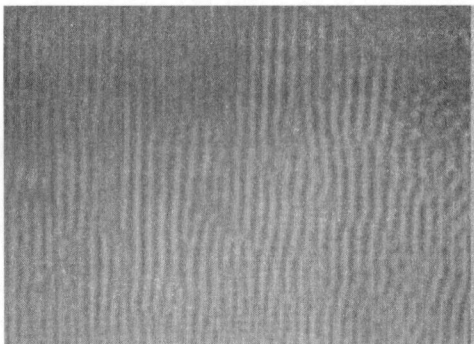

（1）起因

由于上涂膜的溶剂渗入,使旧涂膜产生隆起,在收缩的过程,造成内部涂膜的紧缩,使上涂表面产生缩皱的现象。当涂膜由于加热而膨胀,在收缩时也有可能导致缩皱。旧涂膜在变质的情况下会产生缩皱。旧涂膜是由硝基形式的涂料所构成的。重新喷涂时,双组分型涂料在化学反应期(缩皱期)内会发生缩皱的现象。

（2）修补方法

1）给予涂膜彻底的干燥。

图 6-10 车表面缩皱

2）彻底去除缺陷部位的涂膜。

3）使用已经调好色的涂料,重新喷涂该部位。

（3）防治对策

1）若旧涂膜已变质或是硝基形式的涂膜结构时,则必须将它磨除或使用氨基甲酸乙酯的中涂漆密封隔离。

2）在底涂层完全干燥后,必须使用双组分型的涂料重新喷涂。

11. 起云

斑纹状或条状的或明或暗的颜色缺陷,常见于金属漆漆面,如图 6-11 所示。

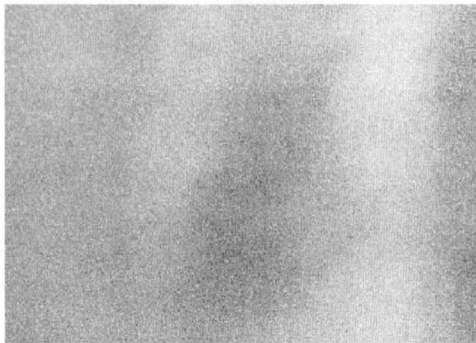
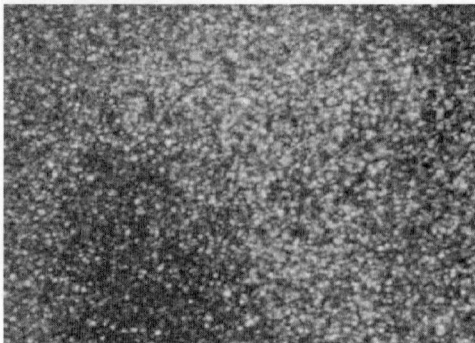

a)   b)

图 6-11 汽车漆面起云现象

（1）起因

1）喷涂不均匀。

2）清漆施工前，或层间的闪干时间太短。

3）色漆层一次喷涂太厚或太薄。

（2）修补方法

1）如果在底色漆喷涂时就出现了起云现象，可以在问题区域用正确喷涂技法再喷涂补救。

2）如果出现于清漆之后，则只能待干燥固化后打磨，用正确方法重涂。

（3）防治对策

1）施工时，喷涂要均匀，交叠正确。

2）在清漆施工前，或涂层间要遵守正确的闪干时间。

3）按技术说明建议，正确施工底色漆。

12. 晕色失误

晕色失误是指可以明显看见晕色部位的边缘。在表面上可以清楚看见旧涂膜和修补涂膜之间的接缝。

（1）起因

不正确的调色；不正确的晕色方法；不正确的抛光作业。

（2）修补方法

1）若没有色差，可以由修补部位往未修补部位单方向轻轻地抛光表面。

2）若存在色差，使用适当粒度的砂纸（P400 砂纸）研磨表面。

3）正确的调色。

4）使用调好色的涂料，重新喷涂该部位。

（3）防治对策

1）必须正确地实施调色。

2）晕色部位的抛光必须朝单一方向，由修补部位往未修补部位抛光。

13. 喷涂过度

喷涂过度是指涂料微粒附着在修补部位以外的区域。

（1）起因

遮盖不严实。

（2）修补方法

1）依照涂料供应商的指示给予规定的干燥时间。

2）使用 P2000 砂纸研磨涂料微粒，以去除喷涂过度的涂料。

3）用抛光去除喷涂过度的部位。

若受影响的部位为无涂装的塑料零件时，则必须更换新品。

（3）防治对策

1）实施适当的遮盖。

2）喷涂前，检查确认遮盖材料有无脱落的现象。

3)喷涂时,须小心不要让遮盖材料脱落。

14. 色差

色差是指修补过的部位其颜色与周围的颜色不相同。

(1)起因

错误的调色,涂料搅拌不足,不正确的喷涂技巧。

(2)修补方法

1)使用适当粒度的砂纸(P400 砂纸)研磨表面。

2)正确的调色。

3)使用调好色的涂料,重新喷涂该部位。

(3)防治对策

1)调色时要尽量采用各种方法与原车颜色一致。

2)涂料倒进喷枪前,须彻底地搅拌,尤其是银粉漆和珍珠漆。

3)保持稳定的喷涂环境,尤其是银粉漆和珍珠漆。

15. 飞漆

喷涂操作中,干了的喷涂雾化细漆粒子粘在涂膜表面,或者说这种雾化细漆粒子未被漆膜吸收,如图 6-12 所示。

(1)起因

1)针对喷涂环境或被喷涂物的面积,选择了不正确的固化剂和/或稀释剂,造成不良的漆雾粒子吸收。

2)喷枪运行时,喷幅交叠不够。

(2)修补方法

用细抛光蜡抛光,以适合的高亮度抛光法恢复光泽。

(3)防治对策

1)针对不同的喷涂条件或被喷涂物的面积,选择正确的固化剂和/或稀释剂。

2)喷枪运行时,确保足够的喷幅交叠。

16. 漆尘

新喷的漆膜上沾上来自喷涂环境的漆尘粒,如图 6-13 所示。

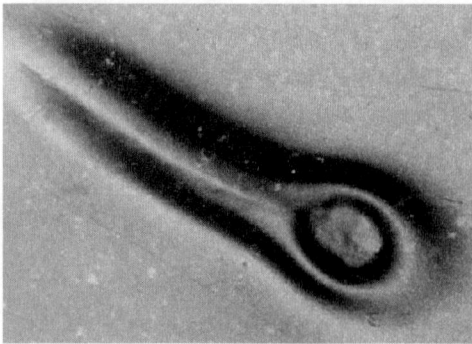

图 6-12 汽车漆面飞漆

图 6-13 汽车漆面漆尘

（1）起因

1）从喷枪,气管,和衣服上掉落的油漆污垢。

2）来自喷房的漆尘(多色的粒子)掉入湿的漆膜。如果换气不良或顶棉较脏,喷房的顶部会形成这些尘点。

3）邻近板块施工时的漆雾污染。

（2）修补方法

1）用细抛光蜡抛光,以适合的高亮度抛光法恢复光泽。

2）更严重的缺陷需要打磨并重喷。

（3）防治对策

1）定期清洁喷枪,气管和衣物。

2）定期维护喷漆房和过滤棉系统,确保喷房供应空气流设定正确。

3）保持施工区域以与其他车辆油漆施工区域隔离开。

6.2　涂装几天后漆面常出现的缺陷处理

由于涂料自身原因或操作不当及其他原因,在涂装几天后漆膜也会出现一些缺陷。

6.2.1　失光

当涂膜表面丧失其光泽而呈现出麻玻璃的现象,如图6-14所示。

（1）起因

引起失光现象的原因很多,底涂层含有大量的颜料以及是多孔性质,底涂层没有进行足够的干燥,表面涂层涂膜太薄,表面涂膜未彻底干燥前就在涂膜表面实施抛光作业等,都会导致涂膜表面失光的现象。

（2）修补方法

1）依照涂料供应商的要求,给予涂膜足够的干燥时间。

2）抛光表面使光泽呈现。

图6-14　车表面失光

若涂膜太薄,则使用适当粒度的砂纸(P400砂纸)研磨表面,再重新喷涂。

（3）防治对策

1）使用底层材料时,注意选择使用一种涂膜性质不会塌陷的底层涂料。

2）底层涂料喷涂完后要给予涂膜足够的干燥时间。喷涂时注意膜厚不能太薄。

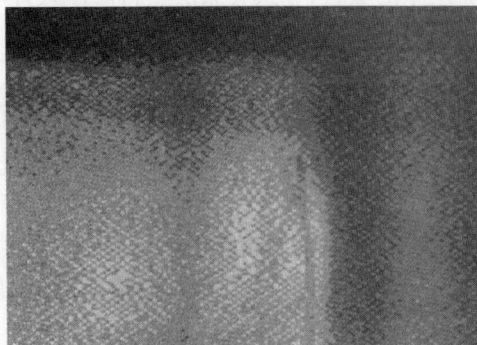

6.2.2　抛光印痕

在浅色系的表面,这类的缺陷会呈现黑色斑纹。若像阳光般的强光照射在深色系的表

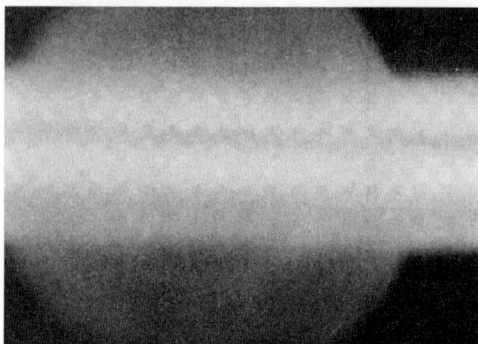

图 6-15　汽车漆面抛光印痕

面上,会有像极光般的白雾呈现在表面上,如图 6-15 所示。

（1）起因

1）浅色系:污垢(或水斑)会聚集在抛光所产生的细微刮痕中而导致黑斑的产生。

2）深色系:抛光所产生的细微刮痕会反射出不规则的光,而形成像极光般的白雾面。若涂膜没有彻底干燥的话,抛光后会产生细微刮痕。

（2）修补方法

1）若干燥不足时,须先让涂膜彻底干燥。

2）抛光表面操作要谨慎小心。

（3）防治对策

1）最终抛光作业时,使用极细的抛光剂。

2）涂膜彻底干燥后再实施抛光作业。

3）抛光垫在使用前必须要求干净,防止里面藏有大颗粒的硬物。

6.2.3　渗色

渗色是指当底涂层的颜色渗浮入外层涂膜而被看见。这是因为外层涂膜的溶剂分解底涂层中的颜料,导致底涂层颜料渗浮入外层涂膜,如图 6-16 所示。

（1）起因

1）底涂层的材质为硝基形式的涂膜。

2）底涂层并未进行彻底的密封。

3）双组分型的原子灰填加过量的固化剂。

（2）修补方法

1）将缺陷部位涂膜去除。

2）使用调好色的涂料,重新喷涂该部位。

（3）防治对策

1）先确认底涂层涂膜所使用的材质,若为硝基形式则喷涂一层氨基甲酸乙酯中涂底漆。

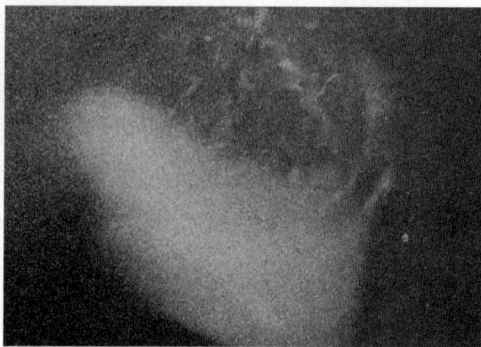

图 6-16　车表面渗色

2）在双组分型的原子灰中掺入正确量的固化剂。

6.3　漆面长期使用后常出现的缺陷处理

在漆面长期使用后,外界因素会导致的涂膜病态缺陷,主要有水斑、花粉斑、酸雨斑、黑点、鸟屎、铁粉、油斑、蓄电池液斑、染料斑、塑化或硫化剂污染、飞石损伤、褪色或变白、烟灰斑、生锈等。

6.3.1　漆面长期使用后会出现的缺陷

1.水斑

车辆水平面经常会有白色环状的水滴痕形成,但极少出现在车辆侧面。车辆侧面也偶尔会有水滴掉落后,涂膜干燥而产生条纹痕。水斑也会出现在车窗或饰条上,如图6-17所示。

（1）起因

水滴（雨水、洗车所使用的自来水或井水）中含有钙和硅等矿物质,当水分蒸发后,所残留下来的白色沉淀物（即矿物质）会集中在水滴的周围。

（2）修补方法

1）清洗车辆,从涂膜表面去除污物和尘垢。

2）使用抛光剂抛光涂膜表面,以去除洗车后残留在车辆上的水斑。

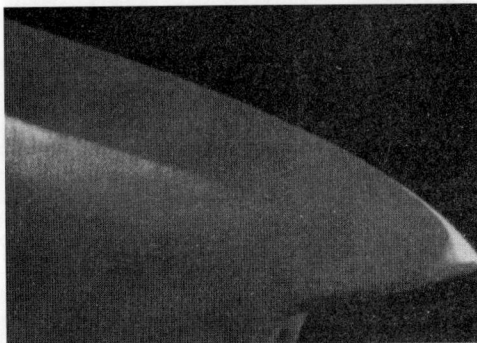

图6-17　车表面水斑

（3）防治对策

1）在阴凉处清洗车辆,而且擦掉洗车后残留在车辆上的所有水滴。

2）对汽车表面喷涂后,要将车辆停放在室内直到涂膜完全干燥为止,避免涂膜面与雨水接触。

2.花粉斑

花粉斑是在涂膜表面形成轻微的皱纹和白色的污物。虽然大多发生在车辆的水平面,也会依照风运送花粉的方向而在车辆侧面形成。当花粉掉落在涂膜表面并且与水混合时,就会产生一个像水斑状的花粉斑,而个别的花粉也会在涂膜面形成小点。

（1）起因

当花粉掉落在涂膜表面与水接触时,会导致花粉壳破裂使果胶流出,而果胶一般都含有高酸度和高甜度,果胶干燥后会收缩而使涂膜表面变形。

（2）修补方法

1）清洗车辆,去除残留在涂膜面上的花粉。

2）加热涂膜表面（70～80℃,10min）以释放应力来去除缺陷。

3）使用抛光剂抛光涂膜表面,去除任何残留的污物。

（3）防治对策

在涂膜表面打上一层保护蜡可以有效地保护漆面。

3.酸雨斑

酸雨斑在涂膜面形成不均匀的水滴般的凹陷状。通常发生在车辆所有的水平部位,尤其是容易积水的车身钢板上。很少发生在倾斜面的部位,例如发动机舱罩前端,如图6-18所示。

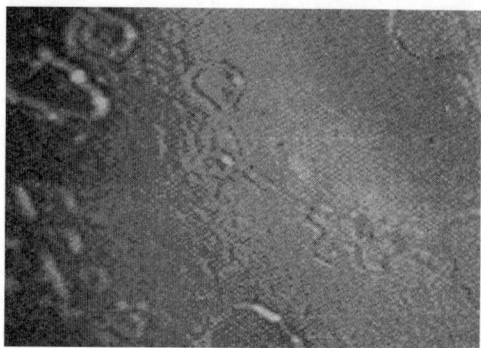

图6-18　车表面酸雨侵蚀

（1）起因

与涂膜面接触的酸雨中所含的酸性成分在水分蒸发时，会使酸性浓缩，导致涂膜内的三聚氰胺链接脱离。涂膜内分子的分散会导致涂膜的分解而形成凹坑。这种形式的损伤在高温下最容易产生，因为高温会帮助湿气的蒸发且促进化学反应速度。

（2）修补方法

1）用P2000砂纸研磨缺陷表面，直到表面平滑为止。通过抛光缺陷表面（用P2000砂纸研磨掉刮痕）来去除缺陷。

2）使用P400砂纸研磨后，再重新喷涂缺陷表面。

（3）防治对策

1）在涂膜表面打上一层保护蜡可以有效地保护漆面。

2）若车辆淋到雨水，应尽快将车清洗擦干。

4. 黑点

黑点大多是形成在银粉漆色的保险杆或车外后视镜上。没有喷涂清漆的银粉漆更容易形成黑点，且多出现于水平面。

（1）起因

1）当没有喷涂清漆的银粉漆面与酸雨接触后，浓缩后的酸会使铝颜料氧化，形成圆形的黑点。

2）高温会让水更容易蒸发，这样会增加黑点的产生，因为热会促使化学反应加快。

（2）修补方法

1）使用P400砂纸研磨缺陷部位。

2）使用调好色的涂料来喷涂补修部位。

（3）防治对策

1）若车辆淋到雨水，应尽快将车清洗擦干。

2）打上一层保护蜡可以有效地保护漆面。

5. 鸟屎

这一类的损伤是由于鸟或昆虫的排泄物与涂膜接触所导致，会在涂膜面上形成漆面隆起、龟裂和剥落现象，因为排泄物中含有不同的成分。涂膜表面的隆起是由蜜蜂的排泄物所导致的，会在涂膜上形成圆顶的形状。龟裂最初的阶段，小裂痕会聚集在一起且呈现白色。虽然缺陷大多形成在车辆的水平表面，也会因为风的影响而形成在垂直面上。昆虫的卵和尸体会导致涂膜产生类似的问题，如图6-19所示。

（1）起因

排泄物中的有机酸渗透入涂膜导致涂膜隆起。此外，有机酸会使涂膜的分子结构分离，加上温度的变化、紫外线和湿气，最后会导致涂膜龟裂和剥落。涂膜面上的损伤范围和形状将会依照鸟或昆虫的种类或它们的食物而有许多不同变化。

（2）修补方法

1）加热涂膜表面以使渗入涂膜的湿气和有机酸蒸发出来。

2）若有残余的隆起部位，要研磨凸起部位并使用抛光剂来抛光。

3）若出现龟裂、剥落现象，使用 P400 砂纸磨除缺陷部位，并重新喷涂。

（3）防治对策

有鸟屎接触到涂膜后，应立即将它去除。

6. 铁粉

这类型的缺陷是在车辆的水平表面显露出小的红色锈斑，摸起来有很粗糙的感觉，且无法用水洗去。当在涂膜面涂抹除锈剂时，锈斑的颜色会改变成为微红紫色，如图 6-20 所示。

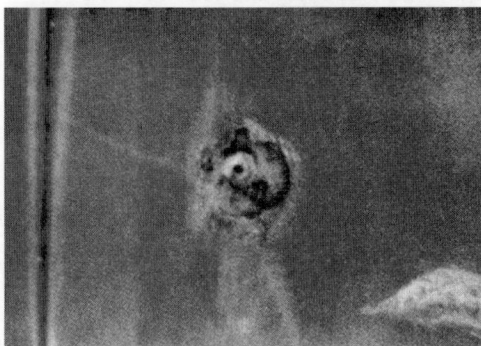

图 6-19　车表面鸟粪侵蚀　　　　　　　　　　图 6-20　车表面锈斑

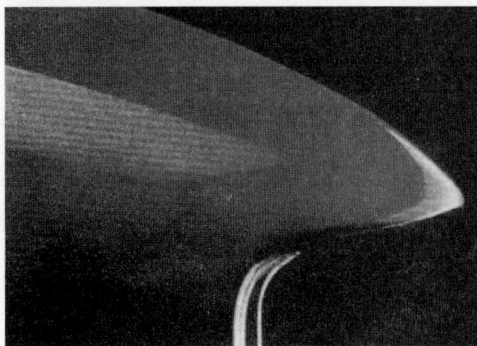

（1）起因

若车辆停放在靠近会产生铁粉的铁路或钢铁工厂旁时，铁粉就可能与车身涂膜接触而附着在涂膜上，并且生锈，进而侵蚀涂膜。

（2）修补方法

1）大损伤首先使用除锈剂，除锈剂是利用化学反应将铁粉转换成红锈（氧化铁），来去除涂膜面上的铁粉，但是并不能完全去除铁粉。

2）小损伤直接使用除铁粉黏土，去除已经深入到涂膜面的生锈铁粉。

3）抛光去除涂膜面上的轻微刮伤。

（3）防治对策

在铁粉接触到涂膜后，应立即将它去除。

7. 油斑

涂膜面的颜色若和油渍接触到就会改变为褐色。偶尔涂膜面会发生隆起现象。

（1）起因

焦油、沥青或机油渗透入涂膜所形成。若涂膜接触到有色的油渍时（如自动变速器油），油渍的颜色将会残留在涂膜面上。

（2）修补方法

1）使用浸泡溶剂的抹布去除油斑。

2）损伤较大的部位用研磨的方法去除缺陷；若油斑仍无法被去除，则重新喷涂该区域。

（3）防治对策

在油渍接触到涂膜后，应立即将它去除。

8. 蓄电池液斑

涂膜被蓄电池液溶解。在银粉漆车身中，铝颜料被氧化而变黑。若钢板已暴露时，则会导致生锈。若车辆的蓄电池破损，将会从发动机室内部损害至底盘部位。

（1）起因

这种形式的损伤是由蓄电池硫酸所导致的，这种损伤的方式基本上与酸雨相同。

（2）修补方法

1）将缺陷周围部位的涂膜彻底去除，即使还没有出现损伤，但该部位仍然要进行整个研磨至钢板，因为这种类型的损伤会延伸遍及至涂膜。若已经生锈，则将锈彻底去除。

2）由底漆作业开始重新喷涂该区域。

（3）防治对策

在蓄电池液接触到涂膜后，应立即将它去除。

9. 塑化或硫化剂污染

当塑胶板或橡胶材质的物体被放置在涂膜上，顺着塑胶或橡胶物体的形状涂膜会隆起或变色。

（1）起因

塑胶板中包含的塑化剂（一种添加剂，具有易挠曲性，增进材料的耐冲击性和抗弯性）或橡胶材质包含的硫化剂（一种添加剂，由分子的链接形成架桥结构，将橡胶转换成弹性体）转移至涂膜表面，导致涂膜有隆起或变色的现象。隆起现象大多发生于塑胶材质，变色现象大多发生于橡胶材质。

（2）修补方法

1）若损伤较小，将浸泡有脱脂剂、溶剂或煤油的抹布放置在污染痕上，并将其加热至40～50℃可以去除斑痕。

2）上述方法不能去除污染斑痕时，则用抛光来去除。

3）若损伤较大，研磨将污染斑痕去除后，要重新喷涂该区域。

（3）防治对策

在塑化或硫化剂接触到涂膜后，应立即将它去除。

10. 飞石损伤

当车辆行驶时，会有一些小石子撞击涂膜而导致涂膜剥落，这种情形经常发生在车辆发动机舱盖或车顶的前端边缘部位。若小石子弹跳起来也可能损伤到车门槛板、车门下围板或轮弧外板部位，涂膜剥落的部位通常会形成锐利或锯齿状的表面。偶尔小石子也会导致该区域中间部位产生小凹陷的现象，如图6-21所示。

（1）起因

小石子冲击涂膜面，其结果使涂膜剥落。

（2）修补方法

1）研磨缺陷部位直到表面平顺为止。若有生锈，须将锈斑完全去除。

2)使用调好颜色的涂料,重新喷涂该部位。

还有简单的方法,就是在损伤的区域实施局部修补,然后将凸出部位磨除并抛光。

(3)防治对策

尽可能不接触飞石损伤。

11. 褪色或变白

车辆使用很长的时间后,涂膜会有失光的现象(褪色)。浅色系会转变为微黄色。涂膜表面会变白、粉化且没有光泽,如图6-22所示。

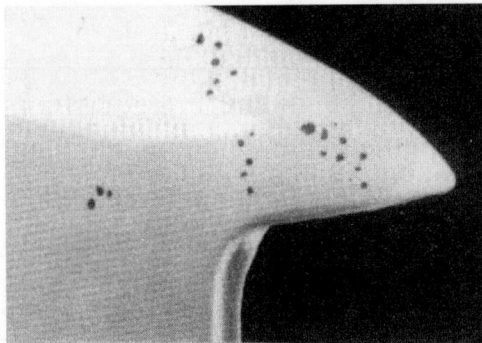

图6-21　车表面飞石损伤

图6-22　车表面褪色

(1)起因

这种缺陷的产生是由于紫外线、高温和湿气而导致涂膜中的树脂和颜料变质。褪色是由于颜料变质所导致的,变黄是由于紫外线照射导致树脂的变质,变白和粉化则是由于树脂的变质而变成粉状。

(2)修补方法

1)若损伤较小,使用抛光作业去除缺陷部位。

2)若抛光仍无法修复缺陷或修复不久后又再发生,则将缺陷部位磨除并重新喷涂该区域。

(3)防治对策

尽可能将车辆停放有屋顶的车库内。重新喷涂时,使用双组分型的氨基甲酸乙酯涂料取代硝基涂料。

12. 龟裂

这类的缺陷是在涂膜上形成裂缝或龟裂的现象,如图6-23所示。

(1)起因

车辆使用期间,涂膜暴露在自然环境中,例如阳光中的紫外线、高温或水,这些外界因素导致涂膜内部的分子分离。涂膜面经受温度的改变和湿气的影响,周而复始地进行膨胀和收缩的循环,逐渐地涂膜会变硬变脆。若这样的恶化情形持续发展时,涂膜将无法承受外界的冲击而开

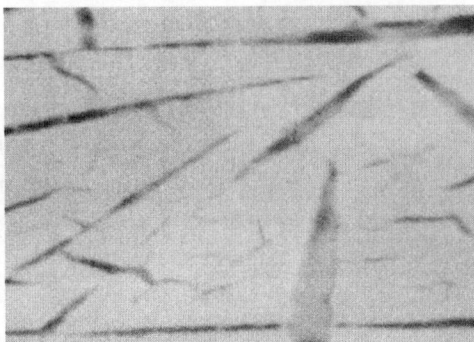

图6-23　车表面龟裂

始发生龟裂。使用不正确的固化剂量也可能造成涂膜龟裂。

（2）修补方法

1）彻底去除缺陷部位的涂膜。

2）使用调好色的涂料,重新喷涂该部位。

（3）防治对策

喷涂过程中避免喷涂过厚的涂膜,添加正确的固化剂量。

13. 剥落

剥落是指涂膜脱落而暴露出底涂层或钢板的现象,如图 6-24 所示。

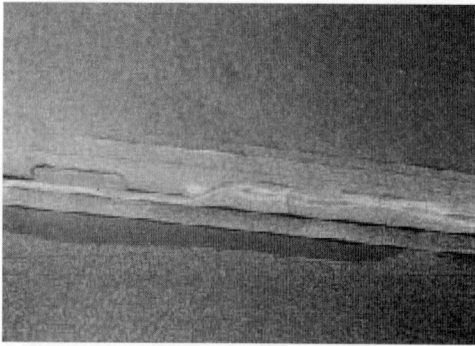

图 6-24　划痕修复中涂层脱落

（1）起因

1）外来的粒子,例如油渍、硅或研磨碎屑与涂膜面接触。

2）底涂层没有研磨充分。

3）双组分型涂料填加的固化剂不足。

4）未喷涂底漆。

（2）修补方法

1）将有缺陷的旧涂膜彻底去除,不只是剥落的部位。

2）使用调好色的涂料,重新喷涂该部位。

（3）防治对策

1）彻底的清洁和脱脂涂膜面。

2）使用适当的砂纸(P400 砂纸)彻底地研磨底涂层,尤其必须彻底研磨双色涂装的分界线。

3）依照涂料供应商的指示,添加正确量的固化剂。

4）喷涂底漆,若没有喷涂底漆,特别是在塑材零件上,例如聚丙烯(PP)或超级烯烃聚合物,涂膜肯定会剥落。

14. 洗车产生的擦痕

在深色的车身漆膜上经常能见到平行的丝状擦痕。其表面会有些失光,色调也会显得灰白,如图 6-25 所示。

（1）起因

1）洗车刷或机械洗车刷太粗,太脏或太旧。

2）预清洗时,水用得不够。

3）刚施工好的车辆漆膜不能过早地用机械方法清洗。如漆膜干燥固化时间不够,喷涂太厚,或固化剂使用不当,都会增加新漆膜对产生划伤的敏感度。

（2）修补方法

1）用细抛光蜡进行抛光,再用适合的高光泽

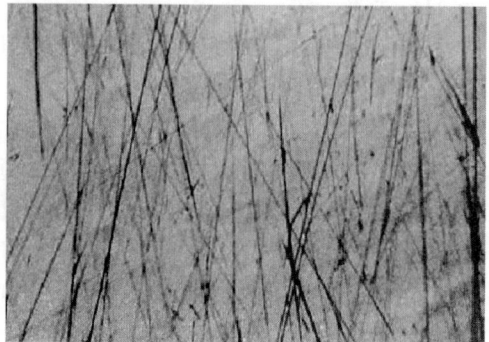

图 6-25　洗车产生的擦痕

蜡恢复光泽。

2）不要经常使用洗车机械设备清洗车辆。

3）使用抗划擦清漆的车辆需要修补时，必须用厂方推荐的抗划清漆施工。

（3）防治对策

1）使用干净合适的刷子清洗车辆。

2）车在刷洗前要用大量的水彻底冲洗。

3）避免过早地用机械方法清洗刚施工好的漆膜表面。遵循涂料厂商所推荐的漆层厚度，干燥固化时间和固化剂比例施工。

6.3.2 油漆损伤鉴别

1. 磨穿区域鉴别

利用磨穿区域鉴别油漆损伤，如图 6-26 所示。

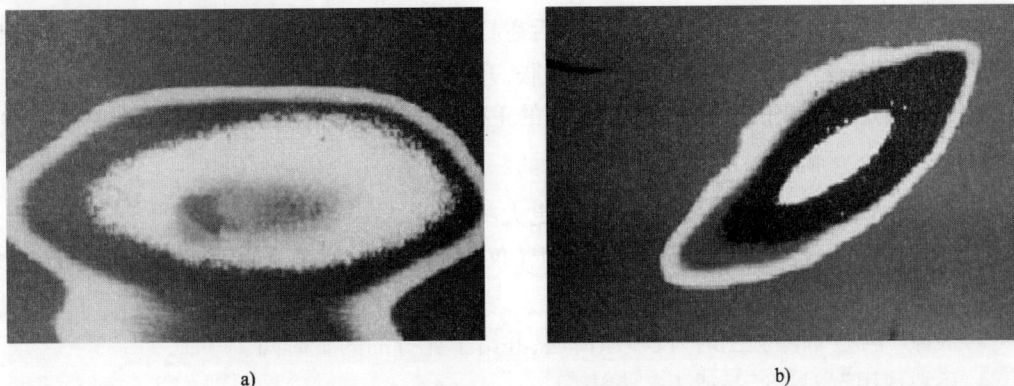

a)　　　　　　　　　　　　　　b)

图 6-26　汽车漆面磨穿区域

利用磨穿法诊断油漆损伤缺陷是在工作现场更加准确简单的方法，并据此制订出最佳的所需修补方案。经仔细打磨不良区域至裸露底层（金属或塑料等）后，各种使用过的产品形成的涂层显现出来，可以清楚地进行鉴别，估计出它们的膜厚，使缺陷更明显。

第一步最好先使用 P240 砂纸打磨至底层，再用尽量细的砂纸（如 P600）打磨同样的地方，最后该区域可以用细抛光蜡抛光，以便于清晰地观察这些涂层和问题。下述油漆损伤类型可以用该方法进行简单地评估。

1）水泡。水泡可较容易检查到。面漆经打磨后露出与面漆不同颜色的斑点，显露出下面一层涂层。

2）开裂。漆膜开裂的深度可以容易地在磨穿区域看到。为了更好地检查，可以使用指导层漆在开裂区域，待干燥后再打磨，这样可以更清楚地鉴别。

3）溶剂泡。这类缺陷有时会因为泡很小，被错误地认为是尘点。但是利用磨穿法，相关的涂层上会显现小孔穴，很容易鉴别。

4）鱼眼。如果是鱼眼，旧涂膜或新涂膜上会显现出浅浅的凹陷。也能显示出油漆的不良流动性。

5)针孔。针孔处会显现出与面漆不同颜色的小点，来源于基底上的气泡或毛孔缺陷。

6)漩涡状磨痕。在磨穿区域底漆或中涂漆上出现有色的线条，线条的形状和尺寸会显示出原先打磨的方法(手磨或机器)和所用砂纸粗细型号。

7)旧涂膜的层数。经打磨后，油漆涂层全部可以暴露出来。此法可以很精确地告诉我们一台车喷涂了多少层油漆，是否过多了，是否还能重涂。

2.溶剂测试

在做任何修补涂装前，我们建议在打磨过的区域上做溶剂测试，以暴露出该区域是否对溶剂敏感而需要特别注意，和特别的前处理，以防出现问题。

溶剂敏感的涂层可能是：

1)TPA((热塑性丙烯酸)涂层。

2)硝基漆涂层。

3)未硬化的瓷漆。

4)在敏感/膨胀涂层上施工过的涂层。

打磨后，取一片擦拭布浸透强溶剂，然后在打磨的区域上擦拭。再严密观察是否有任何反应迹象，也就是有一层或更多层的涂层溶胀，升高，起皱或变黏，那就是对溶剂敏感。

有一个确定的可靠的，对溶剂敏感涂膜的正确修补方法，以防出现问题，是非常必要的。

3.修补时注意事项

1)较之常规情况，打磨得要更细，范围更大些。

2)不要用任何聚酯类产品施涂于漆膜上(仅涂于金属上)，要在腻子和旧涂膜羽状边之间留出金属底材。

3)底漆/中涂/面漆施工时，仅喷涂薄层，并给予充分的闪干时间。

4)不要使用湿对湿产品或工艺方法。

5)小心用IR红外线干燥(不要用于TPA油漆干燥)。

6)仅用适合的涂装工艺。

7)若溶剂测试显示旧漆膜极度地对溶剂敏感，则需要剥离旧涂膜至裸金属，再重涂。

6.3.3　汽车漆膜的护理

现代的恶劣环境条件给任何汽车的油漆涂膜带来了巨大的麻烦。酸雨、交通污染、公路化雪盐、鸟类排泄物、阳光中的紫外线、潮湿、气温变化、工业气体、树胶液等这些都对车漆的环境产生不良影响。此外在洗车时使用去污剂，以及洗车对表面产生的物理摩擦作用，对车漆都有所伤害。如果不进行定期的护理，漆膜光泽会减退，本身的抗潮湿性能也会丧失。所以要用抛光剂和蜡等护理产品，对漆膜进行定期维护。

在要抛光漆面之前，必须彻底清洗漆面。不要在充足的直射阳光条件下抛光上蜡，否则较热的漆面会变得更敏感，而更容易出问题。护理产品的说明请咨询涂料厂商的技术服务人员。

新涂装的修补漆在开始的4～5个星期里，只能用干净清洁的水清洗，不能使用化学清洗剂，仅可以用柔软的麂皮擦干表面水分。完全固化期过了以后，所有的常规清洁方法就可以使用了,如自动洗车,高压水洗等。

建议用高光泽上光蜡来防护漆膜。上腊时用一块抛光布以圆周运动擦拭方法施涂于表面,干了以后,再用一块无纤维软抛光布擦亮。这种上光蜡将给予漆膜表面优良的"脱水性能",水到表面后,会自动流掉,不易留在表面。通常情况下,漆膜需要最少一年两次抛光上蜡。

油漆表面轻微的雾状光泽(如在新车表面)可以用高光泽细抛光蜡来轻松清除。该蜡应该在漆面清洗后施工,干燥后用软布擦掉。可以再用高光泽上光蜡进一步保护它的光泽。

对于较旧的严重老化的漆膜在清洗干燥后,先用一块软布沾油漆清洁剂,以环形运动擦拭表面,一次只擦一个部分。表面的污垢脏点被清除时,擦拭布可能也会带上油漆的颜色。在彻底清洁后,对恢复光亮的表面上防护功能的光蜡是重要的。除了定期的漆膜维护护理外,我们建议每年要做一次严格检查(特别在冬天到来前),如石击伤痕等,以确定哪些地方有必要修补,以防损伤扩大变严重。

本章小结

本章是学习汽车漆面常见缺陷的处理,包括涂装刚结束时漆膜常出现的缺陷处理、涂装几天后漆面常出现的缺陷处理以及漆面长期使用后常出现的缺陷处理,主要从缺陷成因、预防措施及处理方法、缺陷修复美容的施工工艺几个方面来学习。通过本章的学习,使学生能够正确选择相关美容用品及工具设备,顺利完成汽车漆面缺陷处理美容工作。

自测题

一、单项选择题(把正确答案的序号填写在括号内)

1. 当外来的微粒陷入涂膜内部,涂膜表面会形成凸状,这种类型的缺陷称作(　　)。

　　A. 污点　　　　　　　B. 鱼眼　　　　　　　C. 针孔　　　　　　　D. 溶剂泡

2. 若涂膜表面原本已有小孔的存在,且外层涂膜无法将它填平,因此会在涂膜面上残留有凹陷的现象,这种类型的缺陷称作(　　)。

　　A. 污点　　　　　　　B. 鱼眼　　　　　　　C. 针孔　　　　　　　D. 溶剂泡

3. 在涂膜面形成像火山口一样的凹陷现象,这种类型的缺陷称作(　　)。

　　A. 污点　　　　　　　B. 鱼眼　　　　　　　C. 针孔　　　　　　　D. 溶剂泡

二、判断题(在括号内正确打√,错误打×)

1. 漆面长期使用后会出现的水斑缺陷可以通过清洗后抛光的方式解决。　　　　　　(　　)

2. 漆面长期使用后会出现的鸟屎缺陷可以通过清洗后抛光的方式解决。　　　　　　(　　)

3. 漆面长期使用后会出现的油斑缺陷可以通过清洗后抛光的方式解决。　　　　　　(　　)

三、简述题

1. 简述涂装刚刚结束时漆膜易出现哪些病态,并逐一分析处理方法。

2. 简述涂装结束几天后漆膜易出现哪些病态,并逐一分析处理方法。

3. 简述漆面长期使用后漆膜易出现哪些病态,并逐一分析处理方法。

第7章 汽车外部装饰

导言

汽车装饰是以舒适、美观、享受为最终目的,在不改变汽车本身的功能和结构的前提下,通过加装或改装前后保险杠、大包围、导流板、扰流板、车窗等外饰件,以提高汽车表面美观性。或通过改装真皮座椅、增加一些附属的物品,以提高汽车内室的舒适性,从而使汽车更加靓丽、时尚、豪华,以满足人们审美和个性化的需求。

根据汽车被装饰部位的不同,可分为汽车外部装饰和汽车内部装饰。

学习目标

1. 认知目标
(1)掌握汽车防爆太阳膜的基本结构和特性。
(2)掌握汽车防爆太阳膜质量的鉴别方法。
(3)熟悉汽车防爆太阳膜贴护工艺。
(4)了解汽车装饰个性化产品的特点
(5)熟悉汽车底盘装甲和封塑的区别。
(6)了解汽车噪声的来源与分类。
(7)掌握汽车隔声工程对整车的影响。
(8)了解车身局部装饰的内容。

2. 技能目标
(1)会正确使用车窗膜操作工具,能够正确选用车窗膜工具进行规范车窗膜贴护作业。
(2)会进行简单的汽车个性化产品张贴操作。
(3)会进行汽车底盘装甲工作。

3. 情感目标
(1)具有良好的语言表达与社会沟通能力。
(2)具有良好的组织与协调能力。
(3)具有良好的团队合作精神。
(4)具有良好的职业道德与行为操守。

7.1 汽车防爆太阳膜贴护

在炎热的夏天,汽车粘贴防爆太阳膜可以使爱车车内冷气需求下降60%,既保持了车内凉爽又可以节省不少空调消耗的能源;可有效防止紫外线照射,紫外线长期直射除了伤害车主的皮肤,还会引起车饰龟裂与褪色;防爆太阳膜粘贴还有保护爱车内饰、延长其使用寿命的作用。防爆太阳膜还能有效避免意外事故引起的玻璃飞溅。当遭遇车祸时,好的防爆太阳膜能黏附碎裂玻璃使之不飞溅,可有效保护车主的人身安全。防爆太阳膜还有加强私密性、有效防止小偷窥探车内财物,保护车主财产安全及个人隐私的作用。

7.1.1　车窗防爆太阳膜

车窗防爆隔热太阳膜是一种高科技的功能性隔热材料,它是由多层特殊聚酯膜复合压制而成。在膜层中使用磁控溅射等方法镀上一层纳米级的高反射率金属氧化物涂层后,使其不但具有很高的透光度,而且还具有极高的隔断太阳红外辐射和紫外线的能力,如图 7-1 所示。

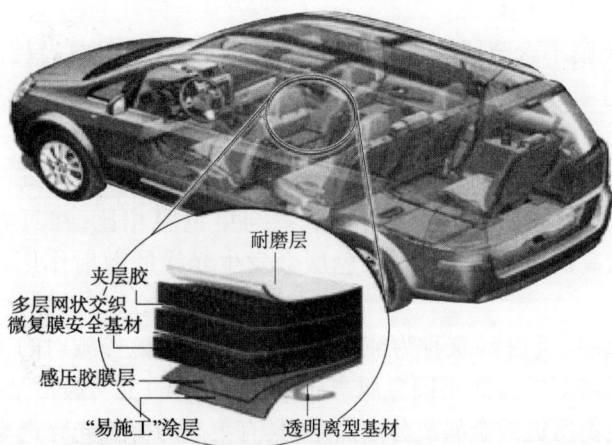

图 7-1　车窗防爆太阳膜

当今汽车防爆太阳膜以良好的透光性、无视线盲区、高隔热节能、防紫外线、防爆等优良卓越的功能,成为了取代老式太阳纸的一种新型车窗隔热材料,受到了爱车一族及业内人士的青睐。

1.汽车防爆太阳膜的功能

1)创造最佳美感。五颜六色的汽车防爆太阳膜可以改变车窗玻璃都是白色的单一色调,给汽车增添美感。

2)防爆防振。减少意外伤害;构筑"隐形防盗网"保护私人财产。

3)提高空调效能。汽车防爆太阳膜的隔热率可达 50% ~70%,能有效地降低汽车空调的使用时间,节省燃油,提高空调效率。

4)防止紫外线辐射。优质的汽车贴膜能够有效防止紫外线的直接照射,可防止车内设施褪色和龟裂,减少炽热,节省能源,防止汽车和车主"晒伤",如图 7-2 所示。

5)有效防止眩光。汽车贴膜能够过滤部分眩光,减弱可见光的强度,改善车主行车时的视线,让进入眼球的光线更柔和。

6)保证乘车隐秘性。防爆太阳膜的单向透视性可以遮挡来自车外的视线,营造私密空间,增强隐蔽性、防盗性。

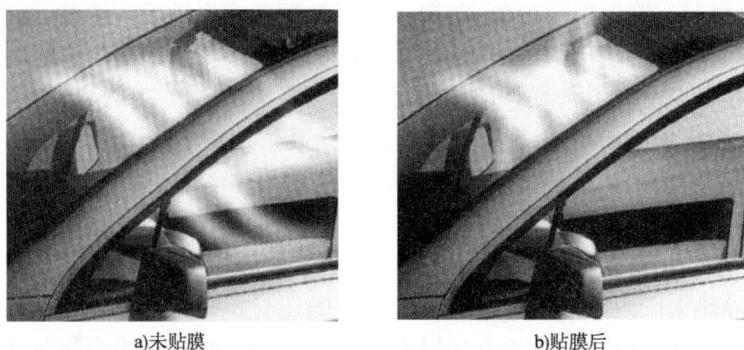

a)未贴膜　　　　　　　　　　b)贴膜后

图7-2　汽车贴膜与未贴膜效果比较

2. 汽车防爆太阳膜的种类

1)染色膜。这类膜不含金属层,没有反射红外线的功能,但具有控制眩光和一定的隔热功能。主要是通过吸收太阳能后再向外释放,来起到隔热的作用。其隔热效能比反射膜低。

2)染色膜加真空镀金属膜(反射)的复合膜(又称为高性能膜)。通常这种膜是由一层本体染色膜和一层真空镀铝膜复合而成。与染色膜相比,在具有较高的可见光穿透率的同时,又有较高的隔热率,但因染色层会发生光线的散射作用,造成视觉的扭曲,故清晰度较差。

3)磁控溅射金属膜(反射)(又称为纯金属膜)。该膜用磁控溅射的工艺,在膜层基体上镀有一层对红外线反射率极高的不同金属离子涂层,所用的金属通常是铜、不锈钢、镍铬合金等。膜的颜色完全由所镀的金属成分来决定,具有更高的可见光穿透率和隔热率,金属成分稳定,永不褪色,清晰度极佳。

3. 汽车防爆太阳膜的结构及特点

(1)基本结构

不同的车膜结构差异较大,即使同为防爆太阳膜其结构也不尽相同。如3M汽车防爆太阳膜主要由透明基材、"易施工"胶膜层、感压式粘胶层、隔热膜层、安全基层及耐磨外层组成,如图7-3a)所示。Llumar防爆太阳膜主要由保护膜、防粘层、安装胶、紫外线吸收剂、深层染色聚酯膜、合成胶、金属层、防划伤层等组成,如图7-3b)所示。

(2)防爆太阳膜特点

1)抗磨性。抗磨层由耐磨聚氨酯组成,硬度高达4H。

2)高透视性。例如3M 8003MT型全新高透视,高隔热永久稳定的C. S. film基材技术取代了传统PET基材技术,具有不褪色、不起泡、不变质永久稳定的性能。

3)隔热性。金属隔热层是在PET膜上通过真空蒸镀或真空磁控溅射金属铝、银、镍等对红外线有较高反射率的纳米级金属层。

4)复合胶粘剂。由耐候性良好高透明的聚氨酯胶粘剂组成。

5)紫外线阻隔性。UV吸收层由特种UV吸收剂构成,可阻隔99%的紫外线。

6）金属安全基层由高强度、高透明 C. S. film 基材组成，其目的是将金属层夹在中间，防止金属氧化，延长了金属膜的寿命，如 3M 8003MT 型金属安全基层。

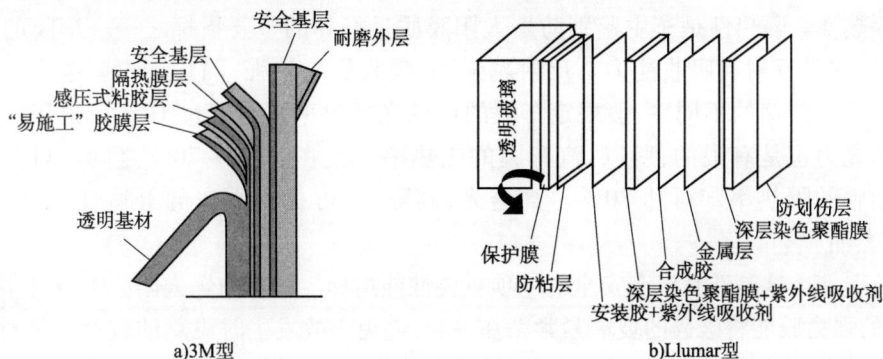

图 7-3　汽车防爆太阳膜结构

7）安装胶粘剂。由耐候性良好高透明的丙烯酸酯胶粘剂组成。

8）高透明 PET 离型膜。

4. 防爆太阳膜的隔热工作原理

通过真空喷镀或磁控溅射技术将铝、金、铜、银等金属制成多层致密的高隔热金属膜层。金属材料中的外壳层电子（自由电子）一般没有被原子核束缚，当被光波照射时，光波的电场使自由电子吸收了光的能量，而产生与光相同频率的振荡，此振荡又放出与原来光线相同频率的光，称为光的反射。金属的导电系数愈高，穿透深度愈浅，反射率愈高。图 7-4 所示为防爆太阳膜的隔热结构分析图。

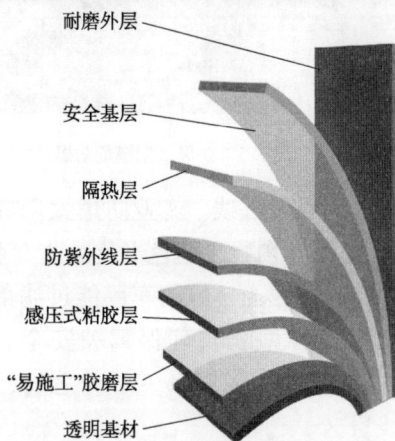

图 7-4　防爆太阳膜的隔热结构分析图

这些金属层会选择性地将阳光中的各种热能源，包括红外线、紫外线及可见光热能反射回去，再配合膜上的颜色将太阳热辐射吸收后，再向外二次释放，随着室外的空气流动带走一部分热量。从而有效起到隔热的作用。防爆太阳膜用金属反射材料大都使用高导电性的金、银、铝与铜等材料。

几种金属反射膜在不同波长的反射率见表 7-1。

几种金属反射膜在不同波长的反射率表　　　　　　　　　　表 7-1

序号	金 属 种 类	800nm 反射率（%）	650nm 反射率（%）	500nm 反射率（%）
1	铝（Aluminum）	86.7	90.5	91.8
2	银（Silver）	99.2	98.8	97.9
3	金（Gold）	98.0	95.5	47.7
4	铜（Copper）	98.1	96.6	60.0

5. 汽车防爆太阳膜性能指标

1）清晰性。视野清晰保证行车安全是汽车防爆太阳膜最重要的性能指标。优质防爆太阳膜的清晰度可高达90%,而且不论颜色的深浅,透明度都十分高,驾驶舒适可缓解驾驶疲劳。

2)隔热性。隔热性是车主鉴别防爆太阳膜质量好坏的重要指标之一。车膜的隔热性能,取决于它的反射和吸收能力。反射越强烈,吸收能力越强,隔热率也就越高。但根据各国及各地区法律的不同,一般规定车膜的可见光反射率不得超过10%。由于汽车膜本身的吸热能力也是有限的,所以,汽车膜的隔热率一般在40%~70%之间。目前优质的防爆太阳膜的隔热率却可达80%。高透光,高隔热,可提高乘车的舒适性,降低空调负荷,节省燃油。

3)防爆性。这是涉及汽车安全的一项重要性能指标。优质防爆太阳膜本身有很强的韧性,其上的强力胶能将破碎的玻璃紧紧粘在一起,避免事故发生时飞溅的玻璃碎片对乘客产生二次伤害,防爆太阳膜的防爆性及抗冲击性能很强,如图7-5所示。

图7-5 防爆太阳膜的防爆性

4)防划伤。防爆太阳膜的防划性是车膜的一个基本性能,指在其保质期内正常升降车窗时,膜的表面不会被划伤,从而保证视野的清晰。专业防爆太阳膜的最外层都镀有一层坚硬的防划伤层,对于消费者而言,这种带有防伪性的防爆太阳膜便于车窗玻璃的上下运动和日常的清洁维护,不会留下划痕。但非专业膜,由于施工方式不同很容易被划伤。

5)防紫外线。专业防爆太阳膜能够阻隔99%的紫外线并持续发挥作用,防止皮肤病变,延缓车内物件褪色老化。非专业膜的紫外线阻隔率还不到50%。

6)防眩光。好的车膜能过滤部分眩光,减弱可见光的强度,使人的眼睛更舒服,有助于改善车主视野,确保驾驶安全。优质汽车防爆太阳膜的遮眩光率应在59%~83%之间,透光率应在70%~85%之间,无论颜色深浅,夜间视野清晰度都应在60m以上,无视线盲区。

7)颜色。防爆太阳膜通常是采用本体渗染和溅射金属着色的方法使膜着色。纯溅射金属使膜有金属色的称为自然色。采用这两种方法着色的防爆太阳膜是不易褪色的,尤其是自然色的防爆太阳膜。但市场上很多低档劣质防爆太阳膜,大多采用粘胶着色法来着色。就是在粘胶中加入颜料,然后涂在无色透明膜上使膜有颜色。这种膜不耐晒很易褪色,严重的会褪成无色透明。

8)胶与颗粒泡。胶层越薄越好,因为胶会老化,胶层越厚老化越快,会影响防爆太阳膜的寿命,更重要的是会影响防爆太阳膜的清晰性能。因此高质量防爆太阳膜的胶层都极薄。

颗粒泡是由于空气中飘浮的尘埃产生的,在贴膜过程中是不可避免的。胶层厚了,贴膜时能将尘埃压进胶里,使颗粒泡并不明显。高质量防爆太阳膜的胶层很薄,颗粒泡就比较明显。这也是区分防爆太阳膜好坏的一个重要方法。

7.1.2　汽车防爆太阳膜的鉴别

防爆太阳膜的质量评价指标:不褪色、不起泡、不剥离、不脱落、正常使用无划伤。汽车防爆膜的鉴别方法是:

1.看

1)看透光率。首先要看透光率。不论防爆太阳膜的颜色深浅,在夜间的可视距离要确保在60m以上。裁一小块膜下来,对着光亮的地方照一照,清晰度高的就是好膜,劣质膜看上去有一种雾蒙蒙的感觉。

2)看颜色。防爆太阳膜通常不易变色,低档劣质太阳膜,不耐晒、很易褪色,严重的会褪成无色透明。

3)看气泡。撕开防爆太阳膜的塑料内衬后再重新合上,劣质膜会起泡,而优质膜再合上后完好如初。

2.闻

撕开保护层后,劣质防爆膜闻起来有一股刺鼻的味道,而高档膜采用的是环保胶,基本上没什么味道,或是有一股淡淡的胶水味。

3.摸

高档膜摸上去有厚实平滑感,长期使用不会划伤表面。普通膜手感薄而脆,缺乏足够的韧性,容易起皱。

4.试

对于防爆太阳膜的隔热性只凭肉眼看和手摸是很难鉴别的,可以通过一个简单的测试方法作比较:在一个碘钨灯上放一块贴着防爆太阳膜的玻璃,用手感觉不到一丝热的是优质膜,而立即有烫手感觉的则是隔热性较差的劣质膜。

5.擦

用一点酒精或是汽油擦拭一下膜的表面。劣质膜一擦很容易褪色,高档膜则不容易褪色。

7.1.3　汽车防爆太阳膜的选用

1.适用性原则

根据对隐秘性的要求,选择不同深度的防爆太阳膜。一般透光率较高的防爆太阳膜颜色较浅。优质膜具有卓越的单向透视性能,无论膜颜色深浅,车外的人都不会窥视到里面,而车内的人看窗外景物却没有影响。

2. 美观性原则

注重防爆太阳膜与汽车漆面颜色的合理搭配。浅色车身的车最好使用色彩鲜明的防爆太阳膜,这类膜大多透明度较高,也不会影响隔热效果。车膜的颜色从贴后的效果来看应该是越浅越好。在挑选防爆太阳膜的时候不能在阳光下看其颜色的深浅,而要将它放在车窗上,并把车门窗关好。否则,看到的颜色可能和它实际的颜色不一样。

在选好膜色以后,应该对防爆太阳膜的隔热率和透光率进行选择,尤其是隔热率,它的效果直接关系着夏日车内的温度。在500W太阳灯的照射下,感受这一面贴膜车窗玻璃的温度变化。

3. 前风窗膜的选择原则

前风窗玻璃是驾驶人获取交通信息的主要通道,为不影响安全行车,按照国家公安部交通安全法规的规定,前风窗膜的透光率必须大于70%。因此,前风窗玻璃必须选择反光度较低、色系较浅的车膜。如果汽车前风窗玻璃斜度较大,在粘贴时必须注意尽量避免产生反射及波纹。现在市面上有一种完全无色的高档透明膜,尤其适合前风窗玻璃使用。这种膜也称白膜,其最大特点就是可以阻隔波长较短的红外线和紫外线,而对大部分可见光则不加阻拦。所以,既不会对视野产生影响,又能起到隔热作用。

4. 侧风窗膜的选择原则

车窗膜尤其是前排两侧风窗的膜,应选择透光度在85%以上较为适宜。侧风窗玻璃膜以不影响车主观察后视镜为前提,夜间行车时能把后面来车的前照灯照射在后视镜的强烈眩光反射减弱,使眼睛非常舒服。侧风窗玻璃可选择的车膜较为灵活,颜色也比较多。如有的车主喜欢偏蓝色的隔热膜等。膜的隔热效果与颜色深浅并没有直接的关系,膜内的涂层工艺才是决定隔热效果的关键因素。隔热率越高的膜,反光越厉害。

对于车内装有GPS导航仪的汽车,建议车主选择非金属膜产品,因为目前市场上大多数的防爆膜仍然属于金属膜,对于GPS信号会造成干扰。在选购车膜时,要注意查看其是否有质量保证卡。优质膜保质期通常为5年,长可达8年。在保质期内正常使用,车膜不褪色、金属层不脱落、膜层不脱胶。

5. 常用防爆太阳膜的品牌及特性

市场上常用防爆太阳膜的品牌主要有:3M、龙膜(Llumar)、雷朋FSK(FSK)、杜邦圣膜(DoBons Film)、蓝钻FSK冰钻(FSK)、联邦美装(FIL-ART)、北极光(AURORA)、威世(WELLS)、海酷超能(HK-SP)、威固(V-KOOL)、博世(Bosch)、威臣贝卡尔特-量子膜(BEK-AERT Quantum)等。部分进口车膜的品种及特性,见表7-2。

部分进口车膜的品种及特性 表7-2

产 品 系 列	产品代号	透光率(%)	隔强光率(%)	防紫外线率(%)	防 爆 效 果
美国3M系列	6330	35	60	98	—
	7710	21	76	99	性能优良
	8383	35	58	98	
	9010	30	70	99	性能优良

产 品 系 列	产品代号	透光率(%)	隔强光率(%)	防紫外线率(%)	防 爆 效 果
美国 MADICO 系列	AL－21	21	85	99	性能优良
	AL－35	35	85	99	性能优良
	AL－320	35	85	99	性能优良
	AL－321	35	85	99	性能优良
	AL－300	30	70	99	—
	自然色－336	30	75	99	—
日本 FSK 系列	500S	35	82	99	性能优良
	600S	25	85	99	性能优良
	035S	35	80	99	性能优良
	035BL	35	75	99	性能优良
	835BR	35	78	99	性能优良

7.1.4　汽车防爆太阳膜的粘贴

1.贴膜工具的选用

（1）专业的贴膜工具

专业的贴膜工具,一般包括:裁膜工作台、烤枪、美工刀、各式刮板、毛巾系列、吸水布、喷壶、净水器等,如图 7-6、图 7-7 所示除了这些贴膜工具,还有专项使用的保护用品,主要有:纯棉大毛巾、保护座套、门板保护套、脚踏垫等。这些保护用品的主要功用是为了保护汽车漆面,防止电路进水影响电路,防止弄脏其他内饰品。

图 7-6　烤枪

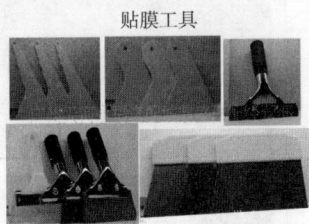

图 7-7　各式刮板

（2）防护用品

工作帽、防静电工作服。

2.防爆太阳膜粘贴工艺与要求

防爆太阳膜粘贴工艺及技术要求见表7-3。

车窗防爆太阳膜粘贴步骤   表 7-3

步骤	操作内容	操作示范图	技术要求
1	选膜		根据客户需求选择防爆太阳膜类型： 前风窗玻璃应为浅色； 后风窗根据客户需求选择
2	清洁玻璃	 发动机舱上盖铺好毛巾，避免在贴膜中不小心刮花	清洁车窗： 1）用毛巾细致擦干净车窗内外玻璃的灰尘。 2）用遮蔽膜配合专用胶带对汽车内部电器部位及车内门板、窗边进行遮蔽，发动机舱盖上铺好毛巾，避免在贴膜中不小心刮花。 准备进行贴膜施工
3	放样裁剪	 裁膜应在原模板的基础上多裁2cm	放样： 按照车窗尺寸要求对客户已确认的车膜进行预切割，裁膜时注意多裁2cm

续上表

步骤	操作内容	操作示范图	技术要求
4	烘烤定型		由于汽车前、后风窗的弧度较大,所以在贴之前需要烤型(汽车玻璃贴膜中最重要的环节即是烤型,弧度越大的玻璃烤型越难)。 1)用烤枪对防爆太阳膜进行烘烤整形,收缩定型(在定型完毕后进行切割); 2)烤膜时必须控制好温度和注意手法,如掌握火候不足,轻则会烤焦膜,重则造成玻璃表面受热不均,从而导致玻璃爆裂; 3)必须操控好温度、注意施工方法,如缺乏把握火候,重则形成玻璃外表受热不均,致使玻璃爆裂;轻则会烤焦膜; 4)烤枪温度控制:一般温度控制在450～500℃
5	裁边切割	 刀片锋利、拿捏准确,切片练的是刀法和手法	裁边切割拿捏要准确: 1)首先刀片要锋利,才有利于把握力度防止刮花玻璃; 2)前、后风窗要多裁1～2cm,多余的留边则可塞进侧窗缝隙内

步骤	操作内容	操作示范图	技术要求
6	上前风窗膜	冲洗前风窗内玻璃应用毛巾铺好，以防漏水时烧坏电路板 手嘴并用，一气呵气，对上膜来讲就是细活 深颜色为防爆膜 浅颜色为保护膜	1）用润滑剂冲洗前风窗内玻璃前应用毛巾铺好，以防漏水时烧坏电路板； 2）润滑剂冲洗清洁玻璃内侧，除去防爆太阳膜保护层并将膜贴在玻璃内侧； 3）上膜时，膜一定要与玻璃齐平，四个角除了先贴好一角外，双手各握一角，剩下的那个角则用嘴唇含住，双手端平，一气呵成
7	赶水	前风窗赶水尤为重要，任何的水纹或水泡都会影响驾驶	前风窗赶水十分重要，任何的水纹或水泡都会影响驾驶。 前风窗赶水用软刷；后风窗赶水用硬刷，用软刷收边
8	收边		收边时要清除掉润滑剂和水，配合吸水纸并仔细检查边角的水纹和气泡

续上表

步骤	操 作 内 容	操作示范图	技 术 要 求
9	后风窗 清洁、粘贴膜	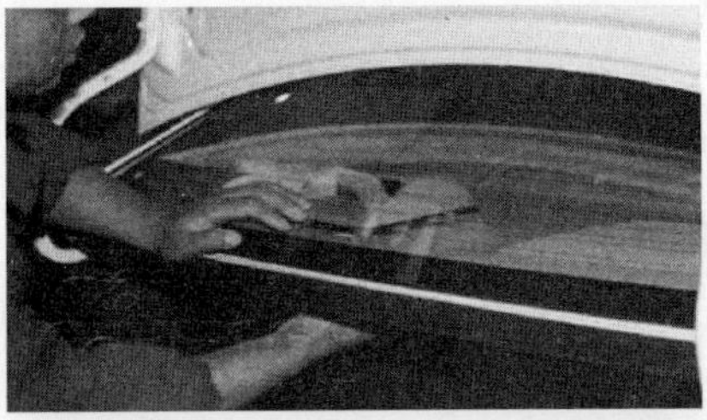 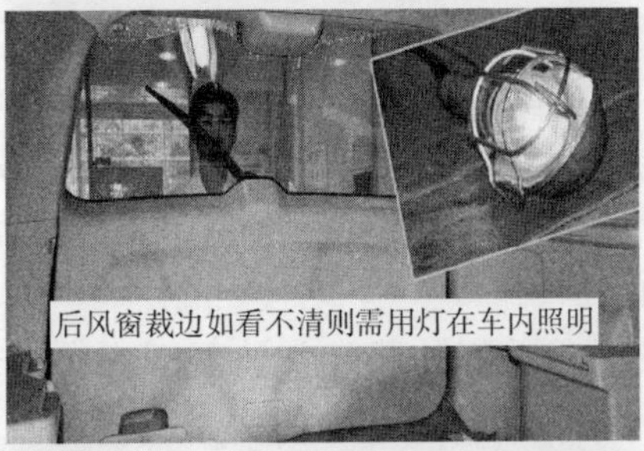 后风窗裁边如看不清则需用灯在车内照明	后风窗粘贴如果有高位制动灯,需要提前拆卸下来,这样就不用预留位置了,一整块膜贴上去后再安装高位制动灯即可。这么做美观、方便,同时也不影响安全,还可以很清楚地看到制动灯。 　提示:后风窗有除雾加热电阻丝,野蛮操作会损坏部分加热电阻丝
10	粘贴质量检查	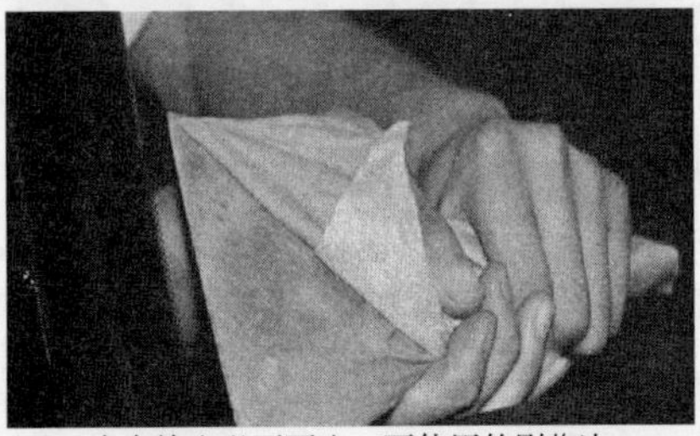 全车检查必不可少、可使用软刷收边	1)检查粘贴是否牢固,尤其是边角部位,不能出现直角边边角部位要以圆弧过渡; 2)检查有无气泡; 3)检查车膜有无褶皱; 4)检查有无刮痕; 5)检查膜内有无污点。 如发现问题应立即返工
11	除遮蔽膜		再次清除车窗及车身遗洒的水渍。且清洁客户内饰.提醒客户七日内不要升降玻璃,并在玻璃升降器开关部位粘贴贴膜小贴士
12	用车提示	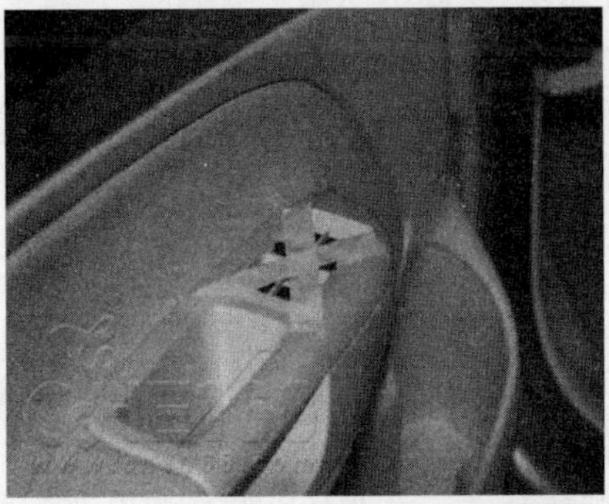	1)一周内不要擦拭。新贴车膜后,如果出现雾气等情况,车主不要去擦拭,原理同上,尽量不要触碰车膜,防止位移; 2)防止划、刮、挂,尽量避免硬物对车膜的损伤,尽量不用吸附类的玩具或遮阳板在车膜上吸附

3.贴膜注意事项

1)贴膜作业场地必须是密封、无尘的室内,而且还要随时保持地面整洁、空气湿润,光线要充足、明亮。施工作业尽量不要使用电风扇,不可在路边施工。

2）粘贴前,必须保证玻璃的绝对清洁,玻璃上残留有任何细微的粉尘,均会影响防爆膜的黏附力和透视率。

3）太阳膜仅贴于玻璃的内侧。

4）放样裁剪时,裁定的尺寸要稍微放大一点,以便给贴膜时留有余地。

5）定型电热吹风机的吹风温度不可过高,以免损伤防爆膜。

6）前风窗玻璃的弧度大,面积大,必须整张贴。

7）由于防爆太阳膜是贴于车窗内侧的,贴膜前应在车内空间喷洒清水,使尘粒尽快沉降。

4. 贴膜时避免沙粒的措施

1）贴膜时所用的水一定要经过过滤或沉淀。有 70% 以上的施工人员直接使用自来水,未经过滤或沉淀的自来水管路里有许多杂质或沙粒,或更换水管管路时均会影响水质。

2）穿防静电工作服。拆开隔热太阳膜透明纸部分时会产生大量静电,贴膜时衣服上的棉絮或羊毛会被静电吸到膜上面。

3）保持贴膜表面干净。粘贴时裁剪好的膜经常放置于汽车脚垫上、椅套上,或放于车顶、发动机舱盖上,造成内外不干净;亦因静电关系拆开纸时附着在外表的灰尘亦会吸到纸表面上,在未拆开透明纸时,贴膜必须洗净或表面喷一些水,可防止灰尘及沙粒。拆开纸时亦应注意勿太靠近椅套及车上纺织品内饰,以免物体上灰尘被静电所吸。

4）玻璃清洗之后或拆开纸时不可让车外人员随意开关车门,有时用力开关车门会造成空气快速流通带入大量灰尘或沙粒。

5）冷气风速要调低贴膜。夏天是贴隔热膜旺季,在车内开冷气贴膜,冷气风速过大会使车内物品上的灰尘到处快速飞动。在拆开膜时就应将冷气的风速减调到最低,至贴好为止。

6）采用正确刮水方式清洗玻璃。刮水清洗玻璃有固定方式,若随便刮水,或刮水断断续续,或不知收尾都会带来沙粒。

7）注意车内物体。拆完纸,喷过水欲往玻璃上贴膜过程中,膜不要碰到如仪表板、转向盘、后视镜、椅套、玻璃框或顶篷、音响等物,否则都会沾到污物。

8）勿大量移动贴膜位置。拆完纸,喷好水欲贴上玻璃时,位置要测量准确。否则若贴上去之后发现位置相差很多,再移动会沾到玻璃四周物体,或密封条及泥槽内沙粒。

9）注意赶水方向。贴上膜后,第一道工序是赶水,赶水是从中间部位向周围赶水,尽量让赶水的距离足够短,同时把水赶到边缘部位,配合吸水纸作业,以免水往下流带下沙粒。

10）勿再掀开贴膜。防爆太阳膜贴上玻璃后不宜再掀起,掀起次数越多,沙粒尘粒越多。

5. 专业汽车贴膜技术规范与要求

1）有专用无尘贴膜间,无尘间内部应设有水雾喷淋头和空调以达到空气除尘作用,地面有排水地沟和专用涂料,进一步起到降尘作用。

2）有专用工作台,专用工具摆放整齐。专业的贴膜工具分类清晰,易于辨认。

3）外观质量评判标准:

①应该覆盖玻璃边框的黑色釉点区,不漏光,不翘边,美观协调。

②不应该存在因挤水用力不均匀和挤水路径无规则而产生的视觉重影、水痕。

4)安装工艺技术:专业的贴膜师应经过生产厂商技术培训(店内应有培训证书悬挂),贴前后风窗玻璃时应采用整张铺贴和干法热定型工艺,膜应最大化地贴到玻璃窗的边缘。

5)有安装时防护措施,防止在安装过程中刮花漆面、损伤车内装饰品、造成车内电器和音响因受潮而短路失效;避免因安装窗膜而使座椅受潮损伤、仪表板表面意外刮伤或因受潮而失灵。

6)应该使用专用贴膜清洗液和安装液,并用纯净水稀释,使膜与玻璃达到最大黏结强度,不引起翘边、脱层的缺陷,达到长期的质保效果。有些非专业店使用家用清洁精、普通皂液和自来水,不可能提供专业的安装和质保期。

①在膜内不应存在疵点和杂物,膜面不能有折痕、气泡、划伤、污点等缺陷。

②在下摇式的车窗顶部,只应留下 1~2mm 的微间隙,以粗略观察不容易发现为宜。

6.车膜粘贴质控措施

车膜粘贴质控措施见表7-4。

车膜粘贴质控措施 表 7-4

选　　膜	贴　膜　操　作	贴　膜　后
1)车膜与车身颜色和谐; 2)测隔热效果; 3)查清晰度; 4)试柔韧性; 5)试颜色	1)清洗玻璃; 2)无尘环境贴; 3)前后风窗玻璃必须要整张贴; 4)贴完膜后仔细观察; 5)向店家索要贴膜保证卡	1)贴膜后,不急于开冷气也不要暴晒; 2)玻璃上有雾气、水纹或者气泡,返回到贴膜的店内处理; 3)在贴膜后7天内不要开车窗,不要洗车; 4)不要把粘贴性物品直接贴到膜上; 5)在贴膜 2~3 周后可以对膜的表面进行清洗

7.太阳膜粘贴验收标准

(1)前风窗专用膜的验收标准

1)整张安装,不能拼凑。

2)不能有气泡、折痕(以刮水器有效使用范围为准)。

3)水必须刮干净(从玻璃的左右两侧分别观察,可以看得很清楚)。

4)坐在驾驶位,透过前风窗玻璃看车外的景物不存在模糊、色差现象。

5)查看前风窗玻璃有没有强烈的反光现象(外侧)。

6)膜材的边缘是否粘贴完好,无起边现象。

7)膜材的边缘与玻璃的小黑点连接,检查其是否平滑,有无明显的凹凸不平的感觉。

8)检查玻璃是否完好,并在施工单上签署。

(2)侧风窗用膜的验收标准

1)检查每块玻璃有无明显的漏光现象。

2)驾驶座两侧的贴膜应先整张装贴,从驾驶位看两侧后视镜有无影响视线的感觉,存在这类现象,必须通知车主,并采取挖孔处理,孔型按照车主的要求做好精裁工作,务必使边缘线平滑。

3)看车窗玻璃的上缘线是否与膜材的边缘保持基本平行,刀线是否平滑。

4)无较集中的沙粒夹在玻璃与膜材之间,无气泡折痕。

（3）后风窗玻璃用膜的验收标准

1）有金属加热线及天线夹在玻璃内侧的情况下，不得整张贴，必须拼贴，以免长时间加热影响其使用寿命。

2）拼接时刀法必须精确，不得出现两次以上未对齐现象。

3）最下沿的膜材粘接必须仔细检查，不得有残留水夹杂在膜材与玻璃之间。

4）不能有密集的沙点及气泡。

7.2 汽车外部装饰个性化设计

当汽车已经普遍成为人们的代步工具的时代，个性化、时尚在生活中出现的频率越来越高。随着人们对自驾车个性化要求的提高，汽车喷绘、汽车涂鸦行业悄悄兴起。欧美国家的汽车喷绘在二十年前就已经非常流行，但真正进入我国只有十年左右时间，因为其比较高的制作价格，基本还属于"高端产品"。目前对爱车进行喷绘的客户多为年轻人和事业有成的中年人，这些人群比较注重张扬个性，喷绘的车型从普通的宝来、POLO，到高端的凯迪拉克、宝马都有。目前，汽车装饰市场上汽车装饰个性化的形式并不多，主要是贴纸、贴膜和喷绘。

7.2.1 汽车彩贴

汽车彩贴起源于赛车运动，早期汽车彩贴一般都是赞助厂商的商标和车队的队标。现代车主已不满足于单一色调的车身涂料颜色，车主们常常将个性体现在绚丽多彩的车身上。汽车彩贴纸并非是年轻人的专利，各个年龄段的人，只要热爱汽车文化，热爱生活都能从汽车彩贴中发现乐趣。在个性化生存的年代，车身彩贴给有车族带来了惊喜，汽车彩贴逐渐成为车主演绎自己个性和品位的一种方式。车身贴饰使汽车车身成为了一件精致的综合艺术品，不仅能突出车身清晰的雕塑形体，还能以悦目的色彩使人获得美的感受，点缀人们的生活环境。

贴上贴纸是让自己的座驾与众不同的最快捷、最经济的方法。车的贴纸就像人的衣服一样，随时可换，完全出于车主喜好，而且价格便宜。贴纸是用特殊材料制成，使用寿命长久，不会影响车身。汽车贴纸基本可以分为运动贴纸、改装贴纸和个性贴纸三类。运动化、艺术化、实用化，各种风格只要看起来和谐美观，可以自由选择搭配、自行设计，打造出自己的风格。彩贴纸类型如表7-5所示。

彩贴纸类型及选用　　　　　　　　　　　　表7-5

项目＼类型	应用车型	选用种类	贴纸特点
运动贴纸	赛车	拉力赛车：车队标志、赞助商标志	动感十足
		场地赛车：火焰、赛旗的图案	
改装贴纸	改装车或新车展车	专门设计的主题贴纸	绚丽多彩、引人注目
个性贴纸	私家车	依照车主个人喜好个性化制作	个性张扬

1. 运动贴纸

运动贴纸主要指赛车运动贴纸，场地赛与拉力赛所用车型和赛道各有不同，汽车贴纸也有所区别。拉力赛汽车贴纸图案重点突出的是车队的标志及主要赞助商的标志,色彩上配合该车队的整体设计风格,以便更好地达到宣传效果。场地赛汽车贴纸常常会见到火焰、赛旗、波浪等动感十足的图案,为赛车运动增色不少。运动型汽车贴纸如图7-8所示。

图7-8 运动型贴纸

运动风格汽车贴纸的图案简洁且有动感,利用简单的贴纸就可以从自己的爱车上找到赛车的感觉。

2. 改装贴纸

各个改装厂商为参展或推广新产品,往往为配合某款车型或产品而专门设计主题贴纸,绚丽多彩,引人注目。还有很多图案是改装厂的标志和改装品的标志,经过一番精心设计和搭配,与改装过的展车相得益彰。改装贴纸如图7-9所示。

图7-9 改装贴纸

3. 个性贴纸

依照车主个人喜好和品位,量车定做的个性化贴纸。艺术风格汽车贴纸常采用流线、几何图形,或者动漫人物、卡通动物,也有一些车主喜欢中国传统图案的风格,水墨丹青、书法篆刻、图腾脸谱等图案。车身就是车主表达自己生活方式的T形台。个性贴纸如图7-10所示。

图7-10 个性贴纸

4. 汽车彩贴纸工艺

(1)彩贴纸材料

汽车贴纸的材料主要是可以适应户外条件的PVC户外专用胶贴纸,要求比普通的广告级材料更具耐磨与防紫外线等性能,材质和色彩有普通、夜光、金属反光、镭射反光、金属拉丝等很多种选择。汽车贴纸全车上下无所不至,车身两侧,发动机舱盖,灯眉、裙边、轮毂上,只要在现行法规允许的范围内进行合理的创作,完全可以尽情演绎车主的个性爱好。

（2）车身彩贴膜结构

车身彩贴膜有两种结构类型,如图7-11a)、b)所示。

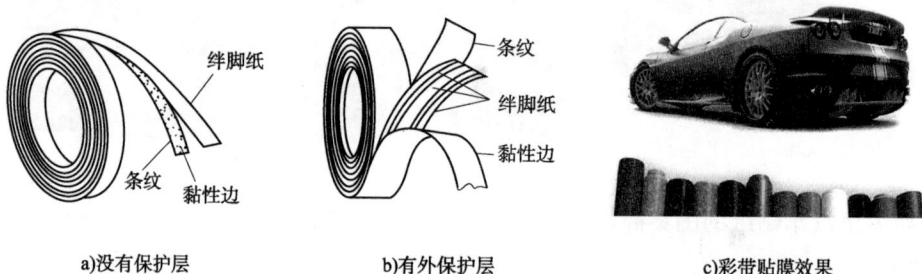

a)没有保护层　　　　　　b)有外保护层　　　　　　c)彩带贴膜效果

图7-11　彩带贴膜的结构

1)没有保护表层的贴膜。由彩条层和背纸层组成,彩条层正面是彩条图案,背面是黏性贴面。

2)有保护层表层的贴膜。它由背纸层、彩条层及外保护层组成,彩条层也是有彩条图案和黏性贴面两面。

（3）粘贴车身彩贴工具

粘贴彩贴工具主要有:刮板(或电话卡、IC卡),喷水壶(一个装清水和酒精的混合,一个装泡沫水),烤枪(吹风机)。

（4）彩贴粘贴工艺

1)选择彩贴纸。选择适合本车型需求又优质鲜艳的彩条作为装饰彩贴。

2)彩贴工具准备。刮板、喷水壶两个（一个装清水,一个装泡沫水）,烤枪。

3)装饰前的清洗。在车身外表需要装饰的部位,用专用清洗剂进行手工清洗,为了使彩贴能正常地粘贴上去,车身表面必须没有灰尘、蜡和其他污物,必要时,还应进行抛光处理。

4)在贴纸上喷泡沫水,在车上也喷泡沫水(使车身与贴纸之间有一层泡沫水,贴纸可在车身上移动不会粘住车身)。

5)把贴纸粘贴在车上(一定要带着即转移膜)。

6)在车身上移动贴纸,将贴纸调整好位置。

7)再用清水把泡沫水冲掉(以便粘牢)。

8)用烤枪把水烤干,同时用刮板刮赶出贴纸里面的气泡。

9)刮好后,确保贴牢了,再慢慢地把外面的透明胶带(转移膜)揭掉。

10)把在门缝上的贴纸裁开,再用烤枪和刮板贴牢,注意不要有翘角的地方,多余点要折贴到里面些。

7.2.2　汽车彩绘

汽车彩绘是一门艺术,既是车与人、车与自然的完美结合,也是车与艺术、车与商机的完美交融;既能体现独特的人文风貌和悠久历史,又能让大众感受到了汽车文化的魅力。

20世纪70～80年代,汽车彩绘在欧美国家正式进入了黄金期。随着人们自我个性的张扬,改装车辆逐渐增多而为了配合夸张的外形和音响系统等改装,汽车彩绘也开始被更多的人接受和喜爱。汽车彩绘工艺的发展带来了行业的飞速发展。欧美国家的汽车和摩托车改装率超过50%,而每一辆改装的汽车和摩托车几乎都有大大小小的彩绘。科幻的空间、可爱的卡通人物、炙热的火焰等,这些汽车彩绘代表着每辆车车主的个性,包含着每个车主和设计师的设计灵感和追赶时代脉搏的心路。每一个汽车的彩绘都像你手上的指纹一样,你的图案是世界上唯一的图案,张扬着年轻的个性。汽车彩绘目前已成为商家全面提升竞争力宣传活动中的一个重要手段。各类彩绘贴纸如图7-12所示。

图7-12　欢庆类、涂鸦类彩绘

在我国穿梭于大街小巷的车流中,偶尔也会有画工精美、个性张扬、前卫时尚、"印"有自己喜欢图案的彩绘车从面前驶过,夺人眼球。作为一种时尚艺术形式,汽车喷绘艺术也被引入到了工业领域。不管是汽车喷绘还是汽车涂鸦或是汽车文身,多数人对这个行业比较陌生。彩绘也属于汽车装饰的一部分,制作并不复杂,就是通过计算机绘图,给车身张贴颜色丰富、有个性的贴纸,或者是喷上一些花纹装饰。

1. 汽车喷绘

汽车喷绘又称艺术烤漆式文身。这是一种在保护车身表面的同时又能装饰车体,彰显车主个性的一种个性化装饰形式,其明亮光滑的漆面,使图案更加形象逼真。当一辆原本"平庸"的车摇身一变成为惊艳的城市精灵时,汽车文身也就成为了一种文化。而一个人的汽车上的涂鸦,不但表明这个人的时尚个性,更多的是表现一个人的生活态度和人生理念。

随着汽车的普及,汽车文身目前已经成为一种时尚,并发展成为一项庞大的产业。中国汽车市场在经过近年来的快速发展后,私人用车的保有量已经占总汽车保有量的主要比例。不少车主开始狂热追求个性的、独特的表现形式,从用车到玩车的观念蜕变,必然促使汽车文身演绎出它独特的汽车文化。充满文化韵味的汽车个性化文身,哪怕是局部的一部分,比如汽车的油箱盖发动机舱盖,以非常精妙的小画面吸引顾客的目光。还有些客户的汽车,不小心被碰掉了小面积的漆块或者很深的划痕,也可以借助汽车个性化文身在损伤处进行艺术加工,喷上一个活灵活现的小动物或者非常漂亮的图案,既有一定的美感,又将汽车漆面修复好,一举两得。汽车艺术烤漆式的个性化文身,是一种主动性较强的创作过程,消费者通过和设计人员充分的交流,体现自己的意图,最后通过艺术加工彰显车主的个性。而在技术层面上,艺术烤漆式的个性化文身能使汽车长期保持亮丽如新的同时,养护起来也很方便,日常封釉就可以,和传统的汽车维护方法一样。它具有永不脱落的效果,即使是不小心刚蹭也很容易修复,这也让消费者不必为以后的维护担心。

目前的艺术烤漆是把艺术绘画与烤漆技术完美结合,达到至佳的烤漆美容效果,因此对烤漆技术上要求很高。为了保证烤漆后漆面的亮度和美观,在隔尘处理、温度控制等方面都要求很高,同时还要做到烤漆图像的清晰、形象、逼真等。汽车艺术烤漆作为比较前卫的汽车美容装饰技术,具有烤漆高保真的还原性和保护性,不怕火、不怕酸、耐高温、耐摩擦、防静电和抗紫外线,能使汽车长期保持亮丽如新的效果,并把艺术融入其中,给了车主彰显个性、表达自我的自由空间。

北京车展上美轮美奂的汽车彩绘,如图 7-13 所示。

a)虎啸

b)关云长

图 7-13　美轮美奂的汽车彩绘

2. 汽车喷绘设计要求

1)汽车喷绘忌颜色乱搭。许多车主认为所谓"彩绘"就是用许多色彩融汇到一起,跟着感觉走,越随意越好。这种想法极其错误,一个不懂得绘画艺术的人,往往会弄巧成拙。

2)汽车喷绘忌缺乏主题。任何作品在创作之前(或创作过程当中)都要拟定一个主题,所有的"彩头"都是为这个主题服务的。否则,很容易就成了"四不像",而丧失了整体感觉和他原本的价值。

3)汽车喷绘忌乱用名画。

4)汽车喷绘忌一味地追逐潮流。"新潮"并不一定适用于所有地方。汽车彩绘不像买衣服那么简单,喷在车体上的漆料是不容易完全清除掉的,所以选择好图案和风格很重要,

图 7-14　彩绘车

如图 7-14 所示。

7.2.3　车身个性化贴膜改色

汽车改色人称"炫彩车间",改色因个性而存在。车体涂鸦彩绘、镀膜彩绘度身定制,高品质的整车改色以及内饰升级是个性存在的实质。你穿什么样的衣服,有着怎样的生活状态,都是由你而决定。"炫彩车间"汽车改色膜、汽车前照灯膜、汽

车彩绘膜让您的爱车增添活力,散发青春光彩。各类个性汽车改色如图7-15所示。

图7-15　炫彩个性汽车改色

1.车身贴膜改色与传统车身装饰对比

车身贴膜改色装饰工艺与传统喷漆及车身彩绘对比见表7-6。

车身贴膜改色装饰工艺与传统喷漆及车身彩绘对比　　　　　　表7-6

项　　目	车身改色贴膜	传统喷漆、车身彩绘
原漆损伤	无须打磨原漆,轻松一贴就可完成	复杂烦琐,需经过抛光、打磨、上光、喷漆等多重反复工序,破坏原漆
保护性能	覆盖车漆表面,隔离性保护,长久有效	与原漆融合,随时间衰退减弱
色彩均匀度	整车完全一致,无色差	人工喷漆较难控制,容易产生色差
色彩光泽度	色彩饱和逼真,长久保持与车漆一样的光泽度	色彩光泽及饱和度易受施工影响,保持时间短
质感处理	多种表面材质,无须特殊制作拿来即贴	特殊质感制作费用较高,难度较大
画面绘制	电脑喷绘,分辨率高,清晰逼真,可呈现任何复杂画面,长久不脱落、不褪色	对施工人员美术功底要求较高,喷绘技巧性强,难以展现复杂画面,清晰度差,易脱落
环保属性	安全环保,无污染	对汽车与环境的污染均较大
施工时间	2～3天	5～7天
汽车保值	揭除后原漆亮丽如新,车辆最大化保值	毁坏原漆,转手时易被怀疑事故车辆而贬值

车身贴膜改色装饰工艺与传统封釉、镀膜对比见表7-7。

车身贴膜改色装饰工艺与传统封釉、镀膜对比　　　　　　表7-7

项　　目	透明保护膜	传统封釉、镀膜
保护方式	物理性隔离保护	化学性强化保护
车漆损伤度	不腐蚀车漆	腐蚀车漆
抗腐蚀性	密封漆面,防紫外线,避免腐蚀、氧化、褪色以及老化发生	能力加强,减缓腐蚀、氧化及老化发生
抗划能力	阻断划损,即使膜受损漆面也不受损伤	漆面硬度高,易产生永久性划痕
环保属性	安全环保,无污染	具有一定腐蚀性,污染环境
光泽度	长久保持新车光泽	短暂保持漆面光泽
维护度	易于清洗维护,不褪色、不变质	长期清洗,漆面老化、褪色
车辆价值	随时可揭,原漆崭新如初	原漆受损,再难恢复原有光彩
时效	保证4(彩色)～5年(黑白)	保持时间6～15个月
维护费用	低	高

2.车身改色膜材料

车身专业改色膜是由稳定型聚氯乙烯膜和高性能低初黏度丙烯酸背胶组成的。它带有"去泡"胶系统,特殊的低初黏度背胶与聚氯乙烯膜的柔性决定了产品卓越的可复位性。胶水对漆面不会产生影响,100μm 厚度也加强了对车身的良好保护,使车身极大减少了因蹦石、剐擦等产生的机械性损伤。需要去除时,膜很容易被揭掉并且在车身上几乎不留任何残胶。

改色膜具有不留残胶、强力贴覆、增强耐磨耐划、便捷护理、色感饱满、防止腐蚀、隔热阻燃、任意曲面贴身包覆以及超级环保等基本特性。还具备完美保护原厂车漆、车贴耐久性强、施工难度低、施工能一步完成等优势。常见的车身改色贴膜主要有以下几种。

(1)亚光透明膜

1)特点。具有透明磨砂面。亚光透明膜如图 7-16 所示。

图 7-16 亚光透明膜

2)功能。将亮丽车漆改成亚光效果;保护车身原厂车漆;不打磨、不伤漆;隔离性保护车漆;抗击行驶中飞起的石子和划痕;环保无毒施工;全车体包覆;随时去除,无残留胶体;车辆保值。

3)贴饰效果、全车亚光、局部亚光。

(2)亮光膜

图 7-17 亮光膜

亮光膜如图 7-17 所示。

1)特点。色彩丰富,可选颜色多达 100 余种。

2)功能。改变车身颜色,保护车身原厂车漆,满足车辆特定颜色的需求,特种车辆(赛车、企业、执法机关、军队)创意改色,车漆质感,紫外线照射无色差,环保无毒施工,全车体包覆,去除无残留胶体,抗磨损和侵蚀,车辆保值。

3)贴饰效果。全车单色,全车双色,局部改色(车顶、发动机舱盖等),创意图案效果。

(3)汽车电镀膜

汽车电镀膜如图 7-18 所示。

汽车电镀膜常见颜色及效果如图 7-19 所示。

图7-18 汽车电镀膜

a)拉丝银 b)金 c)钻蓝

d)黄 e)橙 f)红

g)银 h)粉 i)钨钢

图7-19 汽车电镀膜常见颜色及效果

（4）LFC 高光车漆

1）特点。LFC 高光车漆是用于汽车外观装饰用的铸压乙烯薄膜。坚固耐用，使用寿命长达5年，同时具有附着力极强的丙烯酸压敏胶层，配有硅质聚酯薄膜的保护膜。容易去除膜上的灰尘和杂质，如图7-20 所示。

2）贴饰效果。真正的高光，因特殊表面抗划性能，可自我恢复划痕，有极强稳定性，收缩率小于5%；完美的延展性和被叫能，非常容易去除杂质或灰尘；亮黑膜为无与伦比的钢琴漆效果。

3）颜色。LFC 高光车漆颜色如图7-21 所示。

（5）PermaFun 透明装饰膜

PermaFun 透明装饰膜分为珠光、拉丝、皮革三种材料。

1）特点。具有逼真的纹理表面,具有显著的装饰效果,可增强装饰表面的视觉效果和立体感,给单纯的颜色表面添加珠光、皮革或拉丝的修饰效果,5 年保质期,不受清洁剂的影响。

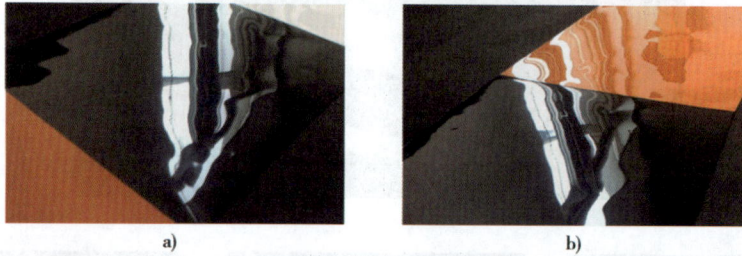

a)

b)

图 7-20　LFC 高光车漆

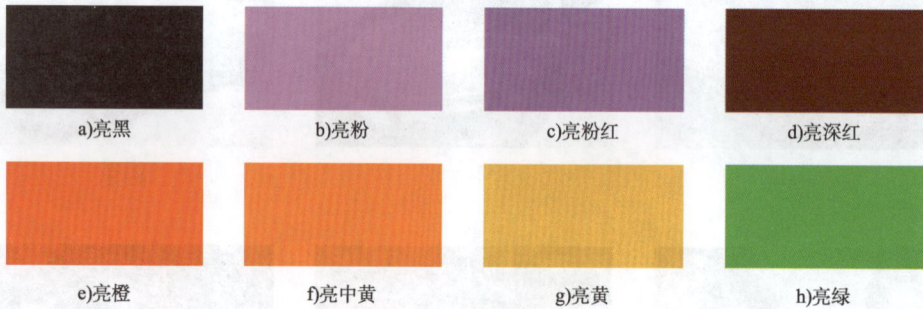

| a)亮黑 | b)亮粉 | c)亮粉红 | d)亮深红 |

| e)亮橙 | f)亮中黄 | g)亮黄 | h)亮绿 |

图 7-21　LFC 高光车漆颜色

2）颜色。透明装饰膜颜色及贴饰效果如图 7-22 所示。

珠光效果 厚度(μm)：100 尺寸(m)：1.37×25 使用效果展示：	拉丝效果 厚度(μm)：100 尺寸(m)：1.37×50 使用效果展示：	皮革纹效果 厚度(μm)：100 尺寸(m)：1.37×50 使用效果展示：	
			覆盖在 黑色膜上的效果
			覆盖在 红色膜上的效果
			覆盖在 黄色膜上的效果
			覆盖在 蓝色膜上的效果

图 7-22　透明装饰膜颜色及效果

（6）亚光膜

亚光膜效果如图7-23所示。

1）特点。具有光线反射程度低的特殊效果。

2）常用颜色。光黑、亚光白、亚光绿、亚光黄、亚光红、亚光蓝、亚光灰、亚光银等。

3）功能。亚光涂装质感，保护车身原厂车漆，提高车身洁面效果，紫外线照射无色差，环保无毒施工，全车体包覆，去除无残留胶体，车辆保值。

图7-23　亚光膜效果

4）贴饰效果。全车、局部或内饰亚光。实车施工效果如图7-24所示。

a)　　　　　　　　　　b)　　　　　　　　　　c)

图7-24　亚光膜全车施工效果

（7）碳纤维膜

碳纤维膜粘贴效果如图7-25所示。

图7-25　碳纤维膜效果

1）颜色。常用颜色如图7-26所示。

a)黑色　　　　b)深灰色　　　　c)金色　　　　d)银色　　　　e)白色

图7-26　碳纤维膜常用颜色

2）功能。车辆碳纤维膜有很好的视觉效果，成本低于碳纤维材料部件，保护车身原厂车漆,提高车身洁面效果、车漆质感、紫外线照射无色差,环保无毒施工,全车体包覆,去除无残留胶体。

3)贴饰效果。全车、局部或内饰碳纤维膜,实车施工效果如图 7-27 所示。

a)   b)

图 7-27 碳纤维膜实车施工效果

(8)车灯改色膜

车灯改色膜具有超强弹力的聚氨酯材质,可用于前照灯/尾灯/雾灯上,具有多种颜色的装饰效果,如图 7-28 所示。

图 7-28 车灯改色膜

1)颜色。烟熏色、浅灰色、红色、黄色、蓝色。

2)功能。车灯多种变色效果,防止高速行驶中碎石的侵害,防止生活中的小划痕,紫外线照射无色差,环保无毒施工,全车体包覆,去除无残留胶体。

3)贴饰效果。车灯改色,产生"HID"的光学效果,实车施工效果如图 7-29 所示。

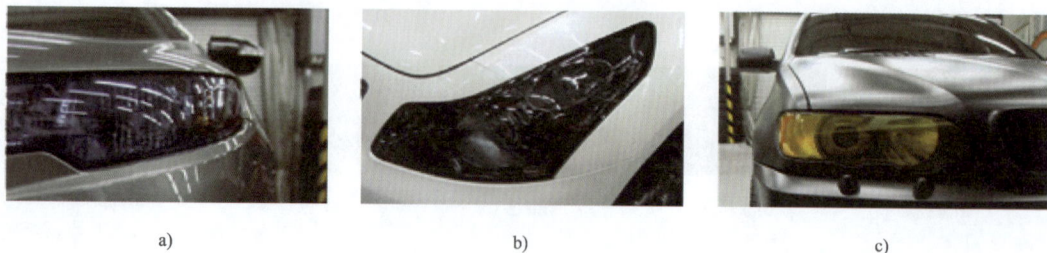

a)   b)   c)

图 7-29 车灯改色膜实车施工效果

3.车身改色设备、工具和材料准备

(1)专业无痕裁膜线

用来取代刀片,非常灵活的自黏性胶带,背面带一根高强度细线,当细线被单独拉出时,就变成了强大的切割工具,可以把胶带上面贴覆的各种材料按胶带的走向进行完美切割。

这种裁膜方法彻底改变了传统的刀片裁膜方法,避免了刀片在车身上可能造成的漆面损伤,并可以达到专业的工厂级切割效果,如图7-30所示。

图7-30 专业无痕裁膜线

3M"车衣酷"车身改色膜,它基于3M全球领先的双层铸造级贴膜及第三代导气槽和背胶技术专利,是世界顶级汽车车身改色膜。品质卓越、材质精细、色泽精美、质感优异、耐久性佳,是全球、特别是欧美及日本高端轿车、跑车改色之首选。由于是采用双层铸造级贴膜,能保证更简易施工。它具有一定的延展性能保证贴膜效果的一致性和拉伸性能,可减少报废。它由多种表面材质制作,富有质感。安全环保,无污染。1.5m的超宽幅贴膜,在绝大部分汽车上使用不用拼接,整体贴膜更美观出众。

(2)汽车改色膜材料分辨

1)手感。进口的汽车改色膜膜面比较细腻,厚度也比较适宜,不易出现折痕;而国产的改色膜粗糙感明显,缺少韧性,折痕不易回复。

2)味道。味道的大小关系着汽车改色膜质量的好坏。一般进口改色膜执行的是全球环保标准,不会有刺激性味道。

3)背胶。进口的改色膜背胶粘贴强度比较有保证,而国产的改色膜背胶在揭贴一两次后,就会感觉到粘贴力度的下降。

4)色泽。从色泽上观察,一般进口、比较好的改色膜的色彩都比较饱满均匀,而国产改色膜的颗粒感强。

4.车身改色贴膜工艺

(1)改色膜粘贴工艺要求

1)贴膜前先将车身清洁干净。

2)避免灰尘、杂质影响贴膜效果,贴膜时一定要快、准。

3)粘贴前要根据车身要粘贴部位的尺寸进行初步剪裁,然后进行施工、粘贴。

4)施工完毕后,要进行进一步修正,即按照车身的形状,精剪裁出相应的形状。

(2)改色膜干贴工艺操作

干贴工艺操作步骤如图7-31所示。

(3)改色膜湿贴工艺操作

膜湿贴工艺操作步骤如图7-32所示。

(4)无痕裁膜线贴膜操作工艺

"车衣裳"专业无痕裁膜线贴膜操作施工工艺流程,见表7-8。

干贴

1.检查产品和工具：单车车身改色贴膜、清洁抹布、裁纸刀、刮板、烘枪

2.清洁待安装部分，并揭开贴纸背面保护膜

3.将整张膜覆于车顶上，由中间向四周赶出空气进行粘贴，安装完成后揭开产品表面保护膜。(注意根据天窗形状留出包边余量进行裁剪，对天窗边缘进行收边处理；车顶四周依照边缘轮廓进行裁剪，并使用烘枪、刮板进行全面整平)

注意：
1.安装改色膜时注意避免烘枪温度过高造成产品破损。
2.安装时注留出包边余量，对天窗及车顶四周进行收边处理。
3.安装完成后，请48h内不要洗车。
4.除干贴安装外还可进行湿贴，操作方法如下所述(湿贴可方便新手进行粘贴，但烘烤时间需要加长)

图7-31 干贴工艺

湿贴

1.检查产品和工具：单车车身改色贴膜、清洁抹布、裁纸刀、刮板、烘枪、喷壶

2.清洁待安装部分，用喷壶在待安装部位喷水；揭开改色贴膜背面保护膜，并在背面喷上水

3.将整张膜覆于车顶上，由中间向四周赶出空气和水进行粘贴，安装完成后揭开产品表面保护膜。
(注意用吹风机烘干水份后，根据天窗形状留出包边余量进行裁剪，对天窗边缘进行收边处理；车顶四周依照边缘轮廓进行裁剪，并使用烘枪、刮板进行全面整平。)

图7-32 湿贴工艺

"车衣裳"专业无痕裁膜线施工工艺流程　　　　表7-8

步骤	操作内容	操作示范图	技术要求
1	塑形		将裁膜线按照客户需要的形状贴在车漆表面或者膜上(胶带中的细线形状就是做出的实际形状)。在裁膜线上面贴上膜，并在膜的边缘外留出10cm左右的胶带，以便拉出切割线
2	做切口		用剪刀在距胶带头3~5cm的位置做一个切口，但不要把胶带里面的细线剪断

续上表

步骤	操作内容	操作示范图	技术要求
3	制作拉线头		用手指按住切口处的胶带,用力拉剩余部分的胶带,将这部分胶带作为拉线头
4	拉出细线		拽住拉线头,将胶带中的细线从胶带中拉出,然后从膜的边缘拉出细线
5	开始切割		用手压住细线和膜接触的边缘,瞬间用力快速拉扯细线开始切割膜
6	切割		沿胶带拉出细线,保持动作的平稳,并使细线与膜面一直保持45°
7	揭掉残余胶带和膜		同时揭掉残余胶带和膜,也可以先揭掉膜再揭残余胶带
8	揭掉残胶		膜已经沿切割线揭除后,可以从膜下面揭掉残余在膜下面的胶

7.2.4　汽车保护膜装饰

1. 保护膜的作用

汽车漆膜保护膜用于保护车身易受擦撞的部位表面,当受到轻度擦撞时,不至于使漆膜受到剐伤掉漆,保护膜具有超强韧性,无色透明,常用于保险杠、发动机舱盖、前后车门、后视镜等部位的保护。

2. 保护膜种类

(1)3M 犀牛皮

3M 犀牛皮采用高科技质感的聚氨酯薄膜制成,具有强韧性,它能保护车体各部位烤漆表面免遭剥落、划伤,并防止烤漆表面生锈及老化发黄。同时它还具有防碎石碰撞摩擦和抗击紫外线照射的能力,由于其卓越的材料延展性、透明性及曲面适应性,装贴后绝不影响车身外观,现在它已被越来越多的汽车生产厂商所使用。

3M 犀牛皮装贴的主要部位有:前后保险杆、发动机舱盖前缘、轮辋前缘、后视镜外缘、门外缘,开门把手内缘,钥匙孔、行李舱及侧门踏板等。有效保护车身、门边、踏板、后视镜、门把手、前后保险杠等各个部位,既美观、又耐刮擦,而且不易老化、褪色,耐热性、耐腐蚀性都很强。

(2)门把手保护膜

由于把手是驾驶人及乘客上下车必抓握的部位,人指甲、戒指等碰擦很容易留下痕迹,

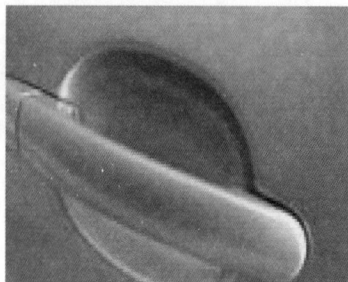

图 7-33　门把手保护膜使用效果

对漆面造成伤害。门把手保护膜能呵护把手处,使车身表面无划痕、防止掉漆、不发乌、不生锈、强耐磨性、抗高温、高黏性、操作简单、去除不留痕、对车身表面没有损伤。门把手保护膜使用如图 7-33 所示。

3. 保护膜的粘贴工艺

1)正确选择保护膜。

2)清洗装饰部位,用清洁剂清洗需要装饰的部位,清除油污、尘土及异物等,使表面清洁、干燥。

3)撕掉保护膜衬纸,将保护膜平整地粘贴到车身表面上。

4)消除保护膜和漆膜之间的空隙和空气,使保护膜牢固地粘贴在车上。

4. 技术标准及要求

1)粘贴温度要求:粘贴彩条贴膜环境温度只能在 16～27℃ 之间进行。温度过高,会导致贴膜变大,湿溶液迅速蒸发;温度过低会影响贴膜的柔性,从而影响附着效果。

2)车身表面清洁要求:为了使彩条正常地粘贴,车身表面必须没有灰尘、蜡和其他污物。清洁粘贴部位,必要时还应进行抛光处理。揭去背膜,粘贴压牢即可。

5. 操作窍门

1)在粘贴位置喷一层水,贴上贴膜仍可移动,确保位置无误。

2）边贴边撕背膜,随时赶去气泡。

3）指甲刮起边角再整个撕除,不留痕亦不伤害车漆。

4）天冷无法刮起边角时,可用电吹风适当加热,胶软后可轻易除去。

7.3 汽车底盘防护

俗话说"烂车先烂底",汽车底盘是除轮胎以外最贴近地面的汽车部件,工作环境异常恶劣,终年不见阳光。车辆在行驶过程中,路面上飞溅起的沙砾不断撞击底盘,细小的沙石像锋利的小刀切削底盘,形成划伤和斑点,底盘上原有的防锈层逐渐被破坏,金属暴露在外面。严重时还会使底盘变形、漏油、尾气泄漏、转向受损、制动失灵等。在凹凸不平的坎坷路面上,汽车底盘还可能"拖底",甚至发生油箱破裂造成严重事故。

"底盘装甲"是高档车的必备,在国外底盘防锈受到高度重视,因为它会破坏车架原有支撑力,像奔驰、宝马等高档车出厂时就有比较完善的底盘防护措施。而国内绝大多数汽车厂家出于成本考虑,对底盘的处理非常简单,只喷上了薄薄一层车底涂料(有些是 PVC 材质),甚至一些车只喷涂局部,而出厂时底盘的防锈漆和镀锌层,只能在理想环境下才能对底盘起到防锈的作用,所以给自己的爱车穿戴一件底盘装甲是非常必要的。底盘装甲、汽车底盘封塑可以使底盘免受以上损害。

7.3.1 汽车底盘锈蚀原因

1）在公路上行驶时,底盘钣金的意外刮伤,路面砂石对底盘的高速撞击。

2）空气中的水分对底盘钣金的腐蚀(如潮湿地带和梅雨季节、地下停车场)。

3）高寒地区冬天在公路上撒盐防滑时盐分对底盘钣金的腐蚀。

4）沿海地区海水盐分对底盘钣金的腐蚀。

5）酸雨对底盘钣金的腐蚀。

车身最容易锈蚀的部位,如图 7-34 所示。

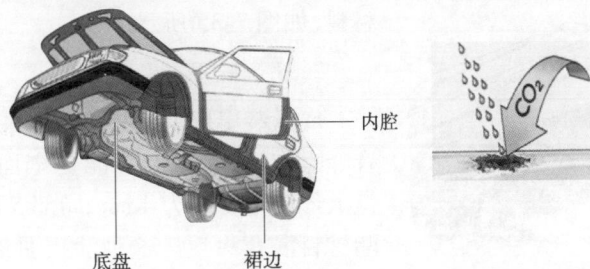

图 7-34 车身锈蚀的部位

7.3.2 汽车底盘装甲概念

底盘装甲的学名是"防撞防锈隔音保护底漆",是专门为车辆底盘开发的一种高科技的黏附性涂层,具有防锈、防振、防撞击、防水、吸音降噪等功效。不仅增强了对车底盘的保护,同时也提高了驾乘的舒适性,可以延长底盘3~5年的使用时间。所以,在没有生锈以前,先给底盘做一次全面彻底的装甲是很有必要的。

底盘装甲最佳时机是新车,底盘干净,底盘装甲附着力强,可更持久保护。

7.3.3 底盘装甲、封塑的作用

1)确保行车安全。受损的底盘可能会导致底盘的一些零件变形,特别是上下摆臂、左右方向拉杆等容易发生变形,一些轻微碰剐同样会引起润滑油箱油底壳或油箱油底壳等发生轻微渗漏。这些变形和渗漏不容易被检测到,但是会严重影响行车安全。数据显示,很多交通事故都是由于底盘变形所导致的。为了确保行车安全,国家规定每年车辆年检时要检查底盘,任何发生底盘锈蚀的车辆要进行修补后才能重新上路行驶。

2)确保爱车价值,延长汽车的使用寿命。车辆维护越好,价值自然越高。经过一段时间的行驶之后,无论自己使用还是准备换车,经过底盘防锈处理的车辆肯定能够拥有更高的价值。

3)提高行车舒适度。由于底盘防锈采用具有弹性的材质进行密封性处理,一方面大大增加了车辆行驶时的平稳度,另一方面极大地降低了行驶过程中的风噪和路噪,所以极大地提高了车主在行驶时的舒适度。

4)减弱共振。车子的振动在某一频率上会与底板产生共振,使人产生很不舒适的感觉,而底盘装甲会大大减弱共振。

5)在冬季,底盘装甲可以阻止车内暖气往底盘下方散发。

6)降低汽车行驶中的摩擦噪声,同时提高车内音像的隔音效果。

7)底盘污渍易冲洗。

7.3.4 底盘封塑与装甲的区别

1.底盘封塑

底盘封塑是很多车主熟悉的维护项目,普通封塑为2mm的施工厚度,主要成分是聚酯材料,如图7-35所示。

图7-35 底盘封塑

2.底盘装甲

底盘装甲除具有封塑的功能外,还有显著的隔音降噪作用,装甲的功能更全面。因为装甲后在底盘上形成厚度约为4mm,局部5mm以上的橡胶和聚酯材料混合涂层。这种涂层具有高弹性,有效减弱了砾石直接打在金属上发出的噪声。

7.3.5 底盘装甲操作工艺

1.底盘装甲材料种类及选择

1)含沥青成分的底盘防锈胶。这是第一代的底盘装甲产品,目前市场上已经淘汰。

2）油性（溶剂性）底盘防锈胶。这是第二代底盘装甲产品，其中的稀释剂多为甲苯，是对人体有害的剧毒成分。施工后形成的胶层很硬，容易开裂，隔音效果也很一般。

3）水溶性底盘防锈胶。又称环保型底盘防锈胶，在欧美国家大多是选用这类产品。水溶性底盘防锈胶附着力强、胶层弹性较好，底盘隔音效果显著，是做底盘装甲的首选材料。

底盘装甲常见的品牌：固盾、3M、汉高、伍尔特、霍尼韦尔、雷朋、保赐利、标榜等。

2. 设备工具和材料准备

（1）设备工具

汽车举升机、气泵（需要配备油水分离器）、拆装工具、喷枪（图7-36）。

（2）耗材

清洁剂、汉高专用清洁剂、抹布、遮蔽胶带、快捷遮蔽膜、报纸、大张塑料薄膜（遮挡车轮也可用一次性塑料台布）、盛满清水的桶。

3. 操作人员防护用品

工作服、防毒面具、防溶剂手套、工作帽、全封闭面罩，如图7-37所示。

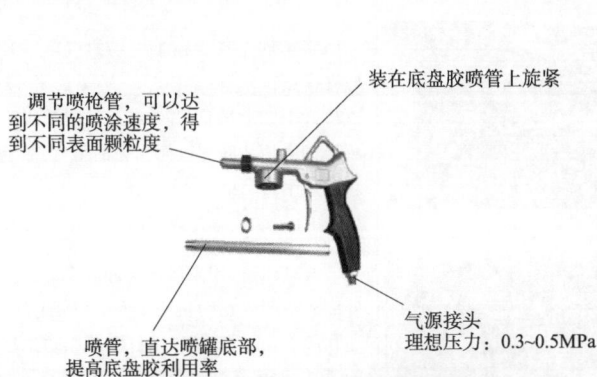

图7-36　底盘装甲喷枪　　　　图7-37　防护用品

4. 技术标准及要求

1）车辆进入施工区后，用举升机推升到一定高度。

2）用高压气枪进行污渍冲洗，彻底清洗干净，如果旧车有锈皮的则要铲除。

3）对车底特殊的部位进行遮蔽。

4）底盘装甲的选材：在喷涂材料选用方面采用油漆、PVC、柔性橡胶等为主要基材的材料基础结构。产品特性具有高密蔽性、防水防锈、耐酸耐碱、耐热耐寒、弹性耐磨、无毒环保等。

5）施工工艺：采用各组分材料多层喷涂覆盖的方法，使其具有防锈防水、弹性耐磨等不同特性的各组分材料合理地分布在各自担负职责的层面上，提高了防护结构的合理性和耐久性。

6）进行喷涂施工，可以多道工序喷涂，也可以一道工序进行喷涂。一道工序喷涂省事但固化慢，实际效果相同。多道工序喷涂相对费事但固化比较快。需要注意的是，两次喷涂要间隔时间 20min 左右。待第一层喷涂表干后再实行第二次喷涂。

7）施工完成后，等待约 1h，喷涂面表干，即表面已经不黏手了，才能把车开走上路。新车喷涂由于底盘比较干净，时间短一些，而旧车清洁起来较费时，需 3h 左右。

5. 底盘装甲操作工艺流程及要求

底盘装甲工艺流程及操作步骤如图 7-38 及表 7-9 所示。

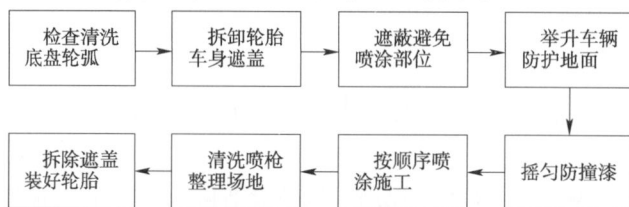

图 7-38　底盘装甲工艺流程

底盘装甲操作步骤　　　　　　　　　　　　　　　　　　　表 7-9

步骤	操作内容	操作示范图	技术要求
1	清洁底盘		1）将车辆停放于施工现场的汽车举升机上，固定好支撑点； 2）卸下四个车轮，并给各轮注明相应位置； 3）彻底清洁底部表面除去油脂，污染物及残余蜡，新车只用做简单的清洗工作
2	除锈		1）升高汽车，用高压水枪冲洗底盘，先涂上发动机外部清洗剂或发动机去油剂，去除底盘上黏结的油泥和沙子，或用特制砂纸打磨掉原防锈层；注意车辆轮弧，挡泥板及挡泥板衬边的污垢； 2）用水冲洗轮弧，挡泥板及挡泥板衬边，对于顽垢可以用刷子刷洗，对于旧车清除锈蚀点的锈斑
3	干燥		底盘清洁后需要用用压缩空气吹干清洗过的各部位，对于难以吹干的部位用毛巾擦干
4	保护		做喷涂前准备： 1）操作时须保证对非施工部位的遮蔽保护，以防因喷涂而影响车辆的性能； 2）将车辆油漆部分和底盘的油管、排气管等部位遮蔽。在施工场地上铺好遮蔽膜，有利于施工后的清洁

续上表

步骤	操作内容	操作示范图	技术要求
4-1	全车遮蔽		1)用专用塑料遮蔽膜沿着车辆的边缘粘贴后展开,对车辆全身进行严密包裹,以防喷漆施工时污染车辆,应沿着车辆边缘最接近车辆底盘的边缘粘贴薄膜,如果距离过大,在喷涂时会污染车身; 2)喷漆时应绝对避免喷射到轮毂、避震杆和避震弹簧上
4-2	遮蔽		1)利用报纸和遮蔽带将不能喷涂的部位包覆:排气管、发动机、传动轴、三元催化器、镀锌板类散热部件(一般在排气管的上方)、各种管线及接口、螺钉,利用大张塑料薄膜包覆轮胎,利用遮蔽膜包覆整个轮弧,并沿车身裙边贴好; 2)有的车子轮弧部位是用整块PVC板保护的,这样就需要拆下车轮,再拆下PVC板然后对里面的裸露金属部位进行喷涂
5	喷涂		1)确定施工部位:车辆底盘钢板、轮弧; 2)检查喷机气压是否充足,如不足应充足后使用; 3)先对车辆翼子板进行喷涂,使用前充分摇晃容器; 注意:作业人员施工时做好必要的防护措施,将口罩、手套戴上; 4)涂料使用前用力摇匀容器罐拉开拉环,将喷枪吸管插穿铝膜,并拧紧容器罐与喷枪的对接口,即可开始喷涂。保持距离30cm喷涂,先水平喷涂,然后保持一定角度喷涂。最佳厚度为1.5mm以上; 5)将底盘装甲各组分材料依次喷涂到底盘;喷涂之后,防撞防锈底漆应均匀分布,并有足够厚度。 注意:不要喷涂在车轴、驱动轴、发动机、变速器、排气管等移动部件上

步骤	操作内容	操作示范图	技术要求
6	涂层局部修补		1)约半小时之后,进行第二次喷涂。作业之后,等待喷涂部位表干。"底盘装甲"分布均匀,呈黑色颗粒状,至少喷涂3层,厚度约为4mm; 2)涂层局部修补,保证遮蔽性越强越好
7	等待风干		1)去除周边遮蔽物,用专用清洁剂清洗周边非喷涂部位,等待风干,并做好场地清洁工作; 2)喷涂后20~30min,用手轻触底盘装甲,装甲表干,新车大约1h即可上路,旧车就要根据车况而定; 3)涂层完全固化时间为3天左右,在此期间,不影响车的使用(不要洗车); 4)将轮胎装好后,仔细检查车身漆面是否有装甲残留物,如有应及时清理干净
8	施工后清洗工具	 清洗喷枪 施工完毕后,必须马上用有机溶剂清洗喷枪	1)喷漆完成后立即清洗喷枪,不慎粘在车身及其他地方的底盘胶请用清洁剂去除; 2)清除遮蔽用的报纸、塑料薄膜、粘贴胶带,并清洁场地

7.4 汽车隔音工程

汽车隔音工程既可以降低行驶过程中车内的噪声,又可以提升汽车音响的声压和音色。汽车隔音原本是为真正热爱汽车的享乐主义者而创立,目的是让更多车主的生活得到完美的升华,享受更美妙的驾驶乐趣。汽车隔音工程是运用专业声学产品进行车体减振及车内吸音,从噪声的传播途径上进行隔除,使车主能够拥有一个安静舒适的驾驶环境。对于时下越来越风靡的汽车个性化装潢,汽车隔音工程也慢慢在扮演着非常重要的角色。

7.4.1 汽车噪声的来源与分类

1. 汽车噪声的主要表现形式

按部位分为：发动机噪声、轮胎噪声（路噪）、风噪声。

按传播途径分为：结构噪声、空气噪声、共鸣噪声。

2. 汽车噪声的分类

根据汽车噪声对环境的影响，可将汽车噪声分为车外噪声和车内噪声。

1）车外噪声。是指汽车各部分噪声辐射到车外空间的那部分噪声，主要包括发动机噪声、排气系统（风扇）噪声、高速行驶产生的风噪（气动噪声）、轮胎与地面摩擦的噪声、制动噪声和传动系统噪声等。

2）车内噪声。是指车厢外的汽车各部分噪声通过各种途径传入车内的那部分噪声以及汽车各部分振动传递路径激发车身各部件的结构振动向车厢内辐射的噪声，这些噪声声波在车内空间声学特性的制约下，生成较为复杂的混响声场，从而形成车内噪声。

汽车车噪声来源如图 7-39 所示。

制动器的尖叫声

轮胎与地面的摩擦

发动机各部件振动

燃烧爆发的冲击

活塞上下运动、曲轴转动引起

a）制动噪声的产生　　　　　　　　　b）发动机噪声的产生

图 7-39　汽车噪声来源

7.4.2 汽车隔音工程对整车影响

一般来说，隔音工程无须改动车身结构、动力系统和电路油路，因此车主们不必太担心。但建议车主选择设施完善的店家进行改装。因为隔音施工必须保证在密封、敞亮、干净的车间内，由经过严格专业化培训的安装技师进行安装，而且在施工过程中，需要严格遵照工艺流程，才能保证不会损伤车体及内饰件。隔绝或衰减振动传播的结构组成如图 7-40 所示。

为爱车进行隔音改装，并非每部车都适宜。车主需要首先了解爱车的噪声来源以及驾乘时候感受到的噪声来源及影响程度，然后根据需要选择改装的方案。

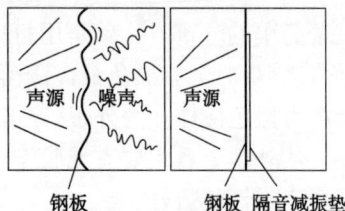

声源　　噪声　　声源

钢板　　　　钢板　隔音减振垫

图 7-40　隔绝或衰减振动传播的结构组成

1. 结构噪声

当汽车噪声主要为结构噪声时，减振是治理汽车结构噪声的主要方法。

汽车的外壳一般都是由金属薄板制成，车辆行驶过程中，振源把它的振动传给车体，在车体中以弹性波形式进行传播，这些薄板受激振动时会产生噪声，同时引起车体上其他部件的振动，这些部件又向外辐射噪声，在该传播途径上加装弹性材料，隔绝或衰减振动的传播，就可以实现减振降噪的目的。

2.空气噪声

隔音治理空气噪声，在汽车上治理低频噪声(发动机噪声、路噪)是对隔音材料的考验。隔音处理则着眼于隔绝噪声自声源点(发动机、胎噪)向驾驶室的传播。隔音材料的最佳应用部位是车身钣金缝隙孔洞处、车地板及挡火墙，由于发动机噪声在挡火墙及车地板发出的噪声频率为低频噪声，能量大、穿透性强且没有方向性是低频噪声的显著特点，所以多孔、疏松、透气的吸音材料根本无法吸收或阻隔低频噪声向驾驶室的传播；在汽车上阻隔低频噪声必须用高效易用的密实材料，一般低频隔音材料太重、不易成型安装。

3.共鸣噪声

吸音治理共鸣噪声的方法，在汽车内主要应用于发动机舱内的机械噪声和行李舱的共鸣噪声。用特种被动式材料来改变声波方向，以吸收其能量。合理的布置吸音材料，能有效降低声能的反射量，达到吸音降噪的目的。大多数能吸音材料同时又是非常优异的隔热材料。

汽车隔音方式分为阻尼减振、吸音滤音、密封隔音、填充补强等几大类。

7.4.3　汽车隔音材料

因为汽车室内的噪声主要是车辆在行驶过程中颠簸产生共振而发出的声音以及汽车发动机发出的声音，因此阻尼减振中减振板的性能对整车的降噪效果影响最大。

1.减振板按其主要成分的不同分类

1)沥青类、塑料类。

此两类减振板由于环保原因在发达国家已经逐步被淘汰。

2)橡胶类。

它是汽车隔音工程中使用的主流产品，通常正规品牌的减振板都使用橡胶类。

2.减振板材料的分辨

最简单的分辨方法就是用打火机烧烤一小块边料进行辨别。通常沥青类材料不但不防火，而且燃烧时会有黑色液体滴落；而橡胶类产品不但阻燃性好，不易着火，而且即使燃烧也不会产生黑色液体。另外，从厚薄程度看，一般橡胶类有 2mm 和 3mm 两种，其中 3mm 效果最好。从外观上看主要有无胶型、单胶型和覆膜型。覆膜型是指胶板上覆有金属降噪铝片，其减振降噪性能最好。

7.4.4　发动机舱盖隔声隔热棉的功用

打开一般汽车的发动机舱盖，我们会看到裸露的钢板，但高档汽车会再加一层深颜色隔热衬板，发动机舱盖的防护应该以吸热和隔热为主，理想的发动机舱盖防护产品应该是深颜色的吸热隔热材料,同时还具有防火、防腐、防水、环保和轻量化的特点。

发动机舱盖隔音隔热棉采用平静技术异型吸音槽专利设计后,能隔音吸音二合一,外观灰黑色,如图7-41所示。材料柔软并富有弹性,具有很好的吸热隔热性能,易粘贴易裁剪。粘贴施工后,站在车前即可以明显感觉到怠速时发动机噪声的改善。材料优秀的耐火阻燃特性,可以阻隔来自发动机的热能,在保护发动机盖漆面不受高温烘烤的同时,也杜绝了由于热反射给发动机和相连线路带来的老化作用。由于其防水防腐的设计,使车体在雨天或洗车时不会带来自重增加或因材料吸水对车体造成腐蚀等问题。

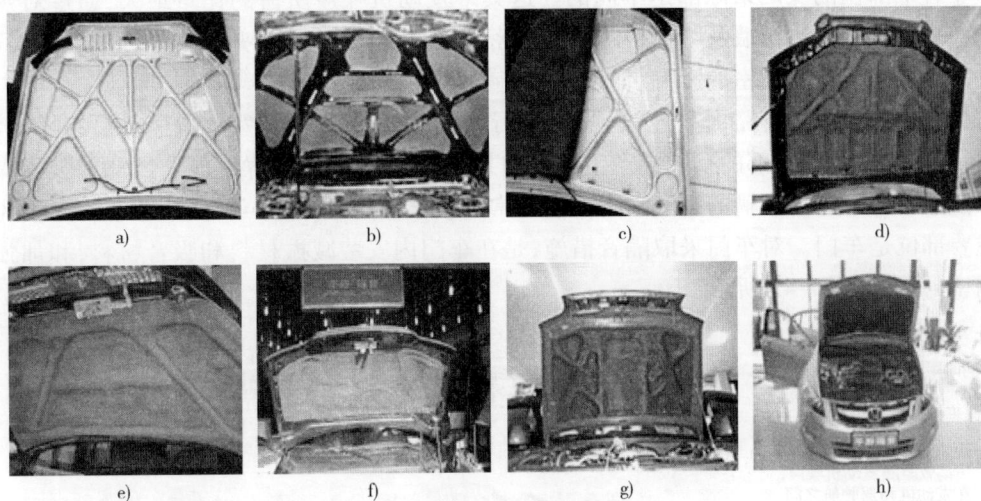

图7-41 发动机舱盖隔音隔热棉安装

7.4.5 汽车隔音工程施工要点

1. 降低汽车噪声的主要施工部位

1)汽车隔音的重点施工部位:车门、行李舱。车门和行李舱是车内传递噪声的主要部位,包括路噪、发动机噪声。对于车门和行李舱的隔音处理是汽车隔音的基础工程,为车内施工的重点,如图7-42所示。

图7-42 汽车噪声的五个主要施工部位

2）汽车隔音的次要施工部位：车底板（含内挡火墙）、车顶、发动机舱。车底板、内挡火墙、发动机舱及车顶虽然在车内占据面积较大，但它们作为汽车隔音的次要部位，只有将车门和行李舱进行隔音处理后，这些部位的施工才能发挥有效的隔音作用。

2．全车隔音施工

全车隔音施工部位包括：发动机舱盖、前翼子板、挡火墙及 U 形槽、驾驶室底板、行李舱底板、后轮毂内侧及两侧后翼子板、行李舱盖板、顶棚、车门。不同类型汽车噪声的特性及单部汽车各个部位的噪声来源都是不同的。这其中发动机噪声所占的比重最大，通过对发动机舱盖、挡火墙、两边裙墙及叶子板的减振及密封，可以有效地控制并降低发动机舱的噪声，减少发动机噪声对驾驶室的影响。

当车辆在良好平直路面高速飞驰，车辆行驶的高速噪声又成为另一个主要的噪声源。其中行李舱，因为其内部的空腔会产生很大的共振，是一个很大的噪声源。因此加装降噪设施不能忽略行李舱。车辆的空气动力性能通常产生车辆的摩擦噪声。而通常容易产生风噪的主要部位是车门。对车门采取隔音措施，是在车门内安装减振材料和吸音材料，和加强车门的密封性，如图 7-43 所示。

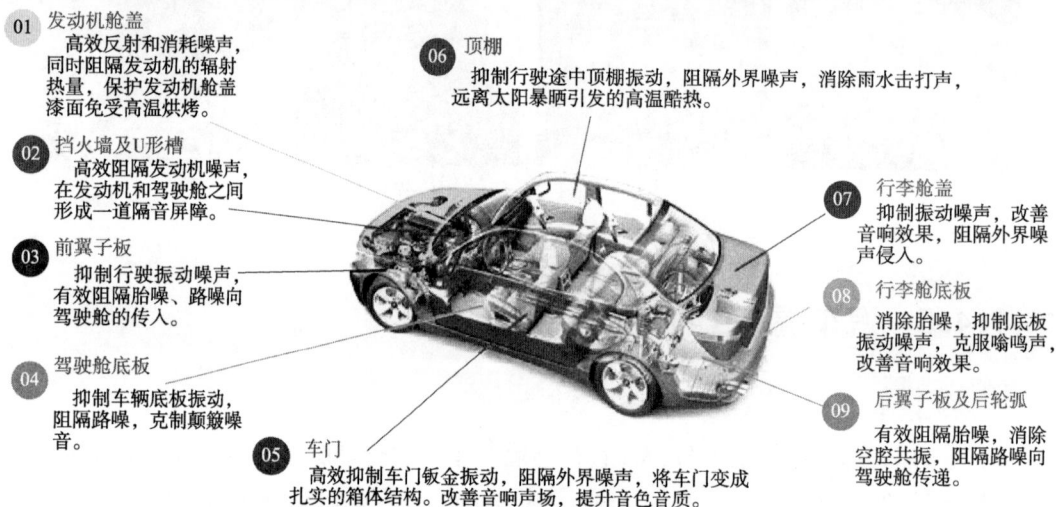

01 发动机舱盖
高效反射和消耗噪声，同时阻隔发动机的辐射热量，保护发动机舱盖漆面免受高温烘烤。

02 挡火墙及U形槽
高效阻隔发动机噪声，在发动机和驾驶舱之间形成一道隔音屏障。

03 前翼子板
抑制行驶振动噪声，有效阻隔胎噪、路噪向驾驶舱的传入。

04 驾驶舱底板
抑制车辆底板振动，阻隔路噪，克制颠簸噪音。

05 车门
高效抑制车门钣金振动，阻隔外界噪声，将车门变成扎实的箱体结构。改善音响声场，提升音色音质。

06 顶棚
抑制行驶途中顶棚振动，阻隔外界噪声，消除雨水击打声，远离太阳暴晒引发的高温酷热。

07 行李舱盖
抑制振动噪声，改善音响效果，阻隔外界噪声侵入。

08 行李舱底板
消除胎噪，抑制底板振动噪声，克服嗡鸣声，改善音响效果。

09 后翼子板及后轮弧
有效阻隔胎噪，消除空腔共振，阻隔路噪向驾驶舱传递。

图 7-43　汽车隔音施工分解图

3．汽车隔音工程全程指导

1）在发动机舱盖处粘贴防火吸音毯，吸音毯能大量吸收发动机运转时的噪声，并且还具有隔热功能，能有效保护发动机舱盖的面漆，避免长时间高温使用面漆变色。

2）在车厢内中央底盘、后车厢底盘上加装减振隔音垫及防潮吸音地毯，其主要作用是缓解中央底盘、行李舱下底盘件在高速行驶时由于钣金结构件的振动而引起的共鸣，减少由于轮胎转动所产生的路面噪声传递，降低由排气管传入行李舱的共鸣音压等。

3）在车门饰板内贴上专用吸音毯，它可降低行车时车门钣金结构件因较薄较易产生的共振，减少车门内饰板及零件的松脱，降低因车龄较长或长期在崎岖路面行驶情况下，因金属疲劳与车身扭动时产生的杂音。

4）强化 A、B、C 各柱下方的刚度，补强后座侧板。一般情况下，比较名贵的车中都已采取有较佳的隔音措施,但大部分的轿车由于车身结构上的原因,造成车身综合刚度不足,从而产生较大的行驶噪声。因此有时只需稍稍提高车身的结构刚性,便能有效地降低噪声。

5)在车门内饰件的内面贴上一层丝绒质吸音毯,在门板的内侧贴附一种特殊的减振垫,加装车门隔音条以加强车门与车门框的密封性。经过这样的施工,不仅能加强车门的刚性和减少共鸣声,而且能有效降低汽车高速行驶的风噪声。

6)前后轮翼子板是底盘噪声传入车厢的一个主要地方,在前后轮翼子板处喷吸音材料,可减少行驶时由减振器传入的噪声,以及抑制轮胎与路面、钣金结构件所产生的撞击噪声。

7)在发动机挡火墙加装隔音垫以及在仪表座下层加消音垫,可减少发动机噪声的传入。发动机是最主要的噪声源,也是离驾驶人最近的噪声源,在加强仪表板下部及发动机防火墙的厚度后,能抑制发动机运转时传入车厢内的高频声压,这是隔音工程效果最明显的部位。

8)最后,给车厢内车顶粘上一层隔热吸音棉,这除了能有效阻隔太阳酷晒,防止车厢内温度直线上升,并能强化车顶钢板的刚度,能有效减少雨天时雨滴撞击车顶的声音传入车内。汽车隔音工程全程指导简图如图7-44所示。

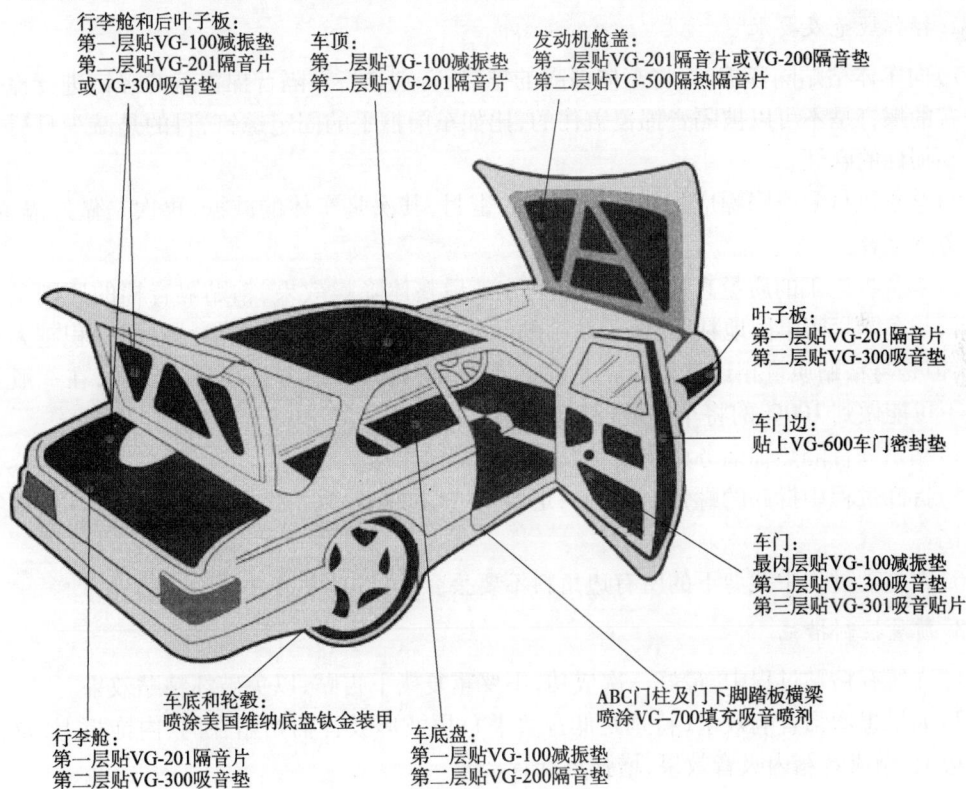

行李舱和后叶子板:
第一层贴VG-100减振垫
第二层贴VG-201隔音片
或VG-300吸音垫

车顶:
第一层贴VG-100减振垫
第二层贴VG-201隔音片

发动机舱盖:
第一层贴VG-201隔音片或VG-200隔音垫
第二层贴VG-500隔热隔音片

叶子板:
第一层贴VG-201隔音片
第二层贴VG-300吸音垫

车门边:
贴上VG-600车门密封垫

车门:
最内层贴VG-100减振垫
第二层贴VG-300吸音垫
第三层贴VG-301吸音贴片

车底和轮毂:
喷涂美国维纳底盘钛金装甲

行李舱:
第一层贴VG-201隔音片
第二层贴VG-300吸音垫

车底盘:
第一层贴VG-100减振垫
第二层贴VG-200隔音垫

ABC门柱及门下脚踏板横梁
喷涂VG-700填充吸音喷剂

图7-44 汽车隔音工程全程指导简图

7.4.6 汽车隔音施工工艺

1.隔音施工材料

标准的门板隔音材料组合:一般是减振材料+隔音材料+吸音材料+密封材料。

1）减振材料

蓝金刚是具有铝箔约束层的强制性高效减振材料,高纯度的丁基橡胶基层,具有优异的减振性能,同时也有良好的强化钣金、隔热能力及密封性能,它是汽车隔音降噪工程的重要材料。

2）隔音材料

低频王材料——低频王独有的声学五层结构,使其在超低频段具有强大的阻隔功能,是路噪和发动机噪声的超级克星,同时它又具有优异的隔热性能,可有效阻挡发动机排气管向车内的排热,低频王在车内使用非常方便,直接铺设于地毯下方,无须粘贴,可重复使用。

3）隔音吸热材料

发动机舱盖隔热膜的材料——是一种外面覆有一层增强铝护膜的吸音泡沫,这种产品可有效隔绝发动机舱盖下面的热量,减缓了发动机舱盖漆面的老化,是保护漆面的重要手段,同时它有效吸收发动机舱内的机械噪声,降低发动机通过发动机舱盖向车内传递的噪声和振动,使驾驶更舒适。

2. 操作规范及要求

1）向车体粘贴隔音棉时,将车体裸露的螺钉,特别是将被隔音棉覆盖的螺钉进行检查紧固。有的螺钉是不可以被隔音棉覆盖住的,比如车门抠手的固定螺钉,目的是减少日后更换这些易损件的麻烦。

2）全车进行隔音降噪应先做好驾驶室的密封,其次是车体的减振,再次是做好隔音,最后才考虑吸音。

3）隔音板施工的质量直接影响到车辆施工后整体降噪效果,粘贴隔音棉的原则是务必将材料与车体紧密牢固地粘贴,至于粘贴的面积要求在次要地位,当然粘贴的面积越大效果越好,但是与粘贴质量相比就显得不是那么重要,毕竟有些地方是很难施工的,在一般条件下也不可能做到100%的将车体进行粘贴。

4）粘贴隔音隔热棉前务必将要粘贴的地方擦洗干净。

5）拆卸过程中拆卸的螺钉、卡扣、一定要用透明胶粘贴在拆卸位置的附近。不要单凭头脑记忆。

6）在施工过程中裁剪下的所有边角料不要丢弃,可以粘贴在一些隐蔽的地方。

3. 质量控制措施

1）在所有粘贴过程中,最好一次成功,不要重复撕下再贴,以免破坏粘贴效果。

2）如果想增强音响效果(特别是低音效果),用波形吸音棉粘贴在门、内饰板上,及行李舱周边上,做成音箱内吸音效果,增强重低音。

3）只做一个车门是不能得到理想的听觉效果的,要完整施工共同作用。

4. 隔音工程施工的注意事项

1）在拆卸时一定要注意拆卸技巧,不可用蛮力而损坏板面和漆层,所有卡扣要使用专用的起扣工具。

2）处理附着物一定要注意用力强度和方向,防止划伤油漆和划破面板。在使用清洁剂后,一定要及时盖上盖子,避免清洁剂挥发或撞翻清洁瓶。

3)下料时,要尽量避免拼接过多和重复下料。

4)底盘的线路和空调孔切不可覆盖。

5)地板的安装步骤要在做完天花板后完成,避免弄脏或损坏座椅和地毯。

6)有安全气囊的车作业时,一定要拔出钥匙、轻拆轻装,防止气囊爆破导致人车受损。

5. 施工要点

1)融音材料严禁直接安装在发动机、散热器、排气管等高热部件上,与这些部件的安装间隙要在 15cm 以上。

2)清洁底板时,勿使用油性清洁剂,应使用酒精或清水进行清洁,以免影响粘贴效果。

3)请勿粘贴到安装内饰板的卡口位上。

4)请勿粘贴到影响电动车窗、门锁等功能的位置上。

5)为了保持材料的最佳应用效果,不使其脱落或者剥离,请确保用力压实材料。

6)不同车型的内饰板,其卡口的位置会有所不同。操作时请加以注意。

7.4.7 汽车隔音施工过程

1. 隔音工程的施工方法

(1)减振材料的铺贴分布方式

减振材料可以满铺于钣金上,也可以分块形式粘贴于钣金上,只要贴实面积达到需要制振面积的 50% 以上亦可达到理想效果,以下三种方式均可,如图 7-45 所示。

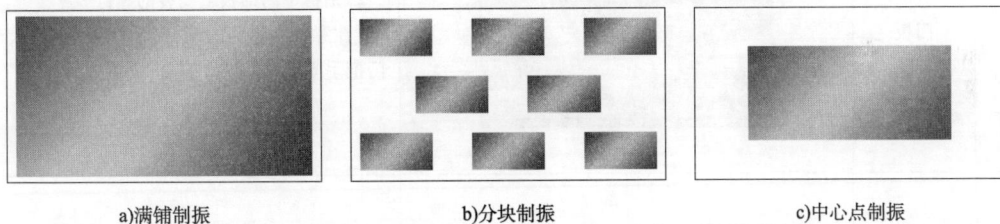

a)满铺制振　　　　　b)分块制振　　　　　c)中心点制振

图 7-45　减振材料铺贴分布方式

(2)减振材料铺贴厚度方式

对于特别薄弱及关键位置的面板,双层粘贴可达到 3 倍效果,尤其对于板材厚度超过 1mm 的更需要使用这种粘贴方法,越多层粘贴,效果越好。减振材料铺贴厚度方式如图 7-46 所示。

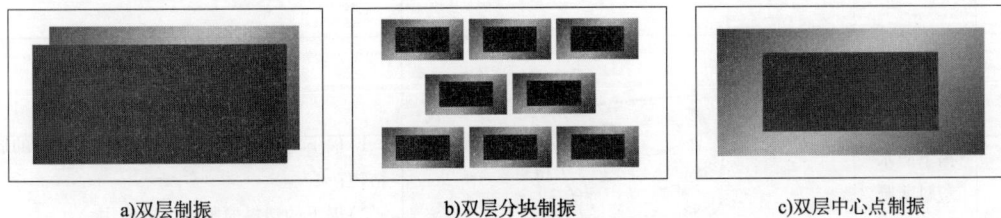

a)双层制振　　　　　b)双层分块制振　　　　　c)双层中心点制振

图 7-46　减振材料铺贴厚度方式

目前流行的汽车隔音技术都是根据发动机、底盘、风噪声以及车身共鸣等这几个噪声源进行防治,以达到隔绝噪声进入车厢,营造一个安静的车内空间。

2.汽车隔音施工步骤

(1)车门隔音施工步骤

车板做隔音时,一般要处理门板的三个部分,包括挡板内部、外部以及塑料门板,车门结构如图7-47所示,车门隔音施工步骤见表7-10。

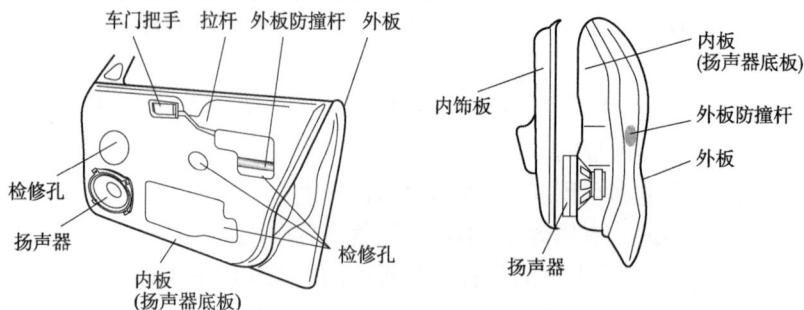

图7-47 车门结构图

车门隔音施工步骤 表7-10

步骤	操作内容	操作示范图	技 术 要 求
1	拆卸门板		1)关闭窗玻璃; 2)请拆下内饰板上安装的螺钉 (注意会有隐藏的螺钉,多在把手下方、车门把手周围等)
2	拆卸内饰		1)请拆下一部分门镜上的塑胶封套; 2)内饰板剥离后拆下其下方的卡子,尽量在扬起的状态下拆取; 3)拆下电动窗的连接器
3	揭下防水塑料薄膜		1)揭下塑料薄膜,除去残留在内板上的胶粘物; 2)揭下的塑料薄膜不可再使用

续上表

步骤	操作内容	操作示范图	技术要求
4	清除油渍水分、脏污		1)使用清洁擦布等将外板的油渍、水分、脏污清除干净; 2)请勿使用油性清洁剂,因为会使隔音减振垫很难粘贴,即使粘贴后也很容易发生剥离
5	将隔音减振垫粘贴在外板内侧上		1)将隔音减振垫进行裁剪成容易粘贴的尺寸; 2)使用专业的刮刀进行充分按压,除去残留空气; 3)请勿粘贴到外板下方容易积存水处; 4)粘贴铝箔面减振垫时,需要在贴上后用电吹风加温使之变软,然后再用手压紧压实。如果室温低于5℃时,先不要去掉包装上的牛皮纸,先用太阳灯把铝箔面减振垫烤热变软,再粘贴在需要的地方
6	扬声器附近的处理		1)连接扬声器的连接器,固定扬声器; 2)扬声器的周围一定要粘贴隔音减振垫
7	安装内饰板		1)正确安装连接器及把手,对照内饰板卡子并压入卡扣,安装拆下的螺钉。看清内饰板的卡孔,请慎重操作,以免造成破损; 2)操作结束后,请确认各项功能是否正常运行; 3)注意不要阻塞漏水孔
8	密封表面再覆盖减振材料		表面再覆盖一层减振材料,这样门板就形成了一个坚固的箱体,将不受外界振动的干扰
9	处理塑料门板		在塑料门板在脆落的地方贴上减振条

续上表

步骤	操作内容	操作示范图	技 术 要 求
10	加吸音棉		接着再加一层吸音棉,消除塑料和铁皮摩擦的噪音

(2)发动机舱盖隔热膜施工要点

1)发动机舱盖隔热膜是一种外面覆有一层增强铝护膜的吸音泡沫,这种产品可有效隔绝发动机舱盖下面的热量,减缓了发动机舱盖漆面的老化,是保护漆面的重要手段,同时它能有效吸收发动机舱内的机械噪声,降低发动机通过发动机舱盖板向车内传递的噪声和振动,让驾驶更舒适。发动机舱盖隔热膜如图 7-48 所示。

图 7-48　发动机舱盖隔热膜

2)发动机舱盖隔热膜施工步骤。

①拆卸原厂隔热板,用清洁剂清洁发动机舱盖的污渍。

②将发动机舱盖隔热膜切割成需要的形状粘贴在发动机盖底板上,有气泡时用裁切刀裁开压覆。发动机舱盖隔热膜如图 7-49 所示。

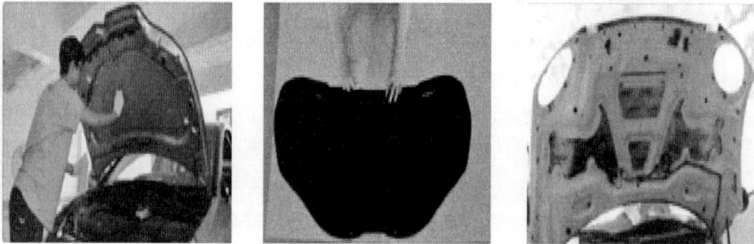

图 7-49　发动机盖隔热膜

3)最后使用封边胶带将贴覆好的发动机舱盖隔热膜封边即可。

4)施工后无需将原厂隔热板复原,如图 7-50 所示。

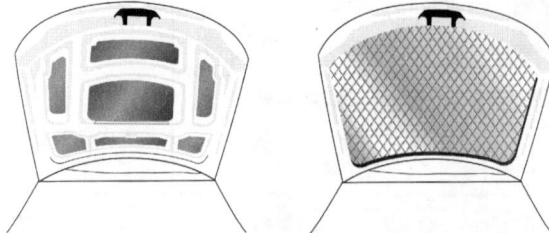

图 7-50　施工后原厂隔热板复原状态

7.5　汽车护杠及车身局部装饰

汽车外部的装饰一般因车主个性不同而突出美观、实用且与众不同等特色。例如,加装汽车护杠,是越野车最基本的改装项目,此外,越来越多的旅行车、平头轻型客车、货车也都选配了护杠。护杠一方面能够在事故当中缓冲撞击力,保护车身,另一方面还能使车辆具备鲜明的个性。在车身外部装饰中,有些较小部位,看起来装饰量不大,若装饰起来,也非常显眼。

7.5.1 汽车护杠装饰

护杠从结构上可以分为前杠、侧杠(或称侧踏板)和后杠 3 类。

1. 前杠

前杠又分为护灯型和 U 形两类,在此基础上,前杠还可加装挡泥板、泵把、色灯等装置。

1)U 形前杠。结构简洁,可以保持车型原有的面貌,几乎什么车都可以用,但它只能防御正面的撞击,不能抵挡来自斜前方的撞击,如图 7-51 所示。

2)护灯前杠。可以全方位地保护前脸包括车灯和泵把,抵挡来自正面和斜前方的撞击。车主在转弯过程当中如果判断错误,转弯角度不够而导致车辆撞击障碍物,护灯前杠可以有效地保护车身,如图 7-52 所示。

图 7-51 U 形前杠

图 7-52 护灯前杠

2. 侧杠

侧杠也称边杠,如图 7-53 所示。是用螺栓固定在车的两侧车门下方的长管。其功能是方便驾乘人员上下车,当车主需要放置东西到车顶的时候,它还可以充当脚垫。同时,侧杠可以起到轻微的防侧撞保护作用,越野车在山地行驶时,侧杠也可以顶住一部分山石对车辆的破坏。在越野比赛中车辆极度倾斜时,可以让人员踩在车高一面以防止车辆翻车,起到保持车辆平衡的作用。此外,侧杠还能起到挡泥和装饰车身的作用。

图 7-53 侧杠

侧杠有粗细之分,以及越野车专用和微型车专用之分。主体材料一般为不锈钢,为了实用和美观还以塑料件或铝管装饰。越野车的底盘高,而且底盘结实,可以安装粗管,微型车

图 7-54　护灯型后杠

底盘低,轮距短,只适合安装细管侧杠。安装时应注意侧杠不能低于车架,否则会影响车辆的通过性。

3. 后杠

后杠的作用一方面起到防护功能,另一方面可以通过杠体中央的拖车方口安装一个拖车钩,为同行者提供救援保障。后杠可分为单轴、双轴和无轴 3 种(图 7-54),即油桶架、备胎架的选装方式。

后杠的材料与前杠相同,具有极强的硬度和极好的韧性。

7.5.2　金属饰条及车轮饰盖

1. 金属饰条

目前的金属饰条主要分为镀铬、金属铝片、钢片冲压等材料。主要运用于灯眉、灯尾、后门装饰条等部分,增强爱车的金属感。

对于加装金属饰条,可将 3 种金属结合起来灵活运用。比如后视镜等醒目的部分用镀铬,迎宾踏板等对抗压性要求高的部位,则可以采用钢板冲压结构,而扶手箱等次要位置则可用喷涂金属色,增强全车的金属感。

2. 车轮饰盖

(1)车轮饰盖的作用

车轮饰盖位于汽车外部的醒目位置,是重要的外装饰件。高品质的饰盖能烘托出整车的造型效果,提高车辆的价值,更能让用户加深对轿车品牌概念的理解。

(2)对车轮饰盖的要求

1)造型优美。因为饰盖的位置醒目,如造型欠佳,就会降低整车的装饰效果。

2)质量可靠,必须有足够的强度,结构可靠,装卡牢固,不能轻易掉下。否则,饰盖容易破裂。饰盖破裂掉落后容易引起交通事故。特别是在城市,车辆行人都比较多的情况下,飞落的饰盖易碰伤其他车辆或行人,后果是不堪设想的。

3)色泽配合要协调。车轮有色泽,整车也有各种颜色,要求装饰的饰盖色泽必须与车轮和整车的协调一致,达到和谐美观。

(3)车轮饰盖的类型

按材料不同分,主要有铝合金饰盖和塑料饰盖两种。

1)铝合金车轮饰盖。有闪亮的金属光泽,有各种各样的外形,但价格也很高。

2)经电镀的塑料车轮饰盖。具有较好的装饰效果,价格便宜得多。

(4)车轮饰盖的安装

1)选择质量可靠、色泽协调的车轮饰盖。

2)安装前对车轮及饰盖进行清洁处理,清除尘土污物,使车轮和饰盖清洁、干燥。

3）将车轮饰盖牢固地固定在车轮上的，以保证其使用的安全性。

车轮饰盖除了外观装饰外，更有其安全特性。车轮饰盖用不锈钢钢丝卡簧和固定支夹固定在车轮轮圈上，合格产品须经过制造商的拆卸力测试，以确保产品的安全性。在选用时要注意饰盖的装配件，如果卡口不紧，弹簧材料不过关，则易导致饰盖脱落，特别是在高速行驶时，脱落饰盖对于行车、行人都是相当危险的。车轮饰盖如图7-55所示。

图7-55 车轮饰盖

7.5.3 车身局部饰件

1.后视镜

后视镜也可以对车起装饰作用。通常汽车所安装的后视镜都是平面镜，观察物体无变形，符合人的视觉习惯。但是平面后视镜的尺寸和视野往往过小，有一定的盲区，在下雨天易出现水珠，让驾车人的视野大受限制，目前，许多汽车加装了无"无盲点"后视镜，使用这种后视镜，可以看到与车宽差不多的范围，方便倒车，另外，还采用经亲水处理的防水珠后视镜，提高雨天的视觉辨认性，如图7-56所示。

2.汽车尾梯

尾梯同样可以缓解来自后方的冲击，款式大多以实用为主，如图7-57所示。尾梯的材料可以分为不锈钢和铝合金两种。前者防腐性能强，光泽度高，承重能力高，所以在实际应用当中最为普及。

图7-56 防水珠后视镜

图7-57 汽车尾梯

3.晴雨窗罩

汽车车身外形一体设计，流线造型，开窗时可导入大量空气。汽车装饰了晴雨窗罩，雨天行车，车窗玻璃落下大半，雨水仍不会直灌车里；车内吸烟，可落下车窗玻璃；高速行驶时不会狂风吹头;热天停车,可开窗保持空气对流,降低车内温度;晴天遮阳,可防止侧面刺眼强光,如图7-58所示。

4.挡泥板

(1)挡泥板作用

挡泥板可防止行驶途中泥泞或者小石子飞溅车身造成污垢或伤害,可有效地防止飞起的石子以及沙砾打伤车身的漆面,可以防止泥土溅到拉杆、球头上导致过早的生锈。挡泥板的功用如图7-59所示。

图7-58　晴雨窗罩

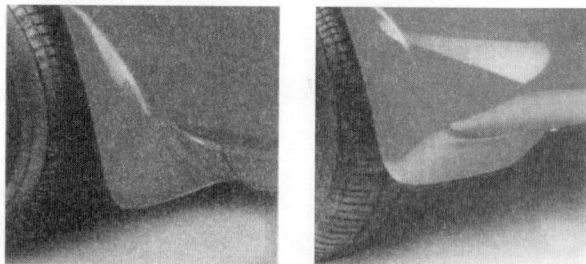

图7-59　汽车挡泥板

(2)挡泥板的安装

挡泥板在车上安装的方法有两种:一是螺钉或拉铆钉固定法,二是粘贴法。无论固定法或粘贴法都可以按下列方法进行。

1)将要安装挡泥板位置清洁干净,尤其是使用固定法时,要彻底清除挡泥板凸缘内侧污泥,并加以防锈,以防安装后因不清洁而生锈腐烂。

2)使用固定法时要用钻头在挡泥板凸缘唇上钻孔以便安装。

3)即使是使用固定法,在安装部位也要涂硅胶,以利于结合紧密并可防止水分积存而腐烂。

4)将挡泥板装上,用固定法将螺钉或拉铆钉固定好。

5)为防止水分积存或渗入接合处造成钣金腐烂,可在挡泥板外缘注上一层透明的硅胶。

5.行李架

考虑到长途跋涉的需要,可以在车顶安装行李架,行李架分为安装在车顶的行李架杆和之上的行李架盘两部分,如图7-60所示。

图7-60　汽车行李架

6.车身密封条

如果车身密封不太好,特别是对中、低档车,可用金属亮条将车门四周密封一下。这种密封条贴上后既可美化车身,又有助于保留车内的冷、热气。

7.静电带

静电带可以充分释放行车途中产生的静电,完全消除因静电积聚引起的不适感。

8.防撞胶

防撞胶是涂于车身表面的一层特殊涂层,可进一步加强其防擦、抗振功能。使用前将车身擦净,贴上后轻压一次,3h 后再压一次,24h 内避免与水、油类接触。本品可安装在车门上,每门 1 个,一袋 2 片装,起到装饰、防撞的效果。

使用说明:本品背后自带双面胶,撕下贴纸在门边你喜欢的位置粘贴牢固即可。粘贴效果如图 7-61、图 7-62 所示。

图 7-61　防撞胶

图 7-62　防撞迎宾贴

9.尾气管装饰

增加汽车尾部动感造型,保护汽车防止尾气管变形,同时起到增压以及扰流作用,还可在一定程度上减弱尾气管发出的噪声,如图 7-63 所示。

10.迎宾投影灯

车门打开后自动点亮,方便用户夜间上下车。例如,雪铁龙汽车 LOGO 光影均匀,图像清晰,色泽饱满,持久恒定。设置延时保护,亮灯 1min 后自动熄灭,环保节能。温馨时尚,提供令人赏心悦目的光影视觉感受,如图 7-64 所示。

图 7-63　尾气管装饰

图 7-64　迎宾投影灯

11.寻车器

在锁车状态下,报警功能启动,有振动或有人动车时,报警器会驱动紧急灯和汽车喇叭报警。车主可以通过原车遥控车钥匙解除报警状态。当车主按原车钥匙解锁键时,寻车器会驱动车灯和喇叭鸣叫,提示车辆停放位置,方便车主寻车。

7.5.4 汽车车身局部饰件施工

1.设备、工具和材料准备

1)冷水高压清洗机一台。

2)空气压缩机一台。

3)手电钻、切割机、长臂电动螺钉旋具、吸尘机和高压气流发生器等各一台。

4)通用维修工具一套。

5)车门和座位保护座套。

6)软毛刷一把,干净棉布、海绵若干。

7)各种清洁剂、护理剂等若干。

8)3M 胶粘贴、配 3M 助粘剂。

2.任务实施步骤及要求

(1)雾灯装饰条安装

雾灯装饰条安装步骤如图 7-65 所示。

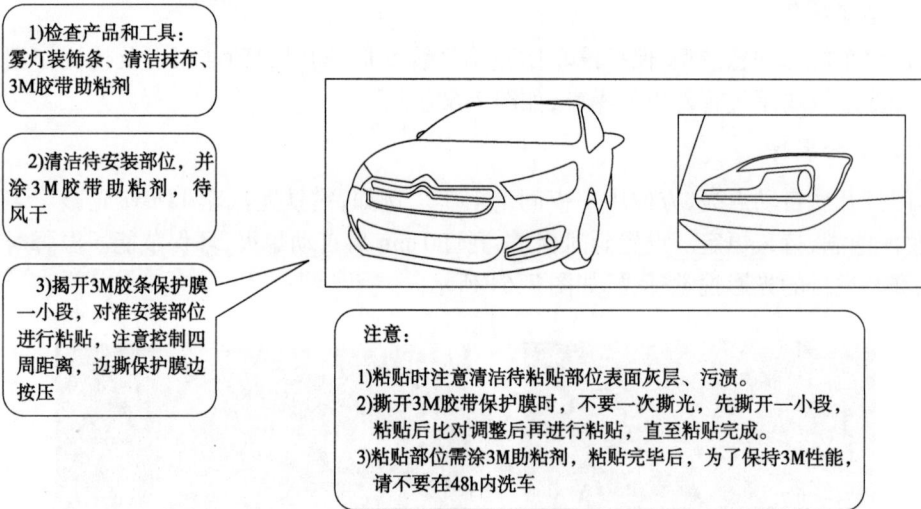

1)检查产品和工具:雾灯装饰条、清洁抹布、3M胶带助粘剂

2)清洁待安装部位,并涂 3M 胶带助粘剂,待风干

3)揭开3M胶条保护膜一小段,对准安装部位进行粘贴,注意控制四周距离,边撕保护膜边按压

注意:

1)粘贴时注意清洁待粘贴部位表面灰层、污渍。

2)撕开3M胶带保护膜时,不要一次撕光,先撕开一小段,粘贴后比对调整后再进行粘贴,直至粘贴完成。

3)粘贴部位需涂3M助粘剂,粘贴完毕后,为了保持3M性能,请不要在48h内洗车

图 7-65 雾灯装饰条安装

(2)后视镜装饰罩加装

后视镜装饰罩加装步骤如图 7-66 所示。

(3)后包围装饰亮条加装

后包围装饰条加装步骤如图 7-67 所示。

(4)后包围装饰托板

后包围装饰托板安装如图 7-68 所示。

1)检查产品和工具：后视镜装饰罩、清洁抹布、3M胶带助粘剂

2)清洁待安装部位，并涂3M胶带助粘剂，待风干

3)揭开3M胶条保护膜一小段，对准安装部位进行粘贴，注意控制四周距离，边撕保护膜边按压

注意边角要均匀对称

完成图

注意：
1)粘贴时注意清洁待粘贴部位表面灰层、污渍。
2)安装时注意边角要均匀对齐。
3)撕开3M胶带保护膜时，不要一次撕光，先撕开一小段，粘贴后比对调整后再进行粘贴，直到粘贴完成。
4)粘贴部位需涂3M助粘剂，粘贴完毕后，为了保持3M性能，请不要在48h内洗车。

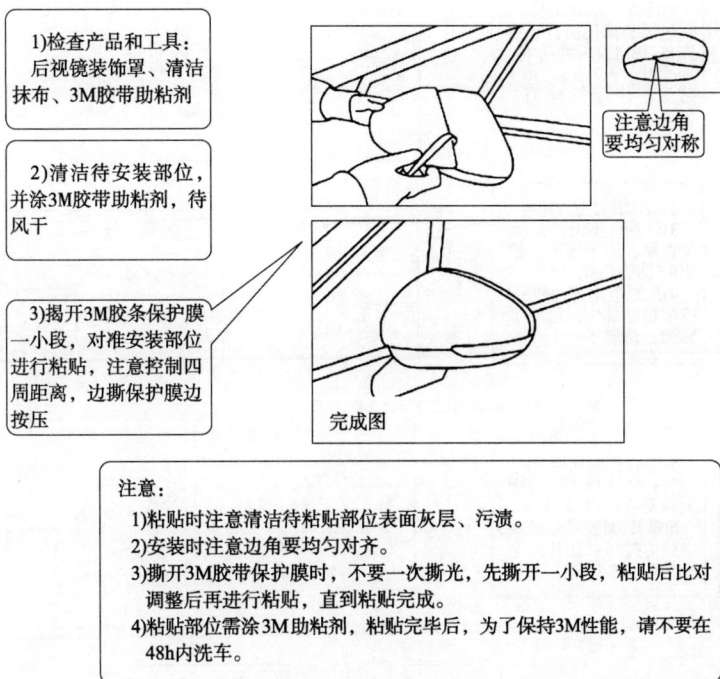

图7-66 后视镜装饰罩安装

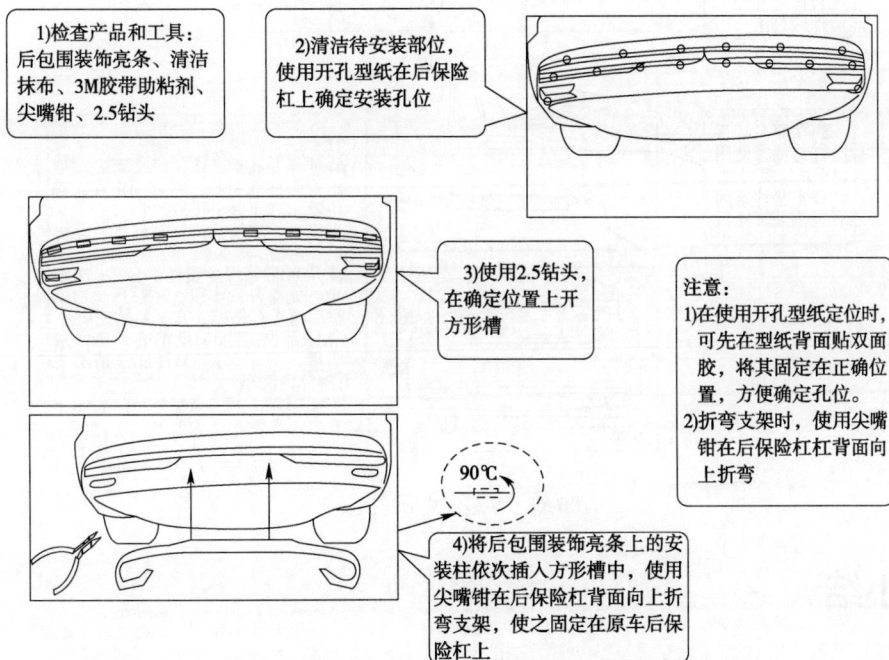

1)检查产品和工具：后包围装饰亮条、清洁抹布、3M胶带助粘剂、尖嘴钳、2.5钻头

2)清洁待安装部位，使用开孔型纸在后保险杠上确定安装孔位

3)使用2.5钻头，在确定位置上开方形槽

注意：
1)在使用开孔型纸定位时，可先在型纸背面贴双面胶，将其固定在正确位置，方便确定孔位。
2)折弯支架时，使用尖嘴钳在后保险杠杠背面向上折弯

90℃

4)将后包围装饰亮条上的安装柱依次插入方形槽中，使用尖嘴钳在后保险杠背面向上折弯支架，使之固定在原车后保险杠上

图7-67 后包围装饰亮条安装

1)检查产品和工具:后包围装饰托板、清洁抹布、3M胶带助粘剂、手枪粘、3.2钻头、6.5钻头、十字螺丝刀、套筒

2)清洁待安装部位。
3)将开孔型纸按正确位置贴在原车尾部,使用6.5钻头钻孔。
4)在原车尾部两侧3M胶带粘贴部位,涂3M助粘剂,待风干

5)将后包围托板上的安装柱依次插入后包围上的安装孔内。
6)撕开3M胶带保护膜,边撕边按压,让其完全粘贴在原车尾部

7)依照产品侧边孔位,钻3.2孔,用扁头自攻钉把后包围装饰托板固定在原车后保险杠上

8)在原车后保险杠背面,使用M6法兰螺母加6*18平垫片紧固后包围装饰托板

注意:
1)在使用开孔型纸定位时,可先在型纸背面贴双面胶,将其固定在正确位置,方便确定孔位。
2)粘贴时注意清洁待粘贴部位表面灰层、污渍。
3)撕开3M胶带保护膜时,不要一次撕光,先撕开一小段,粘贴后比对调整后再进行粘贴,直至粘贴完成。
4)粘贴部位需涂3M助粘剂,粘贴完毕后,为了保持3M性能,请不要在48h内洗车。

完成图

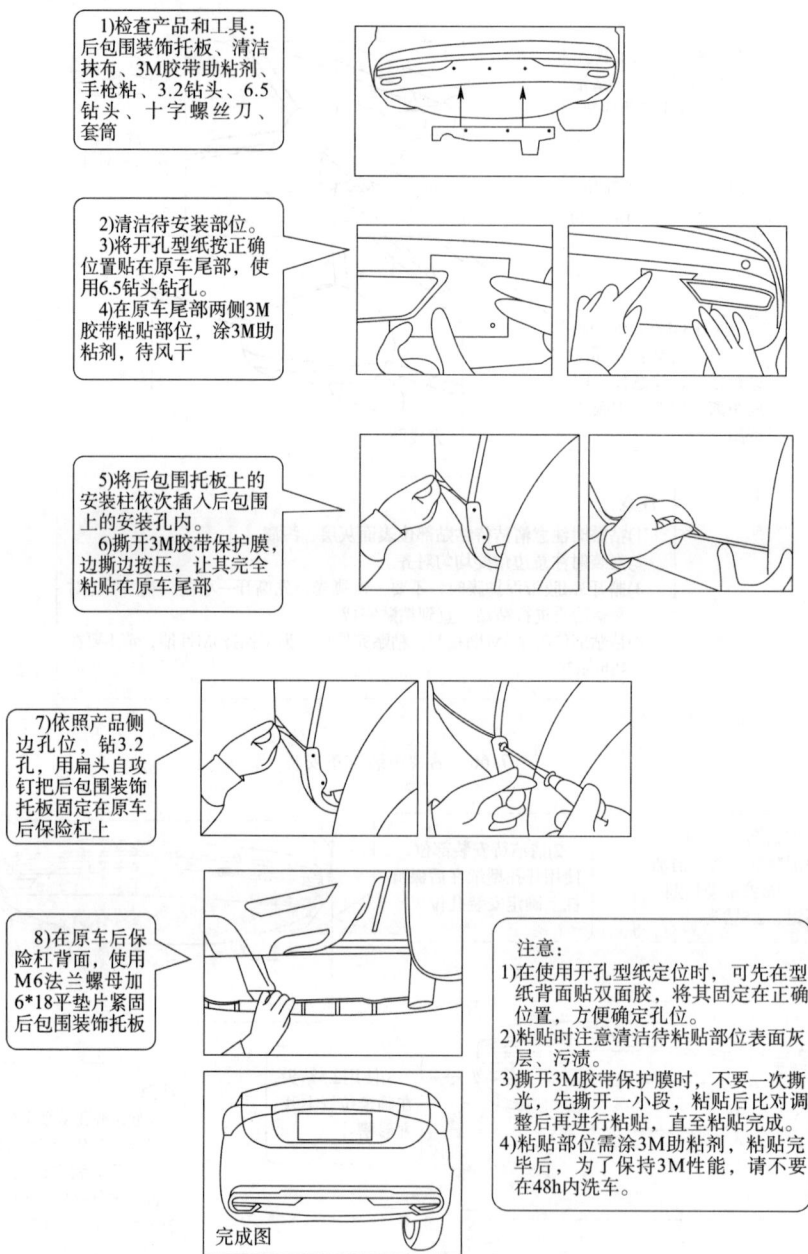

图7-68　后包围装饰托板安装

本章小结

本章是学习汽车装饰,包括汽车外部装饰(如汽车防爆太阳膜贴护、底盘防护、隔音工程、护杠及局部装饰等),通过本章内容的学习,能够正确选择相关美容用品及工具设备,顺利完成汽车装饰工作。

自测题

一、单项选择题(把正确答案的序号填写在括号内)

1.进行底盘封塑作业时,( )必须用胶带封起来再进行刷涂。

A.传动轴　　　　B.变速器　　　　C.主传动器　　　　D.以上都必须

2.下面哪一种不属于按传播途径不同的汽车噪声表现形式?( )

A.结构噪声　　　　B.空气噪声　　　　C.轮胎噪声　　　　D.共鸣噪声

3.汽车喷绘时的应做到以下( )项要求。

A.忌颜色乱搭　　　　B.忌缺乏主题　　　　C.忌乱用名画　　　　D.以上都必须

二、判断题(在括号内正确打√,错误打×)

1.可用碘钨灯上来检查太阳膜的隔热性。 （ ）

2.汽车隔音工程须改动车身结构。 （ ）

3.普通防爆太阳膜手感薄而脆,缺乏足够的韧性,容易起皱。 （ ）

4.底盘装甲除具有封塑的功能外,还有显著的隔音降噪作用,功能更全面。 （ ）

5.车门四周密封用的金属亮条,贴上后既可美化车身,又有助于保留车内的冷、热气。

（ ）

三、问答题

1.简述防爆太阳膜选用原则。

2.简述选用车轮饰盖时要注意事项。

3.简述汽车改色贴膜装饰的几种类型及特点。

4.完成车身贴膜改色装饰工艺与传统喷漆及车身彩绘的对比。

5.完成车身贴膜改色装饰工艺与传统封釉、镀膜对的比。

第8章 汽车内部装饰

导言

一辆好的车,不仅是外形的设计要有新意、美观,内饰所用的材质也同样重要,做工更要精益求精。汽车使用者大部分时间是在车内度过,外观的漂亮、炫耀,更多的时候是给路人看的,只有精致的内装、细腻的手感,舒适的使用体验才是一部好车必须具备的要素。纵览世界各国的豪华车型,无论是尊崇的商务座驾,还是集科技与豪华于一身的超级跑车,都对内饰的用料非常讲究。

汽车内装饰主要是对汽车驾驶室和乘客室进行装饰,统称为内饰。随着私家车的普及,轿车逐渐成为众多爱车一族的第三空间。时尚,温馨,尊贵渐渐成为车主装饰车内空间的流行与个性的方向。如:移动音响、车载氧吧、布艺椅套、桃木内饰等个性化内饰都能营造良好的氛围,带给车主及乘客美好的享受。

学习目标

1.认知目标

(1)了解汽车内饰选用原则。

(2)熟悉实用型与精品美化内饰项目。

(3)熟悉内饰件更换工艺流程。

(4)熟悉内饰件固定方式。

2.技能目标

(1)能够正确选择内饰件。

(2)能够正确指导车主选择内饰精品。

3.情感目标

(1)具有良好的汽车内部装饰专业语言表达与社会沟通能力。

(2)具有良好的组织与协调能力。

(3)具有良好的团队合作精神。

(4)具有良好的职业道德与行为操守。

8.1 汽车内饰的选用及安装

8.1.1 汽车内饰的选用原则

1.美观协调原则

内饰造型、色彩及质地选用要求能给人带来美感。车内饰品要保持干净、卫生、摆放有序,给人一种轻松、舒适的感觉。饰品的颜色必须和汽车的颜色相协调,不可盲目追求高品位、高价位的东西,以免弄巧成拙。

2.舒适实用原则

根据车内空间的大小,车内饰品的色彩和质感尽可能地选用一些能体现车主审美情趣、个性的小巧、美观、实用的饰物,如茶杯架、香水瓶、储物盒等,香水要清新,不宜太浓。

3.行车安全原则

车内饰品绝不能有碍行车安全,如车内顶部吊物不宜过长、过大、过重,后风窗玻璃上的饰物不要影响倒车视线等。

4.环保健康原则

为了保护乘员健康,汽车环保法规对车内空气污染物浓度进行了限制,对内饰材料的使用和限用提出了高要求。

8.1.2 车身的室内装饰部位及主要内容

1)汽车顶棚内衬装饰。
2)侧围内护板和车门内护板的装饰。
3)仪表台的装饰。
4)座椅的装饰。
5)地板的装饰。
6)内室精品装饰。
7)转向控制区装饰。
8)驻车制动杆装饰。
9)后风窗玻璃区装饰。

8.1.3 汽车内饰的选用

1.座椅的装饰及选用

汽车座椅套是汽车的时装,能表达出车主的情趣,体现出车主的个性。在汽车内装饰中,座椅的装饰对汽车整体的装饰风格有非常大的影响。选择真皮座椅、布艺椅套或其他座椅都是体现车主品位的地方。

(1)真皮座椅

真皮座椅作为高档豪华车上的标配装备,俨然已经成为汽车内饰方面拉开档次的重要标志。为了彰显车主的品位,提升乘坐的舒适度,改装真皮座椅就成为很多车主为爱车升级项目中最简单、最见效的一种。真皮座椅如图 8-1 所示。

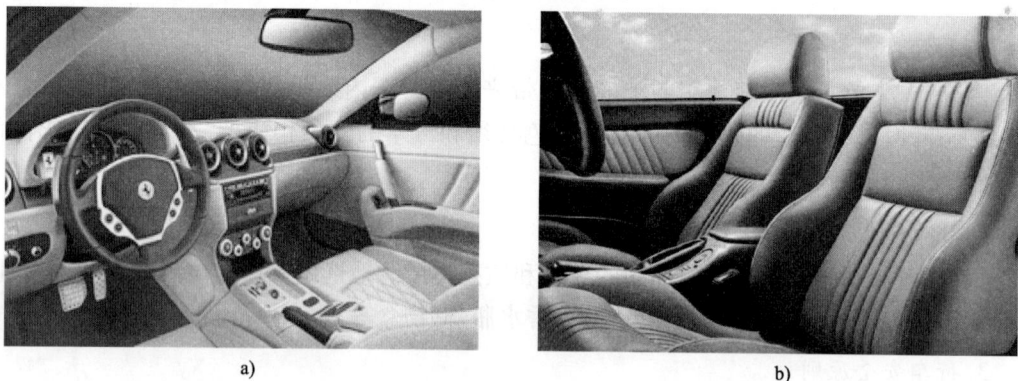

图 8-1　真皮座椅

真皮座椅美观耐用,容易清理,与人体表皮功能接近,触感舒适,其毛细孔具又良好的透气性,表面平滑,有良好的散热性能。另外真皮坐垫不易燃烧,不怕烟蒂烧破,还可增加制冷效果,节省空调消耗等优点,是许多座椅装饰的首选。

(2)布艺椅套

1)布艺椅套特点。

与真皮座椅相比,布艺座椅的透气性能、吸水性能、隔温性能更优。布艺椅套有相当大的选择空间,各种材质、各种花色琳琅满目。椅套按材料可分为化纤、棉混纺、纯棉、丝绒、裘毛几种。其中棉混纺椅套是市面上最常见的,其易洗拆,结实耐用,不易磨损是许多车主最爱的选择。目前,椅套的款式已趋向家居化、装饰化,可根据车型的座椅结构和个人爱好来进行设计,量身定做。但选择椅套要注意颜色和汽车的颜色要搭配,尤其和仪表台、地板和门板的颜色要和谐,小车一般多采用色调鲜艳、花式较丰富的椅套,大车多选用色调较沉、花式单一的椅套。

2)布艺坐垫分类。

按材质不同坐垫可分为纯毛坐垫、混纺坐垫和帘式坐垫 3 类。

①纯毛坐垫。具有乘坐舒适、柔软度好、透气性能优良等特点,同时还可以有效防止车室静电产生,但价格较高,适用于中高档汽车。

②混纺坐垫。混纺坐垫根据参与编织的原料不同,可细分为棉麻混纺坐垫、棉毛混纺坐垫等。其中棉麻混纺坐垫具有透气性能优良、韧性强、易于日常清洁护理等特点,但若护理不当会出现黄变,影响视觉效果。混纺坐垫含棉毛量越高,其柔软程度越好。还有一类化纤与棉麻混纺坐垫,价格低,透气性好,但易产生车室静电。适用于中低档汽车。混纺坐垫如图 8-2 所示。

③帘式坐垫。帘式坐垫一般用硬塑制品或竹制品串连而成,其透气性极佳,适于高温

季节或车室空调环境不良的情况下使用。

2.汽车桃木内饰及选用

桃木装饰美观、高雅、豪华,其优美的花纹具有特殊的装饰效果。作为一种品味和身份的象征,桃木内饰现在已经成为越来越多高档车的必备品,装桃木内饰,不仅是含蓄的品味的象征和表达,同时也是追求个性的需要。桃木内饰主要镶嵌在仪表板(图8-3)、中控板(副仪表板)、排挡杆、门把手、转向盘等地方。桃木内饰有木质材料和仿木质材料之分。

图8-2 混纺坐垫

图8-3 桃木内饰中控台

目前桃木内饰已经有100多种颜色和花纹可供选择,有哑光、光面等种类,较常用的是光面桃木,因为它漂亮而且不影响视线。车主可以根据自己的需要选择不同类型的内饰件。

1)木质材料。一般是指胡桃木和花梨木,多用胡桃木,因为这些木材的优点是纹理优美,坚韧,不会变形。因此,一些高中档轿车用胡桃木做内饰材料,配上真皮或丝绒面料座椅,相辅相成,尽显一种优雅与华贵的气氛。

2)仿木质材料。是一种塑料制品,例如用ABS、PVC(聚氯乙烯)、PC(聚苯乙烯)等材料制造,现代的贴膜技术可令仿制品做得惟妙惟肖,以假乱真,纹路、光泽与真的木质材料极为相似。

3)复合材料。在塑料基体上粘贴上一层极薄的木质镶饰,看上去与木质装饰件完全一样,因此可以自称为桃木装饰件。中低档轿车在桃木内饰上使用仿木质材料以提高档次。

3.汽车顶棚内衬装饰

随着汽车制造技术的不断进步和人们对汽车安全性要求的提高,未来汽车装饰发展将突出(图8-4)。汽车顶棚内饰是汽车整车内饰的重要组成部分,它的主要作用是提高车内的装饰性,同时顶棚内饰还可提高与车外的隔热、绝热效果;降低车内噪声,提高吸音效果;提高乘员乘坐的舒适性和安全性。由于太阳直射车顶,汽车顶部温度较高,因此顶棚内饰的耐热性和耐候性指标要求较严。

1)安全化。为确保行车安全的各种新型的通信设备、自动识别路况的超声波传感器、自动导航

图8-4 汽车顶棚内衬装饰

系统等将被逐步采用。

此外,正撞保护的内部凸出物法规对内饰件的设计形状提出了要求。北美头部碰撞保护法规迫使顶饰零件、立柱零件要进行吸能结构设计。

为了满足侧撞法规要求,门饰板要进行防撞设计,如安装泡沫防撞块,对侧撞区域尺寸形状提出要求等。侧撞法规对座椅的承载能力提出了更高要求。侧围内护板和门内护板的装饰。对 A 柱上护板进行了重新造型设计,体积有所减小,对改善驾驶人视野有帮助。

2)舒适化。汽车顶棚内饰能够降低车内噪声,提高吸音效果,提高乘员乘坐的舒适性。

8.2 汽车内饰精品

车内用品主要分为实用型和美化型两大类,或两者兼顾。汽车内饰部位如图 8-5 所示。

8.2.1 汽车内饰实用型精品

1.头枕

人们常错误地认为头枕是舒适配置,其实不尽然,头枕实际上是头部保护装置。头枕被安装在车里,跟肩—膝安全带一样,是安全装置。当发生追尾事故时,有效的头枕能减少乘员头部向后运动并且降低头—颈受伤的发生。附加头枕如图 8-6 所示。

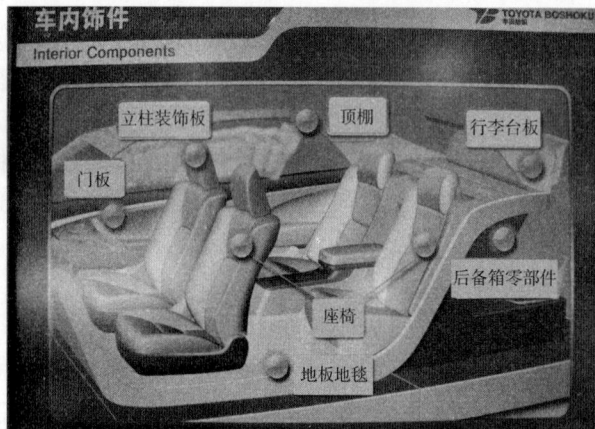

图 8-5 汽车内饰部位

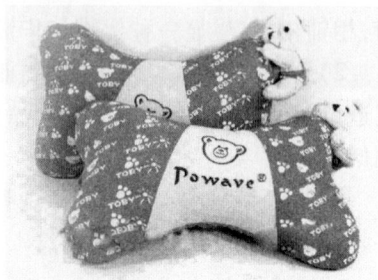

图 8-6 附加头枕

为了减少撞击中的头—颈受伤发生,颈部扭曲必须控制在最小幅度内。设计优良并且正确安装的头枕对此至关重要。有些车型头枕高度可调,有些则不可调,一些低配置的车型后排座椅甚至没有头枕,而一些高端车型的头枕则安装了主动安全装置。头枕应该安装在至少与耳朵上沿平行的地方或者乘员头下约 9cm 的地方。后脑与头枕之间的间距越小越好,最好不要超过 10cm。由于乘员身高各异,因此颈部头枕的调节范围也不同。

很多轿车的头枕位置太靠后,驾驶人如果要直视前方,颈部根本挨不到头枕,所以颈部在开车的时候会很累。安装一个附加头枕,可以减轻颈部的疲劳。附加头枕固定在原有的头枕上,可支撑颈部、头部,使头部、颈部得到最佳呵护。

2. 腰靠

使用非常符合腰部曲线的按摩护腰靠垫,可以有效按摩后腰部穴位,乘坐疲劳一扫而空,增进新陈代谢。按摩腰靠垫如图 8-7 所示。

3. 地胶、脚垫

一般汽车座椅底下都是一种地毡似的物品,是原车整体铺制好的,一旦有脏物、污垢留在上面,很难清理。所以购买新车之后,大多数人都会在座椅底下铺上一层防水、易擦洗的保护物——地胶。地胶分为手缝和成型地胶两种。成型地胶是一次性压制成的,中间无缝,防泄漏性好,但遇凹凸大的车内地面时,铺出的美观性就差一些。一般地胶是用 3mm 厚的橡胶制品做

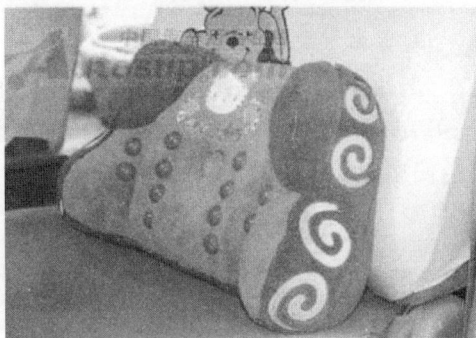

图 8-7　按摩腰靠垫

成的,颜色有灰色、米色、黑色。手缝地胶平整度好,可挑选的颜色较多,同样能有效防止灰尘等杂物进入地毡,但防水能力稍差一些。手缝地胶还可选择不同的厚度,有 2mm 与 3mm 之分,铺较厚的地胶,耐磨性及隔音效果会更好一些。由于地胶是橡胶制品,有些气味、颜色又少,一些高档轿车铺上后觉得档次低,所以改铺地毯,效果较好但清理起来比较麻烦。为了解决这个矛盾,有的车主不全车铺地胶,只是在前后座椅底下摆上各种花色、质地的脚垫,这样即美观又环保。脚垫、地胶如图 8-8、图 8-9 所示。

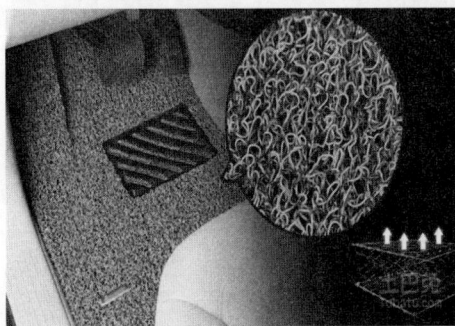

a)丝圈脚垫

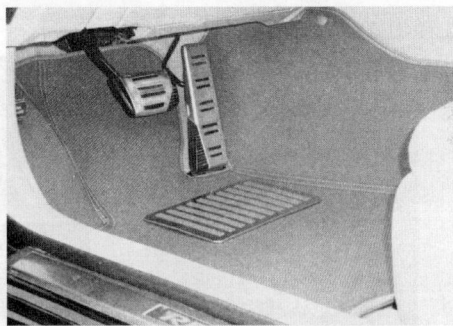

b)全包围脚垫

图 8-8　脚垫装饰

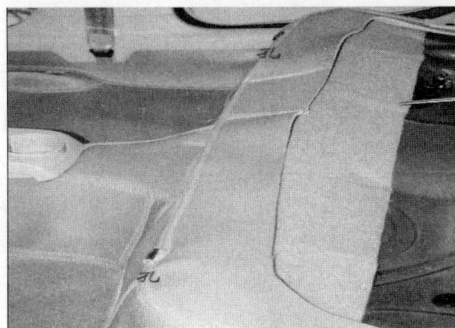

a)地胶安装示意图

b)地胶效果图

图 8-9　地胶的装饰

1）整体材料。总厚 2.8mm，表层耐磨层 0.6mm，中间 PVC 发泡 1.8mm，底层隔音棉 0.4mm。

2）特性。超强耐磨、超强防滑、防火阻燃、防水防潮、吸音防噪。

3）工艺。打版→裁剪→模压 LOGO→精工缝制。

4. 安全带套、CD 套

新款高档布艺系列安全带套，光洁亮丽，柔软抗皱；做工精细，感触细腻顺滑，方便实用，完美装饰车内空间。可有效降低安全带瞬间紧拉或外物碰撞之不适感，设计新颖，质感细腻，使您安全加分。安全带套、CD 套如图 8-10 所示。

a）安全带套　　　　　　　　　　b）CD套

图 8-10　安全带套、CD 套

5. 享受型装饰

书报袋、手机支架如图 8-11、图 8-12 所示，手机支架的底座可以通过吸盘吸在前仪表台上，既轻巧又实用。

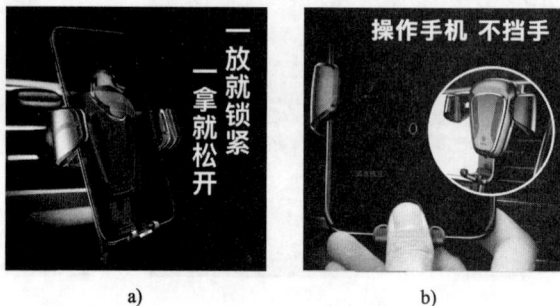

图 8-11　书报袋　　　　　　　图 8-12　手机支架

6. 大视野后视镜

大视野后视镜消除后视盲区拓宽视野。后视镜的可视范围，关系着驾驶者行车时是否能够及时准确地判断路况以及行车安全问题。加装更大宽度和可视角度的后视镜，可以大大提高行车安全。安装也十分简单，只需将产品直接夹在原有后视镜上即可，不用改动车内装置。有一类大视野曲面镜还具有防炫目的特点，使后面车辆的灯光在前车的后视镜中减弱，前面车辆的驾驶人不会觉得晃眼，确保行车安全。

7. 遮阳板

（1）折叠式遮阳板

折叠式遮阳板可以在停车时打开放在前风窗上，能有效地保护仪表盘，也可使座椅不那么烫人。各种遮阳板如图8-13、图8-14所示。

图8-13　太阳能遮阳板

图8-14　普通遮阳板

（2）侧窗太阳挡

对于侧晒或是车尾对着太阳，则将遮阳板放后风窗或侧窗。吸盘式的转帘或卷轴式的遮阳帘也可供选择，只是随后使用起来没有静电吸附的那么方便，如图8-15所示。

（3）防紫外线静电遮阳贴

防紫外线静电遮阳贴图案漂亮、易贴，适合各款车型。能隔绝99%紫外线，并且可以隔热。贴在侧窗上，美观又方便，利用静电贴上，随时可以取下来，反复使用，如果8-16所示。

图8-15　侧窗太阳挡

图8-16　防紫外线静电遮阳贴

使用方法：取出静电贴，贴在窗子上，揭下保护玻璃纸，轻轻按上即可。

8.汽车静电放电器

汽车静电的产生主要有两个来源，一是纤维织物，如地毯、座椅、衣物等摩擦产生的；另一是由于汽车在行驶过程中，空气中的尘埃与车身金属表面相互摩擦产生的。无论是哪种原因产生的静电，都给乘员带来诸多不便，甚至造成伤害。

（1）消除车内静电的方法

1）选择合适配置的内饰纤维。纤维织物的摩擦是重要的汽车静电来源，特别是化纤产品，更易摩擦起电，因此在选择座套、坐垫及脚垫等用品时，推荐使用真皮、麻或纯棉制品。

2）选择合适的车蜡。不同种类车蜡防静电能力不同。在秋、冬季采用防静电专用车蜡，防止汽车产生静电的效果明显。

3）注重静电放电器的使用。静电放电器（图8-17）可以随时将车辆运行使用中产生的静电释放掉，以免静电电压过高击伤乘员或给乘车带来不便。

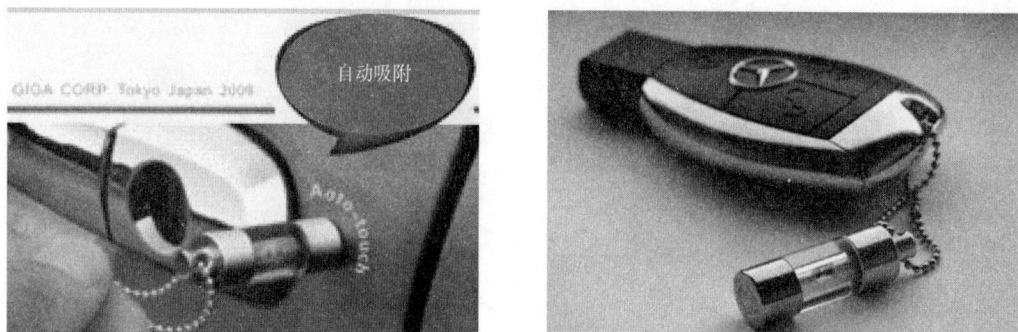

图 8-17　静电放电器

（2）静电放电器分类

静电放电器分为接地式、空气放电式和磁静式三种类型。接地式放电器是较为传统的式样，而空气放电器则外观比较新颖，有些可以和车载天线共用。若想取得最佳的防静电效果，最好让这两种放电器结合使用。采用磁性材料与防静电功能相结合的磁静电放电器。

（3）静电放电器使用方法

将汽车静电消除器金属一端接近带静电（如车门钥匙孔、车身，金属门窗、金属水管等）物体进行放电，可立即消除静电，如放电时达到一定电压，闪光灯会发光。

注意：本款产品含有磁性材料，请勿在禁磁场所中使用，如信用卡、机械手表、精密仪器等，为此引起的磁化可能会导致这些物品的故障和损坏。使用方法如图 8-18 所示。

9. 车载冰箱

车载冰箱如图 8-19 所示。

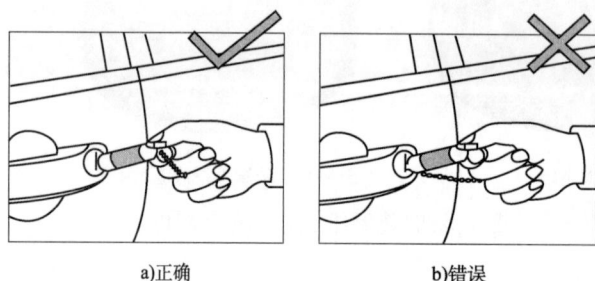

a)正确　　　　　　b)错误

图 8-18　静电器使用方法

图 8-19　车载冰箱

8.2.2　汽车内饰美化型精品

1. 车用香水

带着香味上路，车子有了香味，人的心情愉悦，用香水装点爱车已经成为一种时尚。

（1）车用香水分类

汽车香品一般是由调香师对天然的合成香料经过反复提炼和筛选，将各种香精按照一定的比例勾兑而成，香气持久；有的是从天然香物中提取的香料，还具有杀菌除异味的作用。

目前市场上常用的汽车香品主要有气雾型、液体型和固体型3种,如图8-20所示。

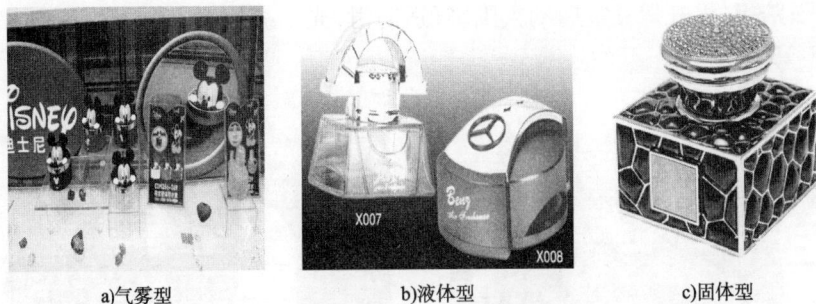

　　　a)气雾型　　　　　　　　　b)液体型　　　　　　　　　c)固体型

图8-20　车用香水分类

（2）香水选用

1）镇定功效型。清凉的药草香味、宜人的古龙香味、薄荷香味、果香味、清甜的鲜花香味,这些味道能消除车内异味使人神清气爽,心情愉悦。

2）舒缓压力型。对于工作压力比较大的车主,可以选一些甜甜的鲜花香味的或清凉的药草香味的香水,这种香水有一些镇定功效,可以尽量舒缓压力。对于有在车内吸烟习惯的车主,那么最好选择有很浓的药草香、清新的绿茶香的香水,可以舒缓车内的烟味。另外,在冬季车主尽量不要选择薰衣草香型香水,因为它的味道过于香甜,容易让人产生困意。

（3）香水质量鉴别

优质香水不仅制作精美、香味持久,还能杀灭细菌,清除异味。劣质的化合产品香水挥发较快,香气刺鼻,可能造成车内的二次污染,其成分会对人体器官,特别是对呼吸系统造成不同程度的刺激。且太阳光的照射一段时间后,颜色会逐渐成为白色。

2. 转向盘套

转向盘是车与人进行"沟通"的最重要的通道之一,多数消费者都非常重视转向盘的舒适性和便利性。大多数车转向盘都是塑料的,到天凉的时候车主在握转向盘时,往往会感到手冷,这时车主可给它穿上合适的转向盘套,这样就可以舒服享受开车的乐趣!

转向盘套分绒套和真皮套两种,如图8-21所示。绒套摸起来舒服,而且颜色更多更活泼,适合女性车主。真皮套显得更高档,设计者在驾驶者的手握位置上设置了凹槽,握上去比较顺手。

　　　　a)真皮　　　　　　　　　　b)绒布

图8-21　真皮、绒布转向盘套

3. 脚踏装饰板

运动金属踏板,提升驾驶室运动氛围,舒适防滑,光洁亮丽,质感十足,瞬间提升脚踏板档次,如图8-22所示。

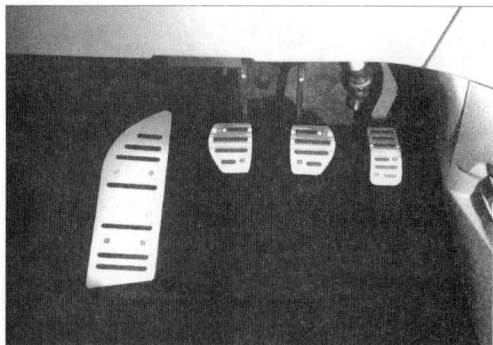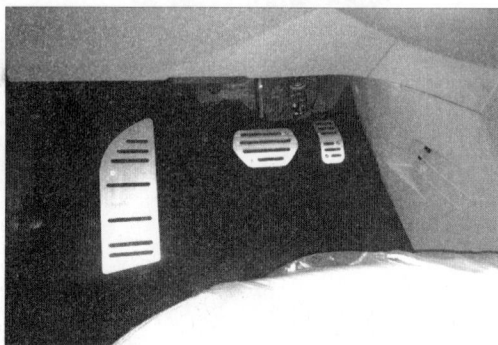

a)手动   b)自动

图8-22 脚踏装饰板

4. 仪表板的装饰

仪表板的装饰如图8-23所示。

图8-23 仪表板的装饰

本章小结

本章是学习汽车内部装饰,包括汽车内饰的选用与安装,选用原则、主要内容及装饰部位,以及汽车内饰精品,实用型和美化型。通过本部分内容的学习,能够正确选择相关美容用品及工具设备,顺利完成汽车装饰工作。

自测题

一、单项选择题（把正确答案的序号填写在括号内）

1. 当发生追尾事故时,（　　）能减少乘员头部向后运动并且降低头—颈受伤的发生。

   A. 附加头枕　　　　　B. 头枕　　　　　　　C. 安全带　　　　　D. 以上都不是

2. （　　）具有透气性能优良、韧性强、易于日常清洁护理等特点。

   A. 棉毛混纺坐垫　　　B. 纯毛坐垫　　　　　C. 棉麻混纺　　　　D. 以上都不是

3. 车用静电放电器分为接地式,（　　）和磁静式 3 种类型。

   A. 接地式　　　　　　B. 空气放电式　　　　C. 棉麻混纺　　　　D. 以上都是

4. 汽车桃木内饰选用的材料是（　　）。

   A. 木质材料　　　　　B. 仿木质材料　　　　C. 复合材料　　　　D. 以上都是

二、判断题（在括号内正确打√,错误打×）

1. 真皮座椅美观耐用,容易清理,还可增加制冷效果。　　　　　　　　　　　　（　　）

2. 汽车氧吧可以过滤空气,达到除烟、降尘的目的。　　　　　　　　　　　　（　　）

3. 头枕跟肩、膝安全带一样,是头部保护的安全装置。　　　　　　　　　　　（　　）

4. 劣质的化合产品香水挥发较快,香气刺鼻,且太阳光的照射一段时间后,颜色会逐渐成为白色。　　　　　　　　　　　　　　　　　　　　　　　　　　　　　（　　）

三、简述题

1. 简述汽车内饰品选用原则。

2. 简述汽车内饰美化精品内容。

3. 简述汽车静电的产生的主要来源。

第9章 汽车加装与改装

导言

汽车加装是在汽车上安装必要的防护及示警装置,通过这些装置的工作最大限度地为汽车和乘员提供预防性防护。汽车防护可以为乘员提供保护,可以为车辆安全管理提供保障,还可以为乘车或驾车提供便捷服务。

本章主要学习汽车车加装与改装,包括汽车天窗、加装、导流板扰流板加装、车轮、音响、灯光改装以及电子产品加装等。通过本章内容的学习,能够正确选择相关用品及工具设备,顺利完成汽车加装与改装工作。

学习目标

1. 认知目标
(1)了解汽车天窗的作用及换气原理。
(2)掌握汽车天窗的种类。
(3)掌握导流板与扰流板的概念。
(4)理解导流板与扰流板的作用原理。
(5)了解汽车轮胎的特性及重要参数。
(6)掌握轮胎升级的相关因素。
(7)了解汽车汽车避撞技术。
(8)了解倒车雷达类型及原理。
(9)掌握倒车雷达安装要求。
(10)了解汽车音响的主要构成。
(11)了解汽车音响产品的主要功能特征。
(12)掌握车内音响改进方法。
(13)熟悉汽车电子产品的加装。
2. 技能目标
(1)会正确选择加装项目。
(2)能够正确安装导流板与扰流板。
(3)能正确进行倒车雷达安装操作。
(4)能正确进行轮胎改装。
(5)能正确进行常见汽车电子产品的加装。

3. 情感目标

(1)具有良好的汽车加装与改造专业语言表达与社会沟通能力。

(2)具有良好的组织与协调能力。

(3)具有良好的团队合作精神。

(4)具有良好的职业道德与行为操守。

9.1　加装天窗

如今,市场上越来越多中高档车都配有天窗,有天窗的轿车能够促进车内空气流动,通风效果好。更可以使车内空间看起来显得更加宽敞、舒适,具有透气感,也可以使车体外观看起来更为美观高档。

9.1.1　汽车天窗的作用及换气原理

1. 汽车天窗的作用

1)换气。换气是汽车开天窗最直接、最主要的目的。天窗作为一种新型的换气设备,它采用负压换气,抽去车内浑浊的空气,改善车内空气的交换状况,保持车内新鲜空气充足。

2)节能。开启天窗可降低车内温度,加强冷气效果,节省能源。经测试,阳光暴晒下的车内温度可高达60℃。这时打开天窗,比开空调降低车内温度速度快2～3倍,并可降低能耗30%左右。在行车时开启天窗比开启侧车窗风阻系数小,因此在中速行驶时可以开启天窗从而避免增加更多的油耗。

3)除雾。春夏两季雨水多、湿度大,前风窗玻璃容易形成雾气。打开车顶天窗至后翘通风位置,可以轻易消除前风窗的雾气,改善视觉效果,保证行车安全。使用天窗除雾,不仅快捷,而且不必担心雨水被吹进车内。

4)提高汽车档次。天窗不仅是一种很好的换气设备,还起到增加轿车的美观,提高汽车的档次和装饰效果。

5)开阔视野。开启天窗使驾驶人有投入大自然的感受,沐浴着阳光,驱除被封在车厢内的压抑感。

2. 天窗换气原理

车厢换气包括进气和排气,没有天窗的汽车进气是由进风口采用鼓风等方法实现的,排气是利用行车时车体内外产生的正负压差,使车厢内气体通过缝隙和排气孔排出。此种进气、排气方式使得排气不通畅,进气受阻,车内空气无法快速更新。

天窗换气利用的是负压原理,打开天窗时首先将车内的空气抽出,而不是直接进风,污浊的气体被抽走后,从进气口补充进来经过过滤的新鲜空气。采用这种先排气后进气的换气方式,可加快空气的更新速度,对空调的影响也很小。

9.1.2 汽车天窗的种类

1.按动力形式分类

1）手动式。用手的力量开启和关闭的天窗,称为手动式天窗。

2）电动式。以电力为动力而进行开启和关闭的天窗,称为电动式天窗。

2.按开启方向不同分类

1）外掀手推式天窗。外掀手推式天窗是用手的力量推开或关闭的天窗,其结构原理与大公交车上的一样,采用绿水晶玻璃,可阻隔99.9%的紫外线和96%以上的热能,在行驶过程中天窗开启时没有噪声,如图9-1所示。

2）外掀电动式天窗。外掀式电动天窗在开启后向车顶的外后方升起。采用绿水晶玻璃,可阻隔99.9%的紫外线和96%以上的热能;具有防夹功能和自动开关功能;配有可拆式遮阳板,如图9-2所示。

图9-1　外掀手推式天窗

图9-2　外掀电动式天窗

3）敞篷式天窗。敞篷式天窗在开起时分段折叠在一起,在开启后天窗完全打开,敞开的空间大,结构紧凑。使用三层高品质的特殊材料组合而成,外层采用特殊的防紫外线及隔热PVC材料,具有防紫外线和隔热的效果,如图9-3所示。此款天窗非常前卫,适合年轻人口味,但天窗的密闭防尘效果略差一些。

图9-3　敞篷式天窗

4）内藏式天窗。内藏式天窗在开启后可以保持不同的弧度。采用绿水晶玻璃,可阻隔99.9%的紫外线和96%以上的热能;具有防夹功能和自动关闭功能,能确保使用者不被天窗机构夹着。并采用自动控制,当发动机熄火3s后自动关闭天窗,具有防盗功能。配有独立的内藏式太阳挡板。此类天窗结构复杂,功能齐全,使用方便,为豪华装饰精品,如图9-4所示。

5）全景天窗。全景天窗实际上是相对于普通天窗而言。一般而言,全景天窗首先面积较大,甚至是整块玻璃的车顶,坐在车中可以将上方的景象一览无余。全景天窗的优点是视野开阔,通风良好。不过全景天窗也有一些缺点:成本较高;落尘需要清理,否则影响视线;车身整体刚度下降,安全系数降低。但无论怎样,全景天窗超大视野的享受,还是受到众多消费者的青睐,如图9-5所示。

图9-4　内藏式天窗　　　　　　　　　　　　　　图9-5　全景天窗

9.1.3　汽车天窗的加装

1. 天窗安装的工艺与作业项目

1)洗车。

2)检查车况。

3)把车门和座椅用保护套套好,防止污损。

4)定位。利用胶带将施工图固定在准备开天窗的位置。

5)画线开孔。用刀片将车子内饰板切割下来,再用电剪将天窗位置剪出来。

6)切口打磨、清洁,涂防锈漆。

7)拆开仪表台,布线安装电动机。

8)加装天窗。

9)淋水测试天窗的密封性。

2. 加装天窗技与要求

天窗的质量是保证正常使用的关键。挑选时应从天窗的外观、框架刚度、机械结构及电控装置等方面认真判别,高质量的天窗应外观光滑平顺、框架刚度较好、机械结构合理、工艺精致、使用舒畅。

汽车加装天窗在汽车装潢中属技术要求较高的一类。目前国内用户要求加装天窗的轿车多数为国产轿车,许多人并不了解这些车在原设计中是否允许加装或加装需怎样的加固措施。不按原设计规定的要求加装天窗的车顶,对车身特别是车顶质量会产生不利的影响。开天窗后车顶整体受力会变弱,在车身设计时,车顶是一整体,横、纵顶梁与侧围成为一体。在车身受力时,力的传递路线已经设计好了,而天窗的切割面积相对较大,切割后势必会对车身的骨架造成破坏,对整体受力造成影响。在加装天窗时,车顶的刚度会大大降低,因力的传输路线改变,会发生很多不可预知的情况,毕竟整体被破坏,会影响到很多方面,而且很多是细微变化不易察觉。另外,汽车的前后各有一个压溃区,车身整体是一刚性体,加装天窗后,如发生严重的碰撞事故,碰撞能量天窗是无法吸收的,主要因为天窗是固定在车顶,况且加强点又不多,天窗往往会脱落下来。

特别注意:

1)车身设计专家指出:如已加了天窗,车主尽量不要用加强梁进行补救。虽然加装天窗时加设了加强梁,但这些加强梁采用的是局部焊接,由于车顶相对较薄,焊点强度一般不会很大,所以对车顶的结构不会起到实质性的加固作用,在发生事故时这些横梁还可能成为一把把锐利的武器,会对司乘人员的安全造成直接的威胁。吉普车和跑车的车顶有相对复杂的钣金结构、有的汽车车顶还有空调管路、电路、灯具等设备,一般不具备后加装天窗的条件,不适合后加装天窗。

2)不正确安装的天窗会下沉。由于一般的天窗都是固定在车顶上,为了保证车顶不变形,原装天窗的汽车在车顶都要做特殊处理,一般不会对车身的结构安全造成影响;而私自加装的天窗,如果安装的不正确,车辆在经过多次颠簸后,天窗会下沉,有时也会造成车身变形。加了劣质的天窗后,可能出现漏水、车顶生锈、电路断开等情况,出现这些问题最好的挽救办法是重新返工、对车顶的锈蚀部位和电路进行重新处理。

9.1.4　汽车天窗的使用与维护

天窗保养的重点在密封胶条和轨道上。日常洗车时,一般都不可能清理到天窗,这样被水枪冲掉的尘土就会流入天窗的轨道内,形成沉积物。如果不单独清洁天窗轨道,久而久之,天窗的开闭就会显得不顺畅,甚至发出异响。

1)春季在北方风沙较大的地区,天窗的滑轨、缝隙中会有不少砂粒沉积,如不定期清理,则会磨损天窗各部件。应经常清理滑轨四周,避免沙尘沉积,用幼细的滑石粉经常保养可延长天窗密封圈的使用寿命。一般在使用2~3个月的时候,把密封胶条或滑轨用纱布沾着清洗水清洗一下,待擦干净后涂抹少许润滑油或润滑脂就可以了。

2)开启天窗前应注意车顶是否有阻碍天窗玻璃面板运行的障碍物。天窗玻璃面板设计有隔绝热能和防紫外线的功能,请用软布和清洁剂清洗,切勿用黏性清洗剂清洗。

3)使用天窗最大的顾虑就是漏雨、漏水,天窗的正确使用和维护能有效避免漏水。天窗玻璃面板由一个高弹性、防磨损橡皮密封条密封,可用浸湿的海绵清洁以保持干净;在密封条等橡胶部件上经常喷涂少许塑料防护剂或滑石粉能延长其使用寿命。天窗的移动部分由低保养材料制成,应用一段时间之后需要用润滑油或润滑剂(不能用润滑脂之类)清洁它的机械活动部分。

4)冬季在雪后或洗车后,天窗玻璃与密封胶框可能被冻住,这时如果强行打开天窗,易使天窗电动机及橡胶密封条损坏。正确的做法是,在雪后或者洗车后,将天窗打开,擦干边缘残留的水分。在平时洗完车后,要及时清理天窗的密封条及凹槽内的沙尘、树叶或小树枝等脏东西。同时需要强调的是,碰到雨季时,由于沿海地区雨水中含有酸性物质,因此在实际售后维护过程中,会发现车主的天窗玻璃出现斑痕,虽然对安全和材质没有太大影响,但影响美观,所以也需要细心处理。

5)在极为颠簸的道路上最好不要完全打开天窗,否则可能因天窗和滑轨之间振动太大而引起相关部件变形甚至使电动机损坏。

6)在使用电动天窗时,一定要特别注意旋钮的使用,因为很多天窗的故障的发生是由于拧错旋钮的旋转方向导致的。

7)天窗设有排水管道,如果沉积物较多,也会堵住管道,影响排水,从而使水漏进车厢内。因此,建议车辆在长久停放前,要用滑石粉彻底清洁一次天窗,以避免长时间不使用造成密封胶条老化。

温馨提示:根据最新的《道路交通安全法》,车主擅自改装车辆可能会跟该法抵触,因此加装天窗可能会有汽车年检不过的风险。因此打算加装天窗的朋友,一定要先咨询交管部门后再作决定。

9.2　汽车导流板与扰流板装饰

据德国奥迪公司风洞试验的结果表明:当汽车在时速超过60km/h,空气阻力就会大量消耗发动机的能量,影响车速。随着高速公路的快速发展,现代轿车的经常行驶时速达到100km左右,最高时速高达200km,因此,轿车的车身设计既要服从空气动力学,又要有尽量低的空阻系数,目前不少轿车在车身的前后端安装导流板和扰流板,以提高轿车的性能,保证轿车的行驶安全。从空气动力学的原理来讲,当车速达到一定数值时,气流对汽车所产生的升力有将车子向上托起的倾向,从而减小了车轮与地面的附着力,使车子发飘,造成行驶稳定性变差。

9.2.1　导流板与扰流板的概念

汽车在高速行驶时在轿车底盘下的气流会钻进车体底部不同形状的漏口里,由此而产生阻力,阻碍轿车行进。当气流通过轿车底部时,可对车体前部和发动机底部产生压力,这种压力使车体前端产生略为向上抬起的提升力,导致轮胎抓地能力降低,从而影响轿车转向的控制能力。导流板与车身前裙板联成一体,能减少涡流的产生,减小前端阻力;同时减少了进入车辆下部的空气总量,减低车底气压,降低前端提升力。

1. 导流板

为了减少轿车在高速行驶时所产生的升力,汽车设计师在轿车外形方面做了改进,将车身整体向前下方倾斜而在前轮上产生向下的压力,将车尾改为短平减少从车顶向后部作用的负气压而防止后轮飘浮;并且还在轿车前端的保险杠下方装上向下倾斜的连接板。连接板与车身前裙板联成一体,中间开有适当的进风口加大空气流度,减低车底气压,这种连接板是指轿车前部保险杠下方的抛物型风罩也就是导流板,如图9-6所示。

2. 扰流板

在轿车行李舱盖后端设置像鸭尾似的突出物,用于阻滞一下车顶冲下来的气流,使其形成向下的作用力,这种突出物被称为扰流板,又称为"汽车扰流器"或"汽车尾翼",如图9-7a)所示,图9-7b)所示的"汽车尾翼"是安装在行李舱盖上的。扰流板能阻滞从车顶冲下来的气流从而形成向下的作用力,减少车辆尾部的升力提高行车安全性。

a)　　　　　　　　　　　　　　　b)

图9-6　汽车导流板及作用

有些旅行轿车的顶盖后缘安装扰流板,使顶盖上一部分气流被引导流过后窗表面。这样既可使后窗后部的升力降低,也可引导气流将后窗表面浮尘消除,避免尘污附着而影响汽车后视野。在许多普通轿车上,也装有扰流板,其实由于这些车的速度都不是很高,因此扰流板难以发挥实际作用,而美化车身外观则成了安装扰流板的最大用途。

a)　　　　　　　　　　　　　　　b)

图9-7　汽车扰流板

9.2.2　扰流板的作用

扰流板的作用主要是为了减少车辆尾部的升力。如果车尾的升力比车头的升力大,就容易导致车子转向过多、后轮抓地力减小、高速稳定性差。利用扰流板的倾斜度,使风力直接产生向下的压力。以排气量为1.8L的轿车为例,如果装上尾翼,空气阻力系数降低20%,在一般道路上行驶,耗油量减少或许不明显。但在高速公路上以120km的时速行驶,则能省油14%,此时汽车尾翼的作用就很明显了。但是,扰流板同时也增加了风阻,如F1赛车的风阻系数接近1.0(一般轿车为0.3~0.5)。这里就要求在设计时必须"恰到好处",使增加的风阻与改善的性能相对非常小。升力与风阻一样,与车速的平方成正比,在时速 120km 的升力,是时速 60km 的 4 倍,是时速 40km 的 9 倍。因此行驶速度较高的汽车,如高级轿车和跑车,一般都装有扰流板。

汽车上的扰流板有多种式样,赛车上的扰流板安装较高,这是为了使气流直接作用在扰流板上,使气流产生的下压力不再作用在车身而抵消其效应,因此必须将扰流板离开车身表面安装,有些旅行轿车的车顶后部安装扰流板,使得车顶上的一部分气流被引导流过后车窗表面,这样既可使车辆后部的升力降低,也可利用气流将后车窗表面浮尘清除,避免灰尘附着影响汽车后视野。

9.2.3 导流板与扰流板的安装

1. 导流板和扰流板材料选择

1)玻璃钢。这类尾翼造型多样,有鸭舌状的、机翼状的、直板式的,比较好做造型,不过玻璃钢材质比较脆,韧性和刚性都不大,价格比较便宜。

2)铝合金。这类尾翼导流和散热效果不错,而且价格适中,但是质量要比其他材质的尾翼稍大些。

3)碳纤维。这类尾翼刚性和耐久性都非常好,不仅质量轻而且也是最美观的一种尾翼,现在广泛被 F1 赛车采用,但价格比较昂贵。

2. 技术标准及要求

1)是否加装导流板,要根据汽车经常行驶的道路情况而定。因为加装了导流板的汽车的最小离地间隙变小,只适合在平坦和良好的道路上行驶,如果汽车经常要在不平的路面上行驶,那就不适合加装。

2)是否加装扰流板要看车型。实际上,汽车在低速时,气流对汽车的影响较小,扰流板的作用根本不大,所以经济型轿车装扰流板益处不大。非但无益,将扰流板这么大突出物安在汽车尾部,反而会增大风阻,因此加装扰流板带来的直接后果是油耗上升。经济型轿车考虑得更多的是经济性,所以,对于以经济性为主、车速又不是很高的经济型汽车来说,装一个不常用甚至根本用不到的东西,还要增加金钱的付出,这种做法完全和车的定位相悖。当然为了美观的目的除外。

3)尽可能加装优质的导流板和扰流板,因其形状尺寸是由精确设计计算而确定的。只有这样,其空气动力学特性才能发挥出来(扰流板过大或过小都起不到应有的作用,甚至反而增加车辆的行车阻力)。

4)为了充分发挥扰流作用,使没有乱流的气流直接作用在扰流板上,必须将扰流板离开车身表面安装。

5)扰流板的主要作用是为了减少车辆尾部的升力,如果车尾的升力比车头的升力大,就容易导致车辆过度转向、后轮抓地力减少以及高速稳定性变差。

3. 导流板的安装工艺与要求

汽车导流板的安装如图 9-8 所示,具体安装步骤如下:

图 9-8　导流板的安装

1）拆下前保险杠下部的车身板件。

2）在前保险杠的下面换上新导流板，并与两个轮罩对中，还要保证导流板前面的上缘落在前板的里边。

3）用台虎钳夹把导流板的边角夹紧到轮罩上。

4）将前车身板件的安装孔用画线方法转到导流板上。

5）用画线方法将导流板端部的安装孔转到轮罩上。

6）在金属薄板和导流板上，用钻头钻 6 个孔。

7）用 6 个螺栓松弛地将导流板安装就位，检查是否正确对中。

8）拧紧 6 个紧固螺栓。在轿车前端的保险杠下方装上导流板，在轿车行李舱盖上后端装上扰流板等。

4.扰流板的安装工艺与要求

（1）扰流板的安装方式

安装方式主要有粘贴式和螺栓固定式两种。

1）粘贴式。可避免破坏行李舱盖，不会导致行李舱漏水。

2）螺栓固定式。固定牢固，但因有钻孔会破坏行李舱盖的表面，且安装不好时会发生行李舱漏水现象。

（2）螺栓固定式安装方法

1）在行李舱盖上找到适合的位置. 再与扰流板上的螺栓孔配合，做好记号，在行李舱盖上钻通孔。

2）在钻孔位置与扰流板接合处注上硅胶以防漏水。

3）将固定螺栓由行李舱内侧向外固定锁紧。

9.3　车轮改装

9.3.1　车轮轮胎的选装

轮胎是汽车的重要部件，在汽车轮胎上的标识有 10 余种，正确识别这些标识和花纹对轮胎的选配、使用和维护十分重要，如图 9-9 所示。

1.汽车轮胎认识

（1）商标（厂家）及特性

当前常用的轮胎品牌有：米其林、固特异、倍耐力、普利司通、邓禄普等，轮胎商标如图 9-10 所示。

轮胎性能对比见表 9-1。

（2）轮胎规格、载质量、速度级别参数

国际标准的轮胎规格由六部分组成，"轮胎宽度（mm）＋轮胎断面的扁平率（％）＋轮胎

类型代号 + 轮辋直径(英寸) + 负荷指数 + 许用车速代号"。轮胎宽度、轮辋直径及轮胎断面的扁平率如图 9-11 所示,其中扁平率为轮胎断面度与断面胎宽百分比。

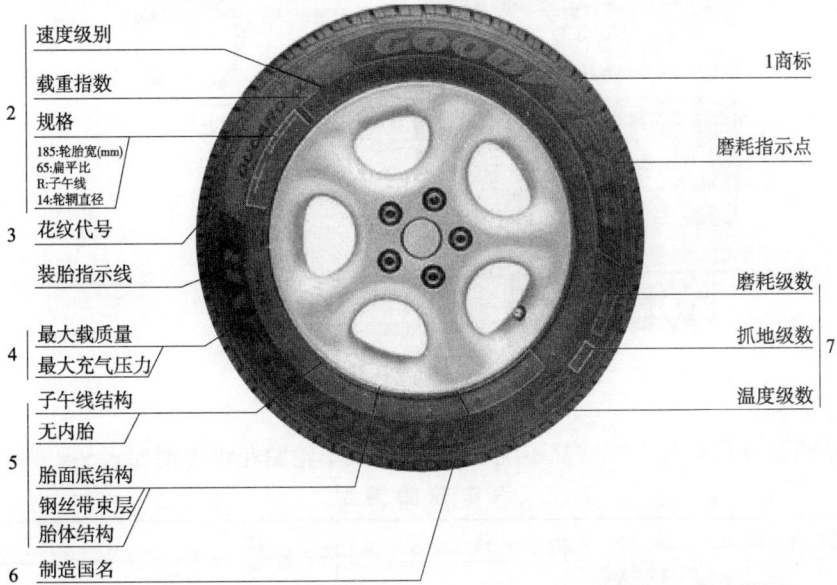

速度级别
载重指数
2　规格
185:轮胎宽(mm)
65:扁平比
R:子午线
14:轮辋直径
3　花纹代号
装胎指示线
4　最大载质量
最大充气压力
子午线结构
无内胎
5　胎面底结构
钢丝带束层
胎体结构
6　制造国名

1商标
磨耗指示点
磨耗级数
抓地级数　7
温度级数

图 9-9　轮胎标识示意图

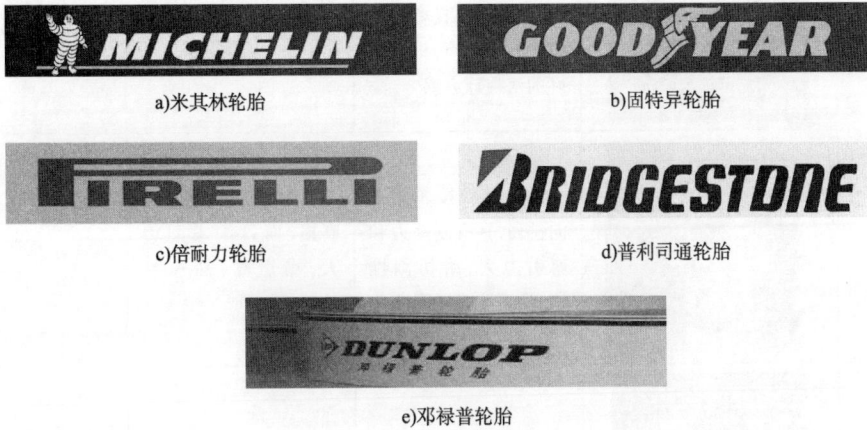

a)米其林轮胎　　b)固特异轮胎

c)倍耐力轮胎　　d)普利司通轮胎

e)邓禄普轮胎

图 9-10　汽车轮胎商标

轮 胎 性 能 对 比　　　　　　　　表 9-1

序号	性　能	优 劣 顺 序
1	舒适静音性	米其林 > 邓禄普 > 普利司通 > 固特异 > 倍耐力
2	运动能力	倍耐力 > 固特异 > 邓禄普 > 普利司通 > 米其林
3	耐磨	普利司通 > 倍耐力 > 邓禄普 > 米其林 > 固特异
4	安全系数	倍耐力 > 固特异 > 邓禄普 > 普利司通 > 米其林

图 9-11　汽车轮胎结构尺寸示意图

（3）轮胎花纹

汽车轮胎花纹代号各个厂家都不统一,常见的汽车轮胎花纹类型如表 9-2 所示。

汽 车 轮 胎 类 型　　　　　　　　　　　　　　表 9-2

轮胎花纹类型	图　示	优　点	缺　点	应　用
条形花纹		滚动阻力小,不易侧滑,可以提供良好的操纵稳定性能,良好的高速性能低噪声,提供良好的驾乘舒适感	较差的制动性能和湿地稳定性能,而且在负荷下容易出现开裂现象	轻型客车、普通轿车以及摩托车
羊角花纹		胎面花纹按轮胎轴向排列,具有制动力和牵引力大、耐切割性能、耐磨性能好等优点	易侧滑、易发生异常磨损,而且滚动阻力大、噪声高、高速性差等	运及车辆驱动轮位或自卸车、工业车辆以及巴士后轮
复合花纹		兼备纵沟和横沟花纹的优点,轮胎台面中央的条形花纹(纵向)可为轮胎提供良好的操纵性能并能防止侧滑,胎面肩部的羊角花纹(横向)为轮胎提供良好的牵引性能和制动性能		应用广泛,主要装在货车及巴士的前后轮

续上表

轮胎花纹类型	图 示	优 点	缺 点	应 用
块状花纹		花纹沟之间相互连接,呈独立的花纹块状结构,驱动力和制动力强	耐磨性差,寿命短,行驶摩擦力大,易产生异常磨损	用于轿车的全天候及雪地轮胎和商用车的后轮及越野车等
不对称花纹		增大了转弯时外侧花纹的着地压力,提高了高速转弯性能,并补足了外侧花纹的耐磨性能	须注意轮胎的正确安装方向	一般轿车子午线轮胎及高速客车全钢丝轮胎和竞技用车等
单导向花纹		良好的导向性,卓越的制动性能,极佳的排水性能,雨天优秀的稳定性	安装位置必须与行驶方向相同	高速轿车

(4)最大载质量、最大充气气压

"载重指数"是一个对应于最大载质量的数字(单位:kg),表明了轮胎在正常充气情况下能够承受的最大质量。

最大充气压力是代表这条轮胎所能承受的最大气压,单位是千帕(kPa)。如图9-12中,该款汽车轮胎的最大载质量为475kg,最大的充气气压为300kPa。

图9-12 汽车轮胎最大载质量及最大气压标记

(5)轮胎结构

STEEL——钢丝,NYLON——尼龙,POLYESTER——纤维。每一条轮胎的胎壁上都标有该轮胎的构造详情。也就是说,这条轮胎的胎冠、胎侧是由几层构成,如图 9-13 所示。

图 9-13　汽车轮胎结构标记

图 9-14　制造国名

（6）制造国名

如图 9-14 中该轮胎为中国南京制造。

（7）安全标准

1）DOT 标准

DOT 是指该轮胎符合美国运输部（Department of Transportation）轮胎安全标准,并且核准用于高速公路。DOT 之后的头两个字母指示轮胎的制造厂和厂房代码,第三和第四字符标示出轮胎尺寸,第五、第六、第七和第八（选择性的）字符指出轮胎的品牌以及其他重大特性,第九和第十字符标示出轮胎生产的周数,最后一个数字标示轮胎的生产年份。

2）ECE 标准

ECE（Economic Commission for Europe）欧洲经济委员会要求与 1997 年 10 月 1 日起在会员国内生产的所有车辆和两用车辆都必须使用合格轮胎。

3）UTQG 标准

UTQG（Uniform Tire Quality Grade）表示"一致的轮胎质量等级",是美国政府运输部（DOT）国家公路交通安全管理局（NHTSA）规范。由三个等级构成,根据美国政府法规所规定的条件下进行测试,这三个等级分别是:耐磨指数、循迹等级和耐温等级。

2.汽车轮胎选配升级

（1）轮胎的升级类型

1）品质升级

使用与原厂配套轮胎相同规格的轮胎,并换用等级更高的轮胎。以此获得更美观的胎面花纹,更好的排水性能,更小的滚动噪声,以及更好的行驶稳定性等,如图 9-15 所示。

2）规格升级

在车身底盘结构允许的范围内,将轮胎进行规格上的升级,也就是将轮胎直径加大,或者将轮胎胎面加宽。既提高了轮胎的行驶稳定性,换胎后的车辆也更加时尚。同时也完成了品质的升级。但是轮胎规格的升级一般要伴随着轮辋的升级,如图 9-16 所示。

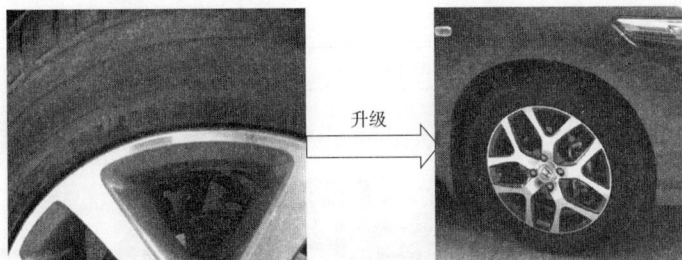

图9-15 汽车轮胎品质升级

a)升级前　　　　　　　　　b)升级后

图9-16 汽车轮胎规格升级

（2）轮胎升级的有关因素

1）明确轮胎升级的目的。

2）考虑车辆的用途。普通家用轿车,要考虑轮胎的耐磨性;运动型轿车要考虑胎面花纹和地区气候。

3）认识到轮胎升级可能带来的问题,将负面作用降到最低。

4）更换的车轮直径与原厂车轮直径差不超过3%。

5）轮毂轮胎宽度匹配。匹配尺寸见表9-3

轮毂轮胎宽度匹配尺寸关系　　　　　　　　　　　表9-3

序 号	轮辋直径(in)	轮 毂 宽 度	适合轮胎宽度(mm)
1	15	5.5J~6.0J	175/185/195/205
2	16	6.5J~7.0J	195/205/215/225
3	17	7.0J~7.5J	205/215/225

3. 汽车轮胎换装

汽车轮胎换装步骤如表9-4所示。

汽车轮胎换装实施步骤　　　　　　　　　　　表9-4

步骤	操作内容	操作示范图	操作要点及技术要求
1	拆卸车轮		先用套筒扳手将该轮胎固定螺栓对角拧松后,再用千斤顶把车辆局部举升起来。禁止使用气动扳手操作,会对螺母和螺栓产生损伤

続上表

步骤	操作内容	操作示范图	操作要点及技术要求
2	拆装轮胎		在轮胎拆装机上放尽胎气,去掉平衡块,用胎唇拆卸器将原车轮胎与轮毂分离,接着锁紧轮毂,用垂直杆将轮胎拆出,然后给胎唇涂上润唇膏或肥皂水,将轮胎套上轮辋,用垂直杆装入轮胎
3	轮胎充气		从轮盘上松下轮胎,将充气管接头与轮胎气门相连,在给轮胎充气时,应慢慢压充气枪几次,确定轮胎气压不超过厂家给出的轮胎气压范围
4	车轮动平衡		新轮胎充足气后,必须做动平衡试验,以避免车轮高速运动时产生动不平衡,造成方向抖动、轮胎过度磨损等现象
5	安装车轮	在拧螺栓时切忌不要按照顺时针或逆时针将螺栓依次拧上,而是要按照对角线的顺序来拧螺栓,保证每颗螺栓受力均匀。	按照规定力矩的要求,拧紧车轮螺栓
6	四轮定位		进行四轮定位,包括主销后倾角、主销内倾角、前轮外倾角、前轮前束、车轮外倾角和后轮前束六项内容。目的是使汽车保持稳定的直线行驶和转向轻便,并减少汽车在行驶中轮胎和转向零件的磨损

9.3.2　车轮铝合金轮毂的选装

铝合金轮毂以其美观大方、安全舒适等特点博得了越来越多私家车主的青睐。铝合金轮毂除了有坚固耐用、美观的优点,它还省油、散热好且圆度好。汽车用铝合金轮毂是以铝合金为原材料,其制作工艺分铸造和锻造两种。现在,几乎所有的新车型都采用了铝合金轮毂,并且很多车主也将原来车上用的钢圈轮毂换成铝合金轮毂。

1. 铝合金轮毂性能特点

(1)提高了行车的舒适性

铝合金轮毂具有吸收振动和反弹力量的金属特性。经数控机床加工尺寸精度、圆度高,精度高达0.05mm,运转平衡性能佳,有利于消除转向盘抖动和轮胎偏磨现象。偏摆跳动小、平衡好,才使汽车行驶平稳舒适,铝合金轮毂如图9-17所示。

图9-17　铝合金轮毂

(2)正常行驶,节省燃油

平均每个铝合金轮毂比相同尺寸的钢轮毂轻2kg,一辆车用5个轮毂质量便减轻10kg。根据日本实验,一辆轿车的质量每减轻1kg,一年约节省20L汽油。而美国汽车工程师学会发表的研究报告指出,铝合金轮毂虽然比一般钢轮毂贵,但每辆汽车跑到2万km时,其所节省的燃料费便足够抵回改装轮毂的成本。由于所换铝合金轮毂的质量,减少了四轮的转动惯性,使汽车的加速性提高了,并相对减少了制动的能量需求,从而减少了油耗。

(3)提高了行车的安全性

铝合金轮毂的散温系数是普通钢铁轮毂的3倍。散热效果好,制动盘和制动卡钳能保持优良的制动性。长途高速行驶之时,也能让轮胎保持在适当的温度,使轮胎不易老化,延长使用寿命,降低爆胎的几率。

(4)提高了整车的美观效果

铝合金轮毂外观设计精美,造型多样,可做到车毂合一,尽显完美,提高整车的美观效果。

2. 铝合金轮毂的维护

1)当轮毂温度较高时,应让其自然冷却后再进行清洁,千万不能用冷水来清洗。否则,会使铝合金轮毂受损,甚至使制动盘变形而影响制动效果。另外,在高温时用清洁剂清洁铝合金轮毂,会使轮毂表面发生化学反应,失去光泽,影响美观。

2)当轮毂上沾有难于清除的沥青时,可用刷子试着清除,但切勿使用过硬的刷子,尤其是铁刷子,以免损伤轮毂表面。在此,向私家车主们介绍一种清除沥青的偏方:即选用药用"活络油"涂擦,可获得意想不到的效果,不妨一试。

3)车辆所在地方若潮湿时,轮毂应勤清洗,以免盐分对铝表面的腐蚀。

4)必要时清洁干净后,可对轮毂进行打蜡保养,使其光泽永驻。

9.4 汽车避撞技术与倒车雷达安装

据初步调查统计,15%的汽车事故是由汽车倒车"后视"不良造成的。因此,增强汽车的后视能力,尤其是增强大型、重型车辆的后视能力,对于提高行车安全,减轻驾驶人的劳动强度和心理压力,是十分重要的。

9.4.1 汽车避撞技术概述

汽车避撞技术是辅助汽车驾驶者对影响公路交通安全的人、车、路环境进行实时监控,在危急情况下由系统主动干涉驾驶操纵、辅助驾驶者进行应急处理、防止汽车相撞事故发生。

汽车避撞技术主要解决的问题是汽车之间的安全距离。汽车与汽车之间的距离小于了这个安全距离,就应该能够自动报警,并采取制动措施。如何测定汽车的安全距离,目前一般采用的技术有超声波测距、微波雷达测距和激光测距3种。

超声波测距是利用其反射特性。超声波发生器不断地发射出40kHz超声波遇到障碍物后反射回反射波,超声波接收器接收到发射波信号,并将其转换为电信号。

微波雷达测距是利用目标对电磁波反射来发现目标并测定其位置。根据微波雷达的用途不同,所测定的目标可能是飞机、导弹、车辆、建筑物、云、雨等。

激光测距工作原理与微波雷达测距相似,具体的测距方式有连续波和脉冲波两种。

1. 按测距技术倒车避撞装置分类

(1)超声波汽车倒车避撞装置

单片机控制的超声波倒车避撞报警器利用超声波回声测距的原理,测量车后一定距离内的物体,并以MCS-51系列单片机作为中心控制单元。这种新型避撞报警器可以及时显示车后障碍物的距离和方位,显示范围为0.5~9.9m,当距离大于2m时显示车后障碍物的方位;当距离小于2m时,除了显示其方位外,还可按照3段距离分别给出3种报警信号,以警示驾驶人3种不同程度的紧急状态,使驾驶人据此作出相应的操作,防止事故的发生。

倒车避撞装置利用超声波对车后的障碍物以3种特定距离(2.1m、1.1m、0.6m)向驾驶者进行报警。报警方式有声报警和光报警(发光二极管)两种,驾驶者可以根据3种不同音调和声音或3只发光二极管的亮灭得知障碍物的实际距离。YDH型汽车倒车避撞装置是采用超声波发射与接收装置作为检测器,其中心频率为40kHz,超声波灵敏度为-78dB,探测垂直角度为55°,水平角度为120°。该装置由检测器和控制器两部分组成。

(2)汽车避撞雷达

利用电磁波发射后遇到障碍物反射的回波对其不断检测和计算与前方或后方障碍物的

相对速度和距离,经过分析判断,对构成危险的目标按程度不同进行报警,控制车辆自动减速,直到自动制动。

当发射机采用微波调频连续波体制时,在车辆行进中,雷达窄波束向前发射调频连续波信号,当发射信号遇到目标时,被反射回来为同一天线接收,经混频放大处理后,可用其差拍信号间相差来表示雷达与目标的距离,把对应的脉冲信号经微处理器处理计算可得到距离数值,再根据差频信号相差与相对速度关系,计算出目标对雷达的相对速度;微处理器将上述两个物理量代入危险时间函数数字模型后,即可算出危险时间;当危险程度达到各种不同级别时,分别输出报警信号或通过车辆控制电路去控制车速或制动。

1)主要技术参数:作用距离不小于 100m 时,误差为 ±0.5m;微波发射频率为24.125GHz。

2)主要的功能:测速测距、对前方 100m 内危险目标提供声光报警;兼备汽车黑匣子功能;自动巡航系统(行驶中自动保持与前面行驶车辆之间的距离);紧急情况下自动制动。

装有避撞雷达的汽车上了高速公路以后,驾驶者就可以启动车上的避撞雷达。雷达选定好跟随的汽车以后,被跟随的汽车就成了后面汽车的“目标车”,无论是加速、减速,还是停车、起动,后面的汽车都能在瞬间之内予以模仿。如果前面的汽车在行驶一段时间之后,不再适合于自己的“目标车”,驾驶者可以重新选择另一辆“目标车”。

汽车避撞雷达在美国一些公司研制开发的时间较长,如美国 TRW 公司研制出的 24GHz波段微波雷达已在货车和公共汽车上投入使用。

(3)激光雷达避撞装置

防追尾碰撞激光报警装置:该装置结构包括发光部、受光部、计算车间距离的激光雷达、信号处理电路、显示装置、车速传感器等构成。

激光镜头使脉冲状的红外激光束向前方照射,并利用汽车后部反光镜的反射光,通过受光装置检测其距离。使用汽车反光镜,检测距离约 100m,最大检测宽度 35m 以上。关于报警发生范围,通过控制电路的控制,3 个激光束中的左右激光束,取其 35m 以上,宽度控制在3.5m,中央激光束的检测距离取其 80m 以上,这样就能够更早地检测插入车流的车辆,并发出警报,同时它还能抑制弯道上的标识物而发出报警,使之达到最优状态。

控制部分由微机进行下列运算:本车车速、前方行驶车辆车速、车间距离,根据车间距离和安全车间距离的比较发出警报声或报警灯闪烁。显示器安装在仪表盘上进行距离显示。

2. 汽车主动避撞技术

利用现代信息技术、传感技术等手段,扩展驾驶者的感知能力,将感知技术获取的外界信息(如车速、其他障碍物距离等)传递给驾驶者,同时在路况与车况的综合信息中辨识是否构成安全隐患,并在紧急情况下自动采取措施控制汽车,使汽车能主动避开危险,保证车辆安全行驶,从而减少交通事故,提高交通安全性。目前研究开发的汽车主动避撞系统有以下3 种类型:

1)车辆主动避撞报警系统 CWS(Collision Warning System)。此系统对探测到的危害情况给出警报,美国已经在一些重型载货车和公交车辆上实现商用。

2)车辆自适应巡航控制 ACC(Adaptive Cruise Control)系统。此系统可以实现简单交通情况下的主动避撞及巡航控制,一些汽车公司在高档车型上已经开始采用 ACC 技术。

3)复合型车辆智能控制系统。该系统针对复杂交通情况,特别是市区交通环境,采用ACC系统辅以车辆停走(stop&go)系统,提高车辆智能控制的实用性。

9.4.2 汽车倒车雷达概述

倒车雷达(图9-18)又称泊车辅助系统,由超声波传感器(俗称探头)、控制器和显示器等部分组成。现在市场上的倒车雷达大多采用超声波测距原理,驾驶者在倒车时,将汽车的操纵杆推到倒挡位,起动倒车雷达,在控制器的控制下,由装置于车尾保险杠上的探头发送超声波,遇到障碍物,产生回波信号,传感器接收到回波信号后经控制器进行数据处理,判断出障碍物的位置,由显示器显示距离并发出警示信号,从而使驾驶者倒车时做到心中有数,使倒车变得更轻松。

图9-18 倒车雷达

1. 倒车雷达工作原理

当汽车挡位挂入倒挡时,倒车雷达自动开始通电工作,主机控制器这时先自动检测传感探头的工作状态,并提示检测结果同时向传感探头发送40kHz脉冲信号,传感探头将脉冲电信号转化为超声波机械振荡信号发射出去,脉冲后停止振荡,这时传感探头用于感测障碍物反射回来的超声波信号,并将检测到的机械波信号转化为电信号,传回主机控制盒,主机控制盒经过信号处理和计算机换算,根据程序设定进行声光显示提示。倒车雷达的主要功能是保证倒车和泊车时车辆行进安全。探测车后方障碍物,并提示驾驶者防止发生碰撞。

(1)倒车雷达的功能

最新的倒车雷达可具备以下功能:

1)雷达测距。嵌入式雷达测距,数码显示,使泊车更容易.更安全。

2)语音报距。能及时报出与障碍物之间距离。

3)和弦警示音。根据不同的距离发出不同的警示音。

4)车载免提。开车打手机,不用拿起手机,即可完成通话。

5)录/放音。通话时,可随时录下谈话重要内容,免去找纸笔之烦恼。

(2)倒车雷达的组成

倒车雷达由探头、主机和显示器(或蜂鸣器)3部分构成。探头可以根据需要安装不同的数量,目前比较常见的是4探头(安装于后保险杠上)、6探头(2前4后)和8探头(前面4个后面4个)的,如图9-19所示。

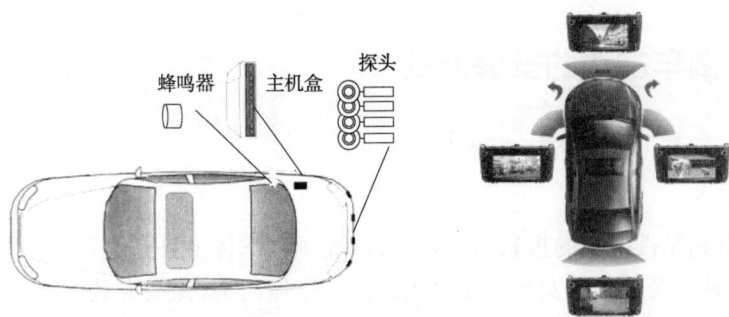

图 9-19 倒车雷达的组成

（3）倒车雷达系统组成部件

1）传感器（探头）。安装在后保险上的圆柱形物件,它的功能是负责发送和接收超声波,并与主机通信。因为它直接和外界接触,所以防水、防尘、保证信号清晰是控头的基本要求。

2）线束。担负着在传感器和主机之间可传转数据的任务。

3）主机。它的地位犹如大脑,主要功能是负责收、发、处理超声波信号,以及声响报警,主导着整个系统的行为。

4）显示器（或蜂鸣器）。显示障碍物与车的距离及方位。其显示方式为:波段显示、颜色显示、数字显示。

2. 倒车雷达的种类

目前市场上的倒车雷达品牌可谓是种类繁多鱼龙混杂,有几十种品牌,价格也是几百、上千元不等,有些厂家还根据车型的不同,设计专用的倒车雷达。图 9-20 所示为倒车雷达的应用实例。

■ 全方位可视泊车辅助系统

前4后4泊车雷达

N：便利性
F：全方位可视泊车辅助系统
➤ 前4后4泊车雷达
● 设有控制按键,可自如开启或者关闭
● 带有辅助模拟显示,对障碍物位置及距离全面掌控
➤ 倒车影像系统
● 图像清晰、响应快速,切入倒挡后自动显示
● 后部摄像头具有超大的监控范围
● 画面带有倒车引导辅助线

移动之前确认路上无障碍

倒车影像系统

B：倒车、入库、移位、掉头等操作轻而易举

V：对于经常开轿车或者刚刚获得驾照的新手,SUV高大的车身会让倒车变得比较麻烦。3008配备了全方位可视泊车辅助系统,前后8个倒车雷达再加上清晰的倒车影像系统,您坐在车子里面,看着屏幕就能轻松地倒车

图 9-20 倒车雷达的应用实例

9.4.3　倒车雷达的安装方式

倒车雷达的安装方式有粘贴式和开孔式两种。

1. 粘贴式安装

仅限于具有粘贴性探头的报警器,这种方法无须在车体上开孔,只需将报警器黏贴在适当位置即可,这种报警器一般安装在尾灯附近或行李舱门边,探头安装的最佳宽度为 0.66 ~ 0.8m。安装的最佳离地高度为 0.55 ~ 0.7m。具体的安装方法如下。

1)将附带的橡胶圈套在感应器(探头)上,引线向下并与地面垂直。

2)确定感应器(探头)安装位置。

3)将感应器(探头)沿垂直方向贴合。

4)用电吹风将双面贴加热,然后撕去面纸,贴到确定部位。

5)将报警器的闪光指示灯安装在易被驾驶人视线捕捉的仪表台上。

6)将控制盒安装在不热、不潮和无水的行李舱侧面。

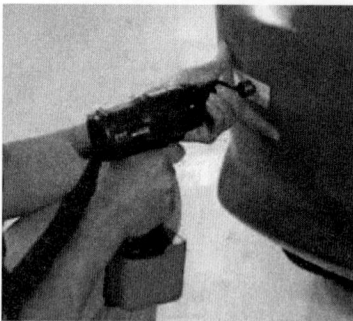

图 9-21　开孔式安装

7)将蜂鸣器安装在后风窗玻璃前的平台上。

8)将感应器(探头)屏蔽线隐蔽铺设,以防压扁、刺穿,并起到美观的效果。

2. 开孔式安装

适用于具有开式探头报警器,探头安装在汽车尾部或保险杠上其他部件的安装方式与粘贴式安装相同。开孔式倒车雷达的安装方法(以 4 探头为例)如图 9-21 所示。

(1)倒车雷达的安装位置。如图 9-22 所示。

(2)接线原理。

接线示意,如图 9-23 所示。

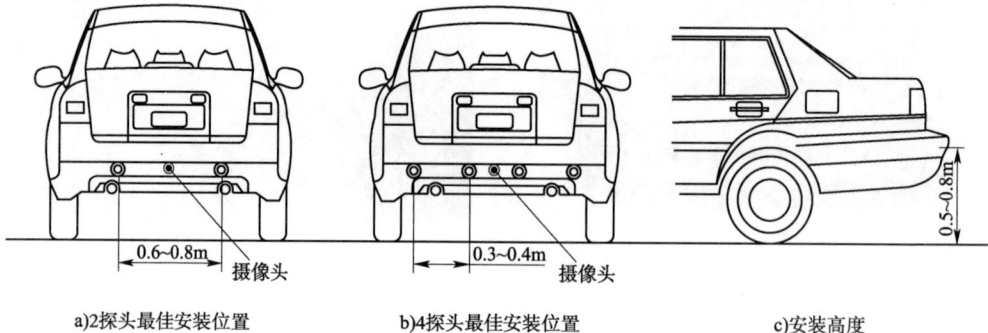

a)2探头最佳安装位置　　　b)4探头最佳安装位置　　　c)安装高度

图 9-22　开孔式探头安装位置

(3)内置式开孔安装。

安装方法如图 9-24 所示。

(4)安装说明。

1)需要在保险杠上开孔,将探头安装在保险杠上。

2）探头方向以及角度必须安装正确。

3）摄像头外壳的箭头标记垂直向上,装入摄像头前应通电再次校正摄像头的方向,最后装入安装孔内。

4）探头背面的箭头方向应该是垂直向上,否则将探测到地面引起误报。

5）参考安装原理图连接好探头、电源、视频输入输出、喇叭。

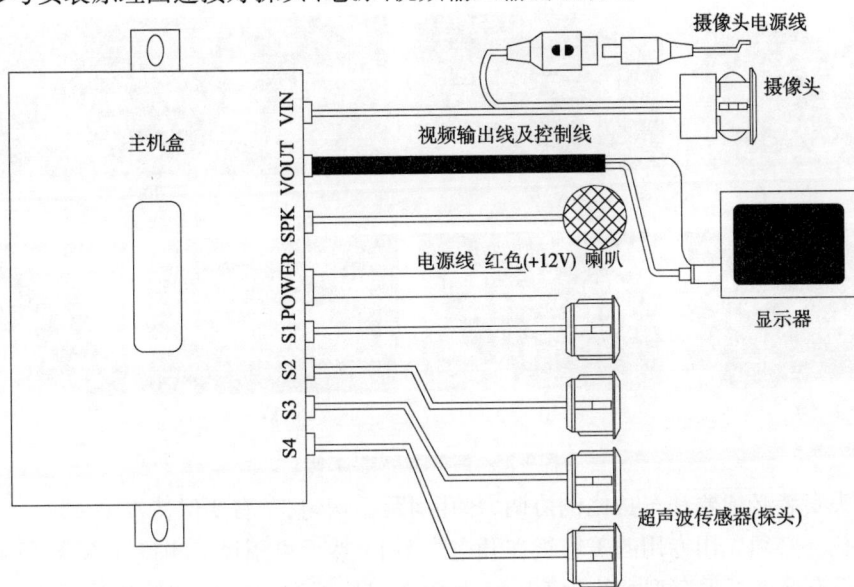

图9-23 安线原理图

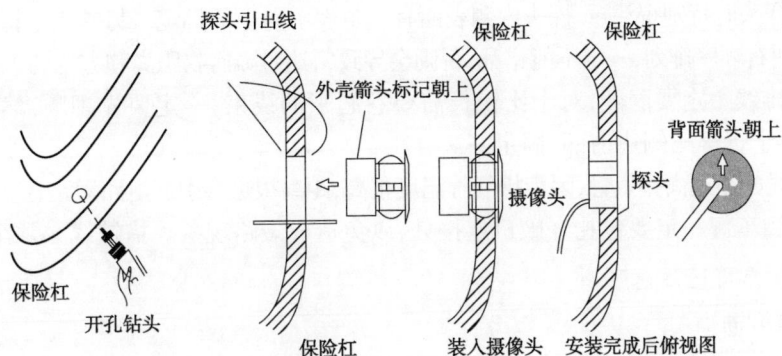

图9-24 内置式开孔安装

9.4.4 汽车倒车雷达安装

1. 安装工具

各种安装工具如图9-25所示。

2. 安装倒车雷达注意事项

安装倒车雷达需要注意以下几点:

205

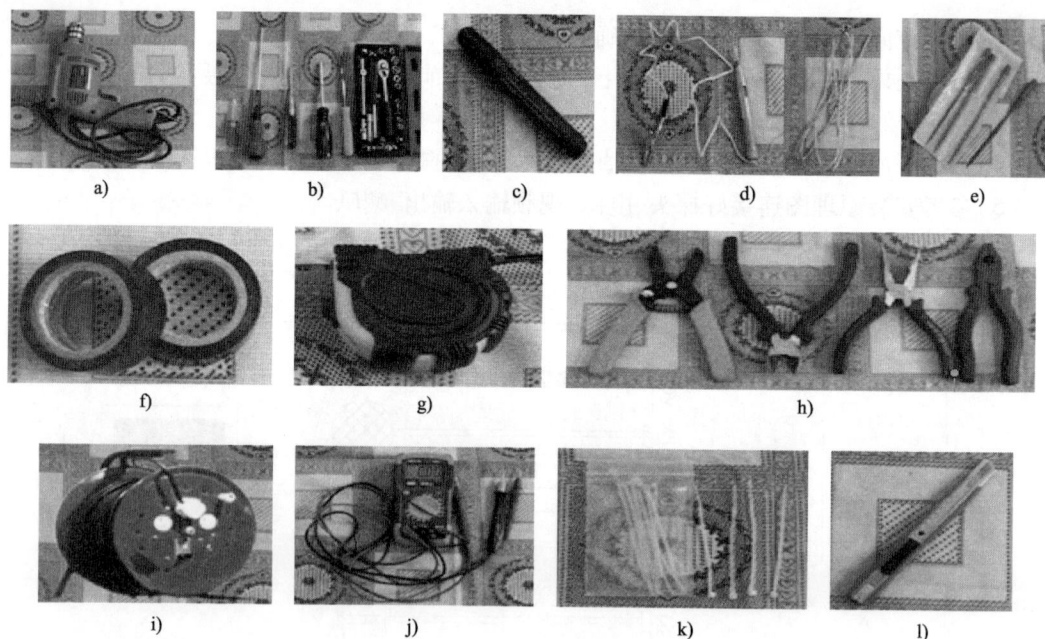

图 9-25　倒车雷达安装工具

1）探头安装必须要和车身比例协调，开孔间距要均匀，左右要保持水平。

2）开孔前必须先用专用的美容纸在开空处贴上，然后再用尺子测量计算合适的间距，距离地面的垂直高度根据车型大约为 50cm，太高会测量不到地面比较低的障碍物，太低又会造成误报。

3）安装探头时特别得注意，探头内侧表面有一个表示向上的标记。另外 4 个探头 A、B、C、D 分别按从左到右顺序排列，一定不能错乱，否则会导致雷达对障碍物距离和方位的识别错乱。

4）内部排线一定要隐蔽，对于比较长需要卷起来的线束，一定要先理顺，然后有条理的包扎好，安置于行李舱侧边内部，固定好。

5）探头线必须远离排气管，因为排气管温度很高，距离很近会引起电路短路，烧坏雷达主机。

6）连接倒车灯一定要包扎好破口连接处，以免造成短路现象。搭铁线必须牢固。

3. 选装倒车雷达注意事项

（1）质量方面

可按说明书对倒车雷达进行距离测试（用尺子去测量车尾与障碍物之间的实际距离，看其与倒车雷达显示的数据是否一致），即看一看当障碍物处于说明书中所说的各个区域时，雷达的反应是否与说明书相符合：雷达是否敏感，有无误报等问题；其次要对探头进行防水测试（用矿泉水或用水龙头的水去冲探头），看看在雨雪和较湿润的天气里雷达能否正常工作。

优质产品提供的服务较好，承诺的保修期较长。因此最好选购保修期 2 年以上的产品。

（2）功能方面

倒车雷达从功能上区分可分为：距离显示、声音提示报警、方位指示、语音提示、探头自动检测等，一个功能齐全的倒车雷达应具备上述这些功能。有的产品还有开机自检的功能。

（3）性能方面

性能主要从探测范围、准确性、显示稳定性和捕捉目标速度来考证。探测范围至少在0.4～1.5m间（将障碍物通过不同角度切入探头的测试范围进行测试，一个探头的正常测试范围的夹角为90°）；准确性主要看两个方面，首先看显示分辨率，一般为10cm，好的能达到1cm；其次看探测误差，即显示距离与实际距离间的误差，好产品的探测误差低于3cm；显示稳定性指在障碍物反射面不好的情况下，能否捕捉到并稳定地显示障碍物的距离；捕捉目标速度反映倒车雷达对移动物体的捕捉能力。倒车雷达性能方面的要求是：测得准、测得稳、范围宽和捕捉速度快。

（4）外观工艺方面

作为汽车的内外装饰件，显示器和传感器安装后应美观大方，与汽车相协调。例传感器的颜色是否与保险杠的颜色一致，尺寸的大小是否合适。外形上，传感器有融合式和纽扣式两种，融合式传感器表面有造型变化，追求与前后杠的自然过渡，而纽扣式传感器的表面一般是平的。显示器一般根据车主的习惯，分前置式和后置式两种，主要以清晰美观为标准。

4. 使用倒车雷达注意事项

1）盲区问题。千万不要以为装了倒车雷达就万无一失了，它只能作为一种参考。因为雷达的探头也有盲区，装两只探头的车主，特别要注意车后的中间地带。

2）适应问题。使用需要一个适应过程。一般刚开始使用时，尽量要多下车看看以便准确了解雷达显示的数值与实际目测距离的差别，由于雷达测量角度的关系，总有一些误差。

3）目测结合问题。碰到光滑斜坡、光滑圆形球状物，花坛中伸出的小树枝时，要加以目测，因为这时的探头探测能力下降，提供的数据就不会非常正确了。碰到天气过热、过冷、过湿、路面不平或沙地时，也不能掉以轻心，要多回头看看后面的情况。

4）进退问题。听到蜂鸣器连续音时，应当及时停车，因为车已到危险区域。倒车时车速一定要慢，以免车子因惯性碰到障碍物。

5）注意清洁和保养。探头要经常清洁，特别是雨雪天后，泥水和冰雪会覆盖住探头有附着物存在肯定会影响探测精度。

一般来说，探头可以侦测到大部分的障碍物。但是碰到如图9-26所示的情况时，可能不会报警或者误报警。传感器系统技术含量再高，探测能力再强，它毕竟只是一个辅助工具，在倒车的时候，还是要相信自己的判断，并且在实践中逐步提高自己的驾驶技术。

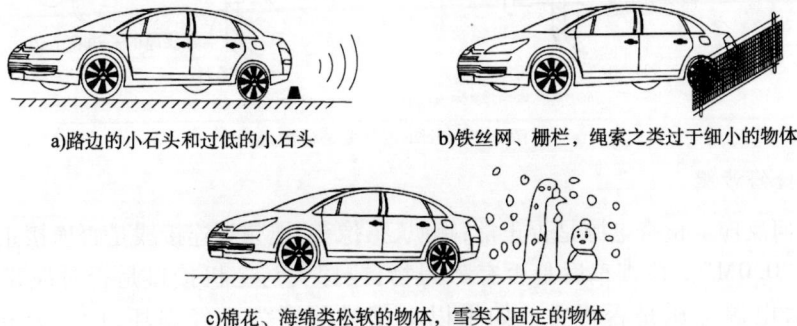

a)路边的小石头和过低的小石头　　b)铁丝网、栅栏，绳索之类过于细小的物体

c)棉花、海绵类松软的物体，雪类不固定的物体

图9-26 倒车雷达误报警

5.倒车雷达安装步骤

倒车雷达安装流程如图 9-27 所示,安装操作步骤如表9-5 所示。

(1)探头安装方法

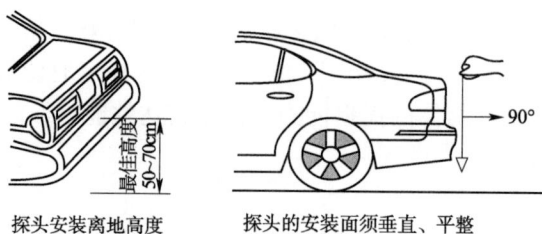

探头安装离地高度   探头的安装面须垂直、平整

(2)车辆探头安装选位
探头应安装在同一水平面上。

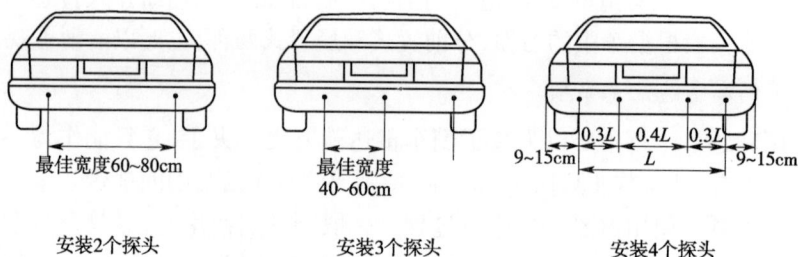

最佳宽度60~80cm   最佳宽度
40~60cm   9~15cm 0.3L 0.4L 0.3L 9~15cm
L

安装2个探头   安装3个探头   安装4个探头

(3)钻孔
1)确定探头的安装位、先用尖锥钻点定位, 以防电钻头滑位;
2)用开孔钻头,对准已定位点钻孔。

(4)探头安装
将探头安装在孔内,并卡紧。

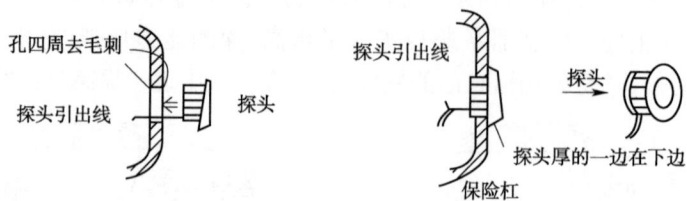

孔四周去毛刺   探头引出线
探头引出线   探头   探头
探头厚的一边在下边
保险杠

图 9-27　倒车雷达安装流程

6.故障检修步骤

1)无任何反应。检查电源是否正常,喇叭、摄像头、视频等连接线是否连接正确。

2)显示"0.0M"。检查车后是否有障碍物,或探头与主机接口是否对应正确,是否有强的干扰源,电源电压是否正常。如果以上都排除则为已经损坏,请与公司或经销商联络。

倒车雷达安装操作步骤 表9-5

步骤	操作内容	操作示范图	技术要求
1	安装探头	主机电源连接处　倒车灯尾线	1)选点。A、B、C、D这4个探头的钻孔点须在同一水平线上; 2)探头位置。将"L"3等分,A、D中间的两个等分点为B、C探头的位置,做下标记; ①高度离地面0.5~0.7m,建议0.55m; ②水平间距:两边探头距车身边9~15cm,中间三段比例是3:4:3(即中间两探头间距偏宽些效果好) 3)钻孔。必须选用配备开孔器钻孔;先用丝锥或钻头打点定位,以防钻头滑位。使用原配置的金属开孔钻头,对准已定位点钻孔; 4)探头组装; ①探头后标有"UP"标记的朝上; ②隐蔽辅线不旋转坏,拉脱线皮露铜; ③根据保险杠水平平面的角度,合理调整探头的角度。把探头逐个塞入孔内,并预留大约10cm的探头线
2	接线		红线接倒车灯正电,黑色接负电或搭铁。根据各种车型,进行隐蔽铺线

步骤	操作内容	操作示范图	技术要求
3	固定显示屏		1）先插上对应插孔检测产品性能并调试好； 2）然后将显示屏线从后行李舱布到前仪表盘下； 3）把显示器底座粘贴在车前仪表板上方的平台上车主要求最佳位置； 4）将各控制线与主机一一对牢接固，最后接上电源线。主机盒安装于后行李舱内安全、不热、不潮、无溅水的位置； 5）安装完毕进行测试
备注		1）因探头是传感器件，灵敏度高，其固定空边有毛边，会使探头受压，损坏，可能会产生异常现象，所以钻后需修干净。 2）针对表面光滑度不同的物体，其探测距离范围会有所变化。 3）遇暴雨、冰雪等致探头面污垢，损坏会影响探测效果必须维护，擦干净	

9.5　汽车音响改装

　　汽车音响作为流动的音乐厅把孤旅变成了一种享受，优雅的音乐能给人带来愉悦的心情，能降低驾驶者的驾驶疲劳。汽车音响也愈来愈得到广大汽车音响爱好者的喜爱，尤其是年轻人喜欢独创显现各色，将自己的爱车酷扮一番。

　　对汽车音响的选择，车主可以根据自己的喜好和经济承受能力。目前，专为汽车设计的CD、VCD、DVD能让你在车里得到家庭影院般的享受。DVD或者VCD的显示屏不但可以安装在仪表台上，还可以装在前排座椅的后背上，或者装在副驾驶座前的夹板后面。放下夹板，就可以欣赏电影，收起夹板，还能够保护显示屏不被划伤。能让你在车里得到家庭影院般的享受。汽车音响如图9-28所示。

图9-28　汽车音响

以"神龙408导航娱乐系统"来介绍车载多媒体导航娱乐系统：采用3G技术，具备安防、资讯、娱乐等多种功能。它使得汽车不再是传统意义上的代步工具，而真正成为多功能的私人移动空间，驾驶者伙伴理念的完美体现，如图 9-28 所示。

使用可触摸 6.95in 的 800×480 显示屏，外接口为 GPS 天线，AV 接口，USB 接口，AM/FM 天线，MIC，四路高低音 Speaker，内置 HSDPA 3G 上网模块，WIFI、TF 卡槽，SIM 卡，通过 SPI 实现与主机通信，可通过转向盘按键进行远端控制功能模块，实现的功能有 AM/FM 收音机、导航、音乐、听书、新闻和天气预报等。

将信息信息化、智能化导入汽车产品是汽车行业的一个新的增长点。信息化和智能化的使用将给汽车用户带来更大的附加值，能给汽车用户带来更多的享受。同时也大大提高了汽车产品的整体竞争能力。3G 版导航采用目前智能手机主流的 Android 系统的导航娱乐系统，如图 9-29 所示。

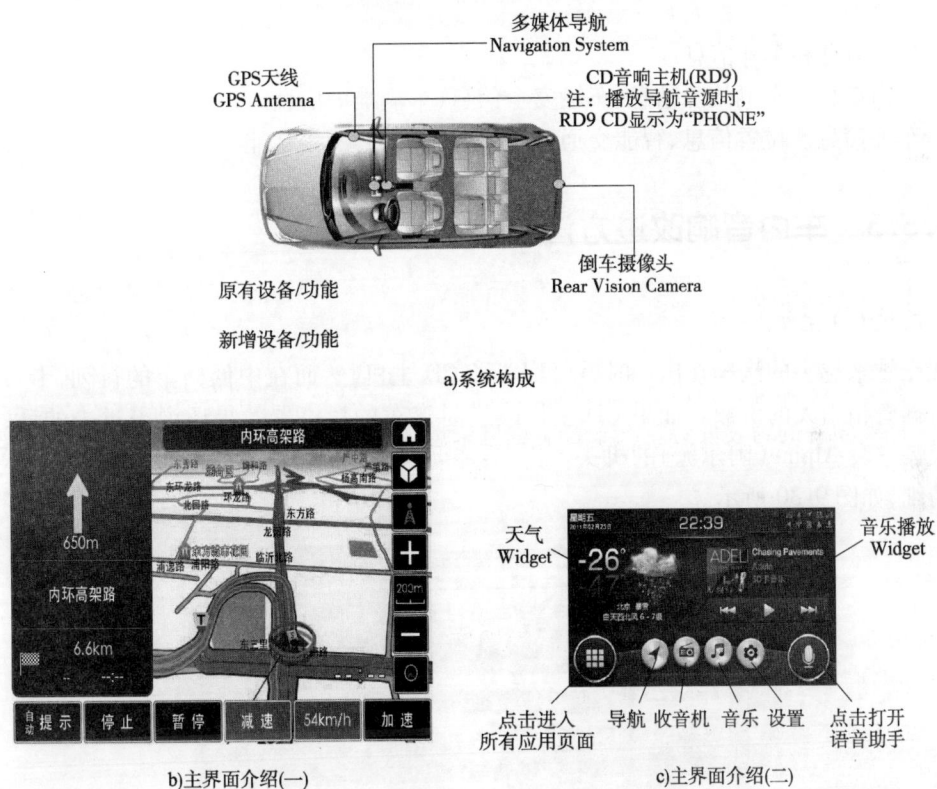

a)系统构成

b)主界面介绍(一)

c)主界面介绍(二)

图 9-29　导航娱乐系统

9.5.1　汽车音响的主要构成

目前市场上主流的经济型车内音响改进方法主要有：更换 CD 主机、加装 MP3 播放器、外挂 MP3 转换器、改进扬声器等。当前汽车音响的主要构成：收音 + 功放、CD/DVD、导航、TFT 屏、USB/SD、蓝牙。采用计算机化的硬件和软件集成技术来构建新一代汽车音响的技术已经成为趋势。

9.5.2　汽车音响产品的主要功能特征

1. 专车专用化

采用国际标准柜筒尺寸设计的车辆越来越少;汽车音响的改装从旧车转向新车;市场细分之后专用化设计更贴近消费需求。

2. 娱乐多元化

收音、CD、DVD、卡带媒体、数字广播(卫星和地面台)、数字电视、游戏、与各种手持设备互联。

3. 信息化

分车内信息和车外信息。

1)车内信息。车辆故障信息、车辆安全信息、车辆维护信息。

2)车外信息。位置信息、智能交通(ITS)、紧急救助、网络功能。

9.5.3　车内音响改进方法

1. 改进 CD 主机

现在越来越多的汽车在出厂时就已配置了 CD 主机,然而在中低档车的行列,卡带机头还是占据着相当大的份额。如果 CD 主机改进时汽车的扬声器效果还说得过去的话,可以考虑换装一套 Alpine(阿尔派)的机头。优点:能彻底改变爱车的音响效果,机头的显示面板做工精细,如图 9-30 所示。

图 9-30　CD 主机改进

2. 加装 MP3 播放器

小巧灵活的 MP3 播放器具有体积小、容量大(一个 256M 的 MP3 至少能容纳了近百首高音质的歌曲),还可以按自己的习惯播放编辑歌曲的特点,因此成为当前最炙手可热的音乐宠物了。目前国内已经有许多汽车音响制造商推出了可以直接接驳 MP3 的汽车 CD 主机,只需到专业的音响改装店去置换一套新型的音响装备就可以让爱车欣然接纳 MP3 了。

例如市面上一种全能型的车载音乐播放器,能兼容 U 盘、MP3 机、SD/MMC 卡以及 CD 光盘、MP3 格式的光盘,甚至连 iPod 也能兼容使用,大幅提升了爱车的音响便利度。

3. 更换 MD 机头

MD 是一种数码录音格式的光盘,享有高质的反复录音性,极大程度地方便了编制个人音乐等特殊用途。优点:可将录制的音乐、会议、课堂记录、现场音乐等及时在车内播放出来,还能编辑所有心爱的歌曲于一张 MD 碟并享受数码音质。

4. MP3 转换器

能使两者"通联"算是车主最大的愿望了。一种叫 MP3 的车内音响转换器(也叫接收器)的装备应运而生了。其工作原理是把 MP3 的音源转换成 FM 信号,然后再通过车内主机的收音机接收,虽不及 MP3 直播的音质好,但不用再麻烦地改装车内的线路了,MP3 转换器如图 9-31 所示。MP3 转换器的优点:投入小。仅需很少的钱就可以解决从 MP3 到车内音响的转换。

5. 扬声器的改进

对于那些原车已有不错匹配的音响系统来说,如果只想有针对性地改进一下音质,那可以有选择地更换车内的部分扬声器,或加装功率放大器。但这需要到专业的音响店按车的不同去量身搭配了。扬声器如图 9-32 所示。

图 9-31 MP3 转换器　　　　　　　　图 9-32 扬声器

9.5.4　车内音响的改装

1. 汽车音响改装的注意事项

汽车音响不像家庭音响,放好后就不再移动。汽车行驶的路况千变万化,行车时的强烈振动会引起机身抖动,使激光头无法进行正常扫描,出现跳线甚至损坏激光头等现象。因此,选择哪家音响店来进行科学地安装就显得非常重要。业内人士建议:汽车音响最好在同一家店里购买和安装,这样出现问题相对来讲比较容易解决。

（1）选择大型的专业店

尽量选择大型汽车音响专业店购买,一般有实力的汽车音响品牌繁多,知名的汽车音响品牌企业一般会选择有实力、成规模的店作为自己产品的指定销售点。在这里,音响的陈列规范有序,您可以自己选择。

（2）一定要有试听设备

如果已经基本上选好了汽车音响店,这时就要打探一下是否有专业的试听设备或试音车,这是非常重要的,因为在安装汽车音响之前,只有通过专业的试听装置进行试听,才能确定所选择音响品质的优劣。

（3）一定要进行专业调音

业内有一种说法:汽车音响效果不是买来的,而是设计安装调试出来的。可见,设计安装调试在音响安装过程中的重要性。同样一个主机、几个扬声器、几根导线,不同的安装工人施工,效果会迥然不同。专业店为了改善车主收听的环境,会对车辆进行科学的安装设计,安装后凭借专业的测试设备进行调音,使所有音响器材的效果发挥到最佳状态。从事汽车音响行业的人员,要具备综合的素质和理论,具备汽车电路、电工原理、声学原理、安装技术工艺、乐理知识等。要求调试者是音响发烧友,在调音时才会把音响系统调整到最佳状态。所以调试是安装音响系统的最后一个重要环节。

（4）安装人员要有资格证书

国际知名汽车音响品牌的安装人员必须经过考核,获得"汽车音响安装施工资格证"才能上岗。不合格的安装施工人员不但不能使器材发挥应有的效果,甚至会破坏原有汽车的相关设备。

（5）认清品牌进行改装

现在市场上经营汽车音响设备的商家很多,为了避免买回一套假冒伪劣产品,最好要看该商家是否拥有该种品牌音响设备厂家授权的指定代理许可证,有无售后服务能力和质量三包的承诺措施。为解决汽车音响的维护与故障排除问题,在选购音响时要注意所选音响品牌在当地是否有专业认证的售后服务维修站。只有具有完善售后服务的音响品牌,才能保证爱车的音响在万一出现故障时得到专业、方便的维修服务。

（6）考虑主机的功放能力

尽量选用功放大于扬声器指示功率的产品。因功放小在长期使用大功率输出时,容易烧坏,还会导致音质差、失真等故障出现。比如:所有扬声器的指示功率总和为 100W,那么功放的功率要在 100～150W 之间,才能有良好的匹配。

（7）了解扬声器的性能

中高档主机的性能差别不会太大,扬声器的差别就大得惊人。一个扬声器动不动就标上一个几百瓦的功率,使很多内行人也糊涂起来,很多扬声器您只要用其标注功率的 1/10 来试用几分钟,那恐怕就要烧毁了。

（8）试听音质、音色效果

车主试听时,最好找几盘有代表性的歌曲、乐曲、打击乐等唱碟,对各种音响效果的纯真度进行鉴别,再确定是否购买。

（9）安装技术和工艺差

汽车音响是半成品,需要有受过汽车音响专业培训的人员安装,才能保证音响的质量。使用没有经过培训的人员安装只是把器材简单地连接起来,声场定位错误,相位错误,加装功放不安装保险,会发生火灾。安装时速度快,不按规范的工艺执行,使用的线材差,做工粗糙,后果是音质差,故障率高,器材的使用寿命短。

（10）安装的器材之间的匹配

不是名牌器材就一定能出好效果，一套好的音响系统配置，不仅仅是简单的搭配，更主要的是要充分发挥每一个器材的作用，挖掘器材的潜力。器材使用同一品牌，通过合理的搭配、专业的安装、精心的调试，才能使器材发挥最佳效果，超过器材的自身价值，甚至可以与名牌器材效果相比，这才是"音响发烧"。

（11）管好产品的发票、维修证明

为了避免发生不必要的纠纷，同时保障自己的权益，注意保管产品的发票、维修证明。

2. 设备、工具和材料准备

1）汽车音响线材的电阻越小，在线材上消耗的功率越少，系统的效率越高。即使线材很粗，由于扬声器本身的原因也会损失一定的功率，而不会使整个系统的效率达到100%。

2）线材的电阻越小，阻尼系数越大；阻尼系数越大，扬声器的赘余振动越大。

3）线材的横截面面积越大（越粗），电阻越小，该线的容限电流值越大，则容许输出的功率越大。

3. 汽车音响的改装在布线方面的要求

（1）音频信号线的布线

1）用绝缘胶带将音频信号线接头处缠紧以保证绝缘。当接头处和车体相接触时，可产生噪声。

2）保持音频信号线尽可能短。音频信号线越长，越容易受到噪声信号的干扰。注意：如果不能缩短音频信号线的长度，超长的部分要折叠起来，而不是卷起。

3）音频信号线的布线要离开行车计算机单元和功放的电源线至少20cm。如果布线太近，音频信号线会拾取到感应噪声。最好将音频信号线和电源线分布在驾驶座和副驾驶座两侧。注意，当靠近电源线、计算机单元布线时，音频信号线必须离开它们要在20cm以上，如果音频信号线和电源线需要互相交叉时，我们建议最好以90°相交。

（2）电源线的布线

1）所选用电源线的电流容量值应等于或大于和功放相接的熔断器的值。如果采用低于标准的线材作电源线，会产生交流噪声并且严重破坏音质。

2）当用一根电源线分开给多个功放供电时，从分开点到各个功放布线的长度和结构应该相同。当电源线桥接时，各个功放之间将出现电位差，这个电位差将导致交流噪声，从而严重破坏音质。当主机直接从电源供电时，会减少噪声，提高音质。

3）将电源（蓄电池）插头的脏物彻底清除，并将插头拧紧。如果电源插头很脏或没有拧紧，接头处就会有接触电阻。而接触电阻的存在，会导致交流噪声，从而严重破坏音质。用砂纸和细锉清除接头处的污物。

4）当在汽车动力系统内布线时，应避免在发电动机和点火装置附近走线，发电动机噪声和点火噪声能够辐射入电源线。当将原厂安装的火花塞和火花塞线缆更换成高性能的类型时，点火火花更强，这时将更易产生点火噪声。

5）在车体内布电源线和布音频线所遵循的原则一致。

（3）接地的方法

1）用砂纸将车体接地点处的油漆去除干净,将接地线固定紧。如果车体和接地端之间残留车漆就会使接地点产生接触电阻。和前文所述脏污色电源接头类似,接触电阻会导致交流噪声的产生,从而严重破坏音质。

2）将音响系统中各个模块的接地集中于一处。如果不将它们集中一处接地,音响各组件之间存在的电位差会导致噪声的产生。注意:主机和功放应该分别接地。

3）当系统消耗电流很大时,蓄电池接地端一定要牢固。提高电源接地性能的方法是,在电源和接地间用粗直径的线材布线,如绞股线。这样做能够加强连接,有效地抑制噪声并提高声音质量。

4）不要靠近行车电脑布线。请记住,主机搭铁靠近行车电脑的搭铁或固定点时,会产生行车电脑噪声。

9.6　汽车灯光改装

装饰性车灯外形各异,制造精美,神秘的色彩给车辆增添了鲜明的个性。除此之外,装饰车灯不但可以提高夜间行车的安全性,同时也给予汽车外观造型设计更大的创意空间和美感,为城市的夜景带来一道绚丽的色彩。各种车灯如图9-33所示。

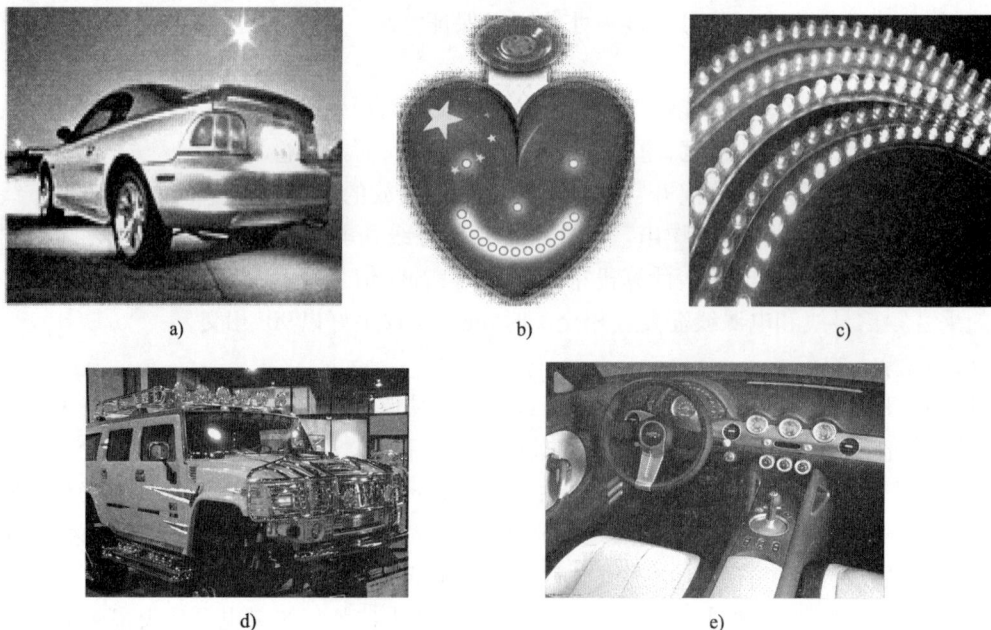

a)　　　　　　　　　　b)　　　　　　　　　　c)

d)　　　　　　　　　　e)

图9-33　装饰性车灯

9.6.1　氙气车灯

1. 行车安全

设计优良的氙气车灯能提高行车的安全性用以取代卤素灯,使汽车有效照射距离约

200m,远远超过55W卤素灯,而右侧(右行车)照宽范围也超过卤素灯的一倍,大大提高路面的照明度,提高行车的安全性,如图9-34所示。

2.美感

氙气灯的体积小,使灯具设计更为简单、体积更小,从而使汽车头部设计的自由度更大,创造了最佳美感。

3.高效、节能

一只标准的35W车用氙气灯的功耗仅为标准卤素灯的64%,而辐射光通量则为卤素灯的二倍以上,同时电能转化为光能的效率也比卤素灯提高70%以上,所以氙气灯具有比较高的能量密度和光照强度,而运行电流仅为卤素灯的一半。

图9-34 氙气车灯

9.6.2 底盘装饰灯

底盘灯属于灯光车迷的发烧装备,有红、蓝、绿等多种色彩可选,不仅可以照明扮酷,还可以起到制动警示、转向、停车显示的作用。

底盘灯采用防水防振的PVC管,里边灯管为节能超亮LED灯,而且底盘灯自带安装支架及安装电源线,安装非常方便,只需在车底盘凹槽处(如脚踏板处)找地方固定即可,安装时把电源线接入汽车电源即可,也可直接接入汽车小灯开关,晚上你开小灯时,底盘灯就会亮起绚丽光彩。在夜间、雾天、雨天以及能见度差的路上,它可以很好地为行人或其他车辆提供行驶或泊车的位置标志。是深受年轻人喜爱,晚上能吸引人们眼球的炫耀装饰。

9.7 汽车电子产品的加装

9.7.1 行车安全信息用品安装

行车安全与每一个驾驶者的切身利益密切相关,安全驾驶是车友享受有车带来的方便与乐趣的首要前提。一些有助于提高人们驾驶过程中安全性能的汽车用品,虽然它们的个头儿都不大,却各自有着不可忽视的作用。

1.车用水平仪

车用水平仪的作用在于能够随时监测汽车倾角、仰角以及车身左右旋转的角度变化,直接清楚地显示车身所处的水平状态,为驾驶者及时准确地提供有关行车安全的信息,如图9-35所示。这种专为汽车设计的水平仪可以用于各种车型,特别适合于SUV等越野车型。

图 9-35　车用水平仪

车在上下坡时,如果驶入角度及驶出角度超过安全角度,车内水平仪会显示车现在处于的角度,提醒驾驶者调整车的角度以保持车身平衡。当车身恢复到平衡状态后,警示信号也会自动消除。安装车用水平仪简单方便,有的可直接粘贴在风窗玻璃下,有的可连接于点烟器接口。安装时一定要把车辆停置在水平路面上,然后手工将水平仪调校至水平状态即可。

2. 车载显示器

随着汽车的室内装饰正在不断地向家电化、高品质享受发展。设置在车内的车在显示器不仅是灵活的运用电视和导航系统,在不久的将来,通过网络化、实时地获取各种各样的信息也会成为现实。购物和加油等也有可能通过网络操作来完成。车载显示器如图 9-36 所示。

■ 7英寸3D全智能导航系统

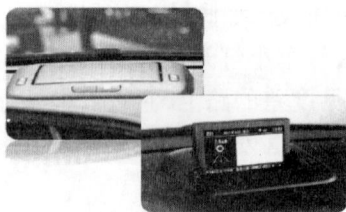

F：可折叠式设计
➤ 显示屏角度可调节,可折叠
➤ 7英寸大屏蔽
➤ 显示屏位于中控台上方
B：强烈的科技感、信息显示清晰易读、位置合理,提升行车安全性

F：智能导航系统
➤ 交叉路口3D显示
➤ 快速目的地输入功能
➤ 双屏显示导航路名
B：操作简单、显示直观、出行旅游更便利

图 9-36　车载显示器

3. 电子胎压计

胎压不稳定会直接导致驾驶不安全性的提高,胎压过高可能引发爆胎状况的发生。过高的胎压还会减少轮胎寿命,同时影响汽车的制动性能;过低的胎压则会增加油耗量,并且因轮胎无法支撑车身质量而破坏轮胎结构。

电子胎压计通过 LCD 液晶显示胎压,准确易读、造型小巧,便于随车携带。

具体的使用方法是:拔去电池绝缘片,点压胎压计按钮,液晶显示屏就会启动;然后用压力计的气嘴压住轮胎气嘴阀门,保证气嘴与阀门之间对接处密封严密,此刻轮胎压力值就显示在显示屏上;当把胎压计从轮胎气嘴移开后,胎压值将在显示屏上保持显示 20s,随后压力计自动关闭。

现在市面上流行的电子胎压计,是将照明用的手电筒、紧急救生的破窗尖锤和安全带割刀四合为一的多功能电子胎压计。不仅能够准确方便地测量胎压,设计者还从各个方面充分考虑到了驾驶者和乘坐者的行车安全,方便使用。

4.防盗装置

(1)汽车指纹防盗器

汽车指纹防盗器又称指纹锁是利用每个人不同的指纹图形特征制成的一种汽车门锁。制作时先在锁内安装车主的指纹图形,当车主开启车门时,只要将手指往门锁上一按,如果指纹图形相符,车门即开。眼睛锁是利用视网膜图纹来控制的汽车门锁。这种锁内设有视网膜识别和记忆系统,车主开锁时只需凑近门锁看一眼,视网膜图形与记录相吻合时,车门会自动打开,否则就会将人拒之车外。汽车指纹防盗器如图 9-37 所示。

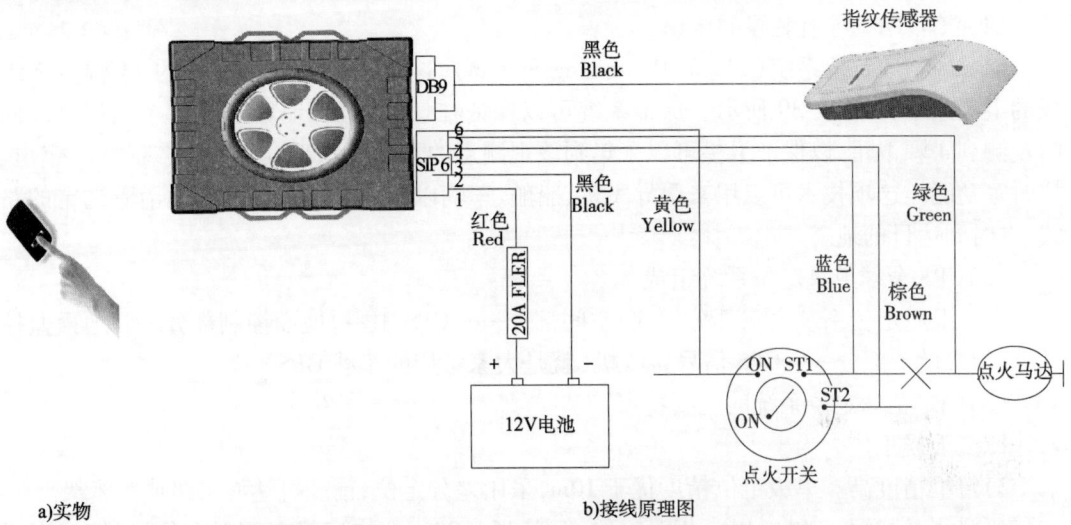

图 9-37　汽车指纹防盗器

(2)网络防盗

网络防盗是指通过网络来实现汽车的开关门、起动电动机、截停汽车、汽车的定位以及车辆会根据车主的要求提供远程的车况报告等功能。网络防盗主要是突破了距离的限制。

目前主要使用的网络有:无线网络(BB 机网络)、GPS(卫星定位系统),其中应用最广的就是 GPS,如图 9-38 所示。

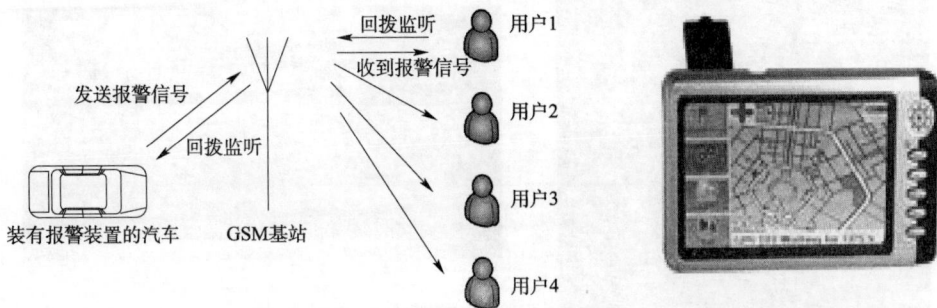

图 9-38　GPS 卫星定位汽车防盗系统

GPS 卫星定位汽车防盗系统属网络式防盗器,它主要靠锁定点火或起动达到防盗的目的,同时还可通过 GPS 卫星定位系统,将报警信息和报警车辆所在位置无声地传送到报警中心。可以在全国范围内实时监测车辆位置,还可以通过车载移动电话监听车内声音,必要时可以通过手机关闭车辆油路、电路并锁死所有门窗。如果 GPS 防盗器被非法拆卸,它会自己发出报警信息,但缺点是价格较为昂贵,所以目前车主选用的为数尚不多。缺点是:价格昂贵,每月要交纳一定费用的服务费。

9.7.2　智能电子产品的加装

1. 汽车 GPS 导航装置

(1)汽车 GPS 导航装置的认识

GPS 即全球定位系统(Global Positioning System),这是一个由覆盖全球的 24 颗卫星组成的卫星系统,如图 9-39 所示。这个系统可以保证在任意时刻,地球上任意一点都可以同时观测到 4 颗卫星,以保证卫星可以采集到该观测点的经纬度和高度,以便实现导航、定位、授时等功能。这项技术可以用来引导飞机、船舶、车辆以及个人,安全、准确地沿着选定的路线,准时到达目的地。

(2)GPS 全球卫星定位系统组成

全球卫星定位系统由三部分组成:空间部分——GPS 卫星,地面控制部分——地面监控系统;用户设备部分——GPS 信号接收机(就是大家常用的车载 GPS)。

(3)GPS 全球定位系统的主要特点

1)全天候工作。

2)定位精度高。单级定位精度优于 10m,采用差分定位,精度可达厘米级或毫米级。

3)观测时间短。20km 以内相对定位,仅需 15 ~ 20min;快速静态相对定位测量时,当每个流动站与基准站相距在 15km 以内时,流动站观测时间仅需 1 ~ 2min,然后可随时定位,每站观测只需几秒。

4)功能多、应用广、操作简便,增加了一些附带功能:如可视倒车影像(图 9-40)、数字电视 CM-MB、蓝牙、游戏音乐等。

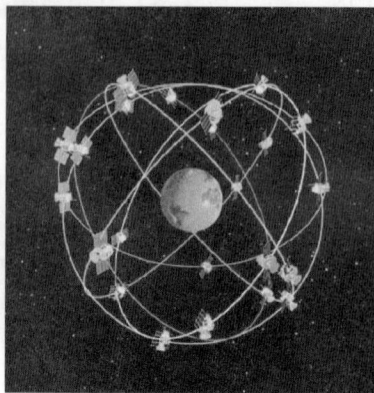

图 9-39　空间卫星示意图

图 9-40　可视倒车影像

（4）汽车导航的核心功能

1）地图查询

①可以在操作终端上搜索你要去的目的地位置。

②可以记录你常要去的地方的位置信息，并保留下来，也可以和其他人共享这些位置信息。

③模糊的查询你附近或某个位置附近的如加油站、宾馆、ATM 机等信息。

2）路线规划

①会根据你设定的起点和目的地，自动规划一条线路。

②规划线路可以设定是否要经过某些途经点。

③规划线路可以设定是否避开高速等功能，如图 9-41 所示。

图 9-41　导航界面示意图

3）自动导航

①语音导航。用语音提前向驾驶人提供路口转向，导航系统状况等行车信息，就像一个懂路的向导告诉你如何驾车去目的地一样，是导航中最重要的一个功能（图 9-42），使你无须观看操作终端，通过语音提示就可以安全到达目的地。

图 9-42　三维城市导航系统

②画面导航。在操作终端上，会显示地图，以及汽车现在的位置、行车速度、目的地的距离、规划路线提示、路口转向提示等行车信息。

③重新规划线路。当你没有按规划的线路行驶，或者走错路口时候，GPS 导航系统会根据你现在的位置，为你重新规划一条新的到达目的地的线路。

综上所示,GPS 导航仪硬件包括芯片、天线、处理器、内存、屏幕、按键、扬声器等组成部分。目前,市场中的 GPS 汽车导航仪在硬件上的差距并不大,主要区别是集中在内置的软件和地图上。

判断 GPS 导航仪优劣,导航仪所能接收到的 GPS 卫星系统和路径规划能力是关键。导航仪所能接收到的有效卫星数量越多,说明它当前的信号越强,导航工作的状态也就越稳定。如果一台导航仪经常搜索不到卫星或者在导航过程中频繁地中断信号影响了正常的导航工作,那它首先质量就不过关,更谈不上优劣了。

(5)GPS 导航的种类

1)车载 DVD 导航仪

安装在汽车中控台,一般是汽车出厂自带,不过由于价格问题,现在越来越多人选择自行购买安装此类导航仪。由于是内嵌式的,并且专车专用,所以对汽车内部装饰的一体性很好,缺点是安装不方便,不具便携性以及价格偏高。

2)便携式导航仪(PND)

便携式导航仪弥补了车载 DVD 导航仪的缺点,外观和普通 MP4 完全没有区别,配置摆放灵活性大大提高。一般是靠一个支架吸盘吸附在前风挡玻璃上(图 9-43),地图升级,信息更新等十分方便。电池续航一般在 2h 以内,一般依靠汽车点烟器供电。

图 9-43 便携式导航仪(PND)

3)其他导航

目前智能手机具备导航的功能,虽不是专业导航工具,必要时可以偶尔使用。

(6)GPS 导航品牌

图 9-44 副厂 DVD 导航一体机

一般车辆都会选择原厂的,可以得到更好的售后服务以及不大改原车线路。但原厂导航往往都比较贵,价格从几千元到上万元不等,于是出现很多副厂品牌,诸如我们经常听到的品牌国内可以买到的有 DVD"路畅""e 路航"。在选择副厂导航时要注意它的保修、质量等问题,更重要的是与原车是否匹配。副厂 DVD 导航一体机如图 9-44 所示。

(7)GPS 车载导航仪装置的安装

GPS 车载导航仪安装见表 9-6。

GPS 车载导航仪装置的安装流程　　　　　　　　　　　表 9-6

步骤	操作内容	操作示范图	操作要点及技术要求
1	选定安装位置	无图例	收音机、CD 机位置
2	拆中控台面板		拆掉收音机、CD 机，留出空间安装原车导航
3	取出收音机、CD 机		完全拆解是为了更好安装车载导航
4	安装一体机		按要求进行操作
5	安装中控台面板		美观，附带卫星电视、FM 收音机、倒车影像等功能
6	加装摄像头		安装在牌照灯位置。分无线有线两种。无线：安装、拆卸方便，价格高；有线：信号稳定性好

续上表

步骤	操作内容	操作示范图	操作要点及技术要求
7	加装完毕,倒车可视	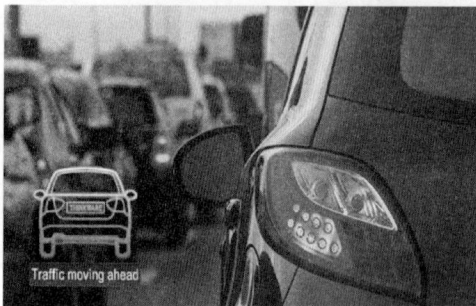 倒车可视:	摄像头旁会安装一盏照明用 LED 灯泡,方便夜间倒车可视

图 9-45　后视镜行车记录仪

2.行车记录仪

汽车的普及使得汽车间的磕磕碰碰时常发生,再加上如今国内外都有的"碰瓷儿"现象屡见不鲜,催生了行车记录仪。

(1)行车记录仪的认识

行车记录仪即记录车辆行驶途中的影像及声音等相关资讯的仪器,属于记录仪器,如图 9-45 所示。安装行车记录仪后,能够记录汽车行驶全过程的视频图像和声音,可为交通事故提供证据,平时还可以做停车监控,所以又属于行车安全仪器。

此外,某些高端行车记录仪还具备了一些其他功能,如图 9-46 所示。

a)前车启动警报系统(FVDW)前方车辆移动时提醒驾驶员

b)车道偏离警报系统(LDWS)车辆偏离预定道路时提醒驾驶员

图 9-46　行车记录仪其他功能

注意:安装行车记录仪,视频资料不可以裁剪,如果裁剪,在责任事故发生后则无法提供帮助。

(2)行车记录仪的组成

不同的行车记录仪产品有不同的外观,但基本组成都有:

1)主机。包括:微处理器、数据存储器、实时时钟、显示器、镜头模组、操作键、打印机、数据通信接门等装置。如果主机本体上不包含显示器、打印机,则应留有相应的数据显示和打印输出接口。以后视镜形式主机为例,如图9-47所示。

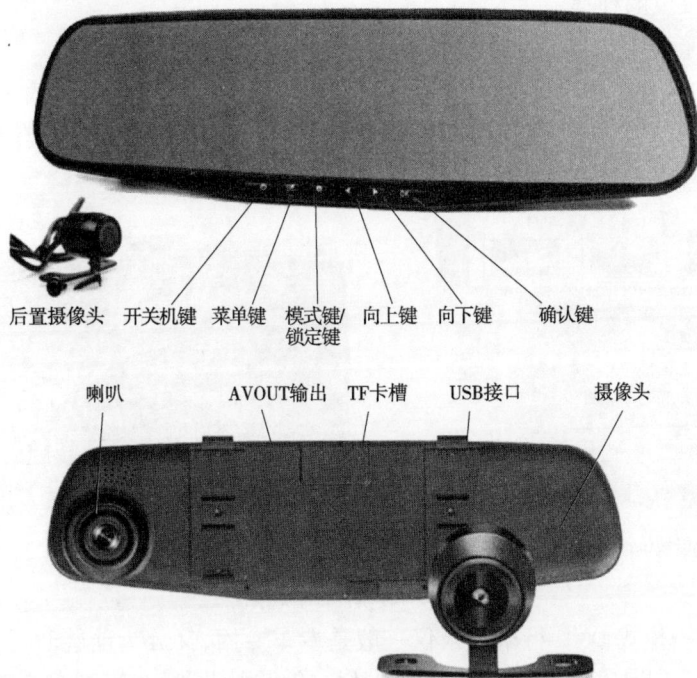

图9-47 行车记录仪的主机构成

2)车速传感器。

3)数据分析软件。

(3)行车记录仪的作用

行车记录仪的作用如图9-48所示。

1)维护司机的合法权益。行车记录仪可以为司机对行驶途中的刮碰提供有效证据。

2)事故处理快速准确,营造安全畅通的交通环境,将监控录像记录回放,事故责任一目了然;可快速撤离现场恢复交通,并可保留事发时的有效证据。

3)事故发生率下降,交通肇事逃逸案减少,行车记录仪促使司机不敢违章行驶及肇事后逃逸。

4)法院在审理道路交通事故案件时,量刑和赔偿将更加准确和有据可依。

5)为破案提供决定性的证据

6)喜欢"自驾游"的人,还可以用它来记录

图9-48 行车记录仪的作用示意图

征服艰难险阻的过程。开车时边走边录像,同时把时间、速度、所在位置都记录在录像里,相当于"黑匣子",平时还可以做停车监控。

7）记录新闻画面。新闻工作者,可用行车记录仪实时记录。

（4）行车记录仪的种类

目前使用的行车记录仪也有很多种类。

1）装配方式不同分为:便携性行车记录仪与后装车机一体式 DVD 行车记录仪。

2）便携性行车记录仪又分为:后视镜行车记录仪与数据记录仪。这类记录仪具有隐蔽性好、安装方便、可拆卸更换、成本低、使用简单等特点,如图 9-49 所示。

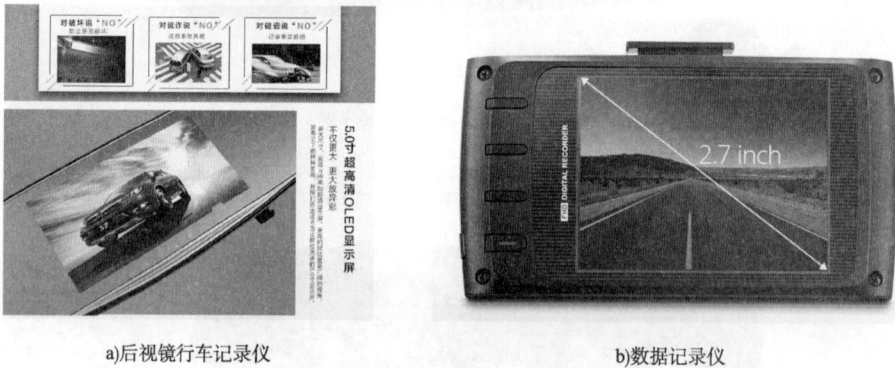

a)后视镜行车记录仪　　　　　　　　　　b)数据记录仪

图 9-49　便携性行车记录仪

3）后装车机一体式 DVD 行车记录仪一般是专车专用,又分为前装和后装两种,成本较高,改装难度较大,但是安装后可以报纸车内环境的美观,此外,也有部分豪华车型在出厂时已经安装了行车记录仪。

4）按摄像头数量多少分为:2 路、3 路、4 路和 8 路行车记录仪。

5）根据车型及功能可分为:高清行车记录仪、迷你行车记录仪、广角行车记录仪、双镜头行车记录仪、夜视行车记录仪、多功能一体机、眼镜式多功能行车记录仪等,如图 9-50 ～图 9-52 所示。

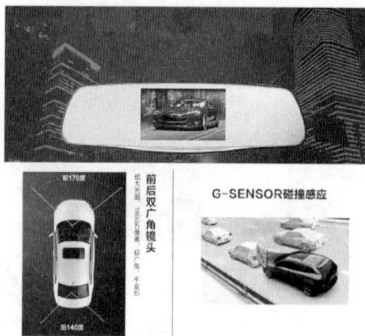

图 9-50　广角行车记录仪

图 9-51　双镜头行车记录仪

6）按屏幕尺寸分:1.5in、2.0in、2.4in、2.7in、2.5in、3in、3.5in、4.3in、4.7in、5in 和 7in 及无屏幕等。

（5）行车记录仪的内存容量

一般行车记录仪都没有内置内存,依靠内存卡扩展或者移动数字硬盘。一般需要按行车记录仪录像的清晰度及摄像头的记录内存来决定购买多大的内存组合,高清的行车记录仪有720P和1080P的,4G的卡录720P的视频只可以录制1h左右,1080P的视频占用的空间将近是720P的2倍。

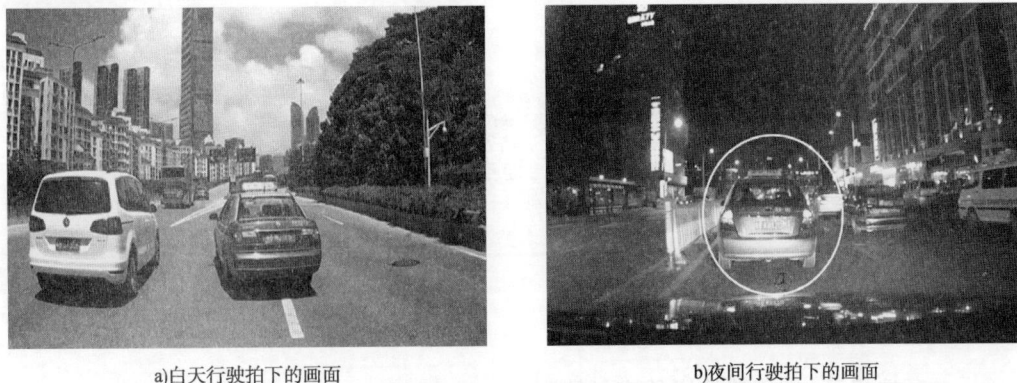

a)白天行驶拍下的画面   b)夜间行驶拍下的画面

图9-52 夜视行车记录仪

(6)行车记录仪的安装

以后视镜形式的行车记录仪为例介绍安装步骤,如图9-53所示。

安装示意图

1)先将主机放在最佳安装位置
2)将电源线沿车顶缝隙塞入
3)将线塞入A柱的胶条部分中,沿A柱布线一直走到底部位置
4)沿中控台下方走线,直到点烟器,将车充插入点烟器

图9-53 行车记录仪的安装步骤

1)关闭汽车发动机。

2)将TF卡插入记录仪卡槽中。

3)将记录仪固定于汽车的原后视镜上。

4)将车载充电器插入汽车点烟器中。

5)用充电延长线将记录仪的USB接口和车载充电器连接起来。

注意:布线时可将充电延长线沿汽车挡风玻璃边缘敷设。

6)将后置摄像头安装在车辆后部,安装时注意方向。布线可沿车辆顶棚敷设。安装完成后插头接入记录仪后置摄像头接口。

7)调整镜头位置,确保镜头与地面保持水平。

8)起动发动机,检查机器是否安装正确。

本章小结

本章主要内容是学习汽车车加装与改装,包括汽车天窗加装、导流板扰流板加装、车轮、音响、灯光改装以及电子产品加装等。通过本部分内容的学习,能够正确选择相关用品及工具设备,顺利完成汽车加装与改装工作。

自测题

一、单项选择题(把正确答案的序号填写在括号内)

1.天窗换气时采用先排气后进气的换气方式,其原理是( )。

    A.负压原理   B.正压原理   C.正负压同时   D.正负压交替

2.现在广泛被 F1 赛车采用的材料主要是( )。

    A.玻璃钢   B.铝合金   C.碳纤维   D.钛合金

3.更换的车轮直径与原厂车轮直径差不超过( )。

    A.2%   B.3%   C.4%   D.5%

4.行车记录仪即记录车辆行驶途中的影像及声音等相关资讯的仪器,属于( )。

    A.记录仪器   B.行车安全仪器   C.A 和 B 都是   D.A 和 B 都不是

二、判断题(在括号内正确打√,错误打×)

1.节能是汽车开天窗最直接、最主要的目的。 ( )

2.天窗按开启方向不同主要分为内藏式、外滑式、外掀式和敞篷。 ( )

3.扰流板的作用主要是为了减少车辆尾部的升力。 ( )

4.扰流板采用螺栓固定式安装的特点是:固定牢固,但因有钻孔会破坏行李舱盖的表面,而且安装不好时会发生漏水现象。 ( )

5.将轮胎进行规格上的升级,提高了轮胎的行驶稳定性,换胎后的车辆也更加时尚。同时也完成了品质的升级。 ( )

三、简述题

1.简述汽车膜的质量评价指标及鉴别方法。

2.简述汽车主动避撞技术及其特点。

3.简述铝合金轮毂性能特点。

4.简述汽车避撞技术主要项目。

参考文献

［1］周燕.汽车美容装饰与钣金修复［M］.北京:机械工业出版社,2015.

［2］梁登.汽车装饰与改装［M］.北京:人民交通出版社,2013.

［3］张德金.汽车装饰美容实用手册［M］.北京:机械工业出版社,2004.

［4］李仲兴.汽车装饰与美容［M］.2版.北京:北京大学出版社,2006.

［5］邢忠义.汽车美容实务［M］.北京:电子工业出版社,2006.

汽车装饰与美容

形成性考核册

国家开放大学汽车学院　编

学校名称:＿＿＿＿＿＿＿＿

学生姓名:＿＿＿＿＿＿＿＿

学生学号:＿＿＿＿＿＿＿＿

班　　级:＿＿＿＿＿＿＿＿

形成性考核是学习测量和评价的重要组成部分。在教学过程中，对学生的学习行为和成果进行考核是教与学测评改革的重要举措。

《形成性考核册》是根据课程教学大纲和考核说明的要求，结合学生的学习进度而设计的测评任务与要求的汇集。

为了便于学生使用，现将《形成性考核册》作为主教材的附赠资源提供给学生，采用纸质形考的学生可将各次作业按需撕下，完成后自行装订交给老师。若采用**网上形考**或有其他疑问请咨询课程教师。

汽车装饰与美容 作业 1

姓　　名：＿＿＿＿＿

学　　号：＿＿＿＿＿

得　　分：＿＿＿＿＿

教师签名：＿＿＿＿＿

一、单项选择题(在每小题的备选答案中,选出一个的正确答案,并将其序号填在括号内。多选、错选均不得分。15 小题,每小题 2 分,共 30 分)

1. 下列哪种方法不适合车表顽固污渍的清除?(　　　)

　　A. 抛光机清除　　　　B. 有机溶剂清除　　　C. 焦油去除剂清除　　　D. 清洁剂清除

2. 下列哪项不是车蜡的主要功能?(　　　)

　　A. 增加漆面的光洁度　　　　　　　　B. 研磨抛光

　　C. 保护漆面　　　　　　　　　　　　D. 清洗漆面

3. 溶剂是用来去油的,溶剂的重要性在于它的(　　　)。

　　A. 溶解功能　　　　B. 去油功能　　　C. 清洗功能　　　D. 以上都是

4. 在汽车表面清洗过程中,清洗不溶性污垢时,下面哪一项不属于清洗剂应必备特性?(　　　)

　　A. 表面活性　　　　B. 分散性　　　C. 吸附性　　　D. 湿润性

5. 树脂蜡一般作运输车辆的保护剂,它的主要目的是防雨水、防尘和划痕。这种保护层一般不含油脂物质。因此,在开蜡时要用含树脂聚合物的溶解元素的(　　　)开蜡。

　　A. 水质去油剂　　　　B. 油脂蜡开蜡水　　　C. 树脂开蜡水　　　D. 以上都是

6. 对于中高档轿车,其漆面的质量较好,宜选用高档车蜡;对普通轿车或其他车辆,可选用(　　　)。

　　A. 高档车蜡　　　　B. 低档车蜡　　　C. 一般车蜡　　　D. 无所谓

7. 使用蒸汽洗车时,耗水量仅为传统水洗方式的千分之一,每辆车的用水量为多少?(　　　)

　　A. 0.1 ~ 0.3kg　　　　B. 0.2 ~ 0.4kg　　　C. 0.3 ~ 0.5kg　　　D. 0.4 ~ 0.6kg

8. 下面哪一项不是车内空气消毒净化措施?(　　　)

　　A. 臭氧消毒　　　　　　　　　　　　B. 光触媒消毒

　　C. 通风控制　　　　　　　　　　　　D. 车载空气净化器

9. 臭氧消毒机要求在相对湿度大于什么条件下使用?(　　　)

　　A. 30%　　　　B. 40%　　　C. 50%　　　D. 60%

10. 光触媒消毒的杀菌能力能达到(   )。

    A. 99.997%   B. 98.997%   C. 97.997%   D. 96.997%

11. 进行丝绒座椅的清洁护理时应选用下列哪种清洁剂? (   )

    A. 漂白剂   B. 皮革清洗剂   C. 化纤清洗剂   D. 去油剂

12. "光触媒"是以(   )为代表的具有光催化功能的光半导体材料的总称。

    A. TiO_2 B. CO_2 C. ZnO D. PbO_2

13. 一般来讲,当温度升高时,车内污染物浓度会有哪一种变化? (   )

    A. 降低   B. 不变   C. 增高   D. 均有可能

14. 车辆行驶状态不同,对车内空气质量的影响不同,一般来讲车辆(   )状态是有害气态排放最严重的时候。

    A. 加速   B. 起动   C. 减速   D. 制动

15. 以下哪一项不是乘用车内污染物? (   )

    A. 物理性污染物   B. 化学性污染物   C. 生物性污染物   D. 植物性污染物

二、多项选择题(在每小题的备选答案中,选出不少于二个的正确答案,并将其序号填在括号内。多选、少选、错选均不得分。5 小题,每小题 4 分,共 20 分)

1. 现代汽车美容根据汽车的服务部位可分为(   )。

    A. 车身美容   B. 内饰美容   C. 漆面美容   D. 护理美容

2. 现代汽车美容根据汽车的实际美容程度分可分为(   )。

    A. 车身美容   B. 修复美容   C. 专业美容   D. 护理美容

3. 汽车美容作业项目的选用要考虑的因素有(   )。

    A. 车型   B. 车况   C. 环境   D. 季节

4. 汽车座椅按材质分类主要有(   )。

    A. 人造革座椅   B. 真皮座椅   C. 丝绒座椅   D. 胶皮座椅

5. 车内空气减污措施在工程技术控制策略方面有(   )。

    A. 温度控制   B. 材料控制   C. 通风控制   D. 压力控制

三、判断题(对的划√,错的划×。10 小题,每题 1 分,共 10 分)

1. 汽车油漆耐酸、碱的承受力为 pH 值 8.0 以上。   (   )

2. 专业汽车美容是指:洗车→打蜡→交车。   (   )

3. 打蜡是在车漆表面涂上一层蜡质保护层,并将蜡抛出光泽的护理作业。   (   )

4 洗车时最好使用含矿物质较多的硬水,以免车身干燥后留下痕迹。   (   )

5. 使用打蜡机上蜡时,可不按一定的顺序任意进行,以保证打蜡的效率。   (   )

6. 发动机外表可用汽油来代替专用清洁剂进行清洗。   (   )

7. 去油剂主要是用来清洗发动机等油泥较厚的汽车部位。   (   )

8. 高温蒸汽消毒属于一次性杀菌方法,保持的时间不长,宜经常使用。   (   )

9. 煤油可以用来开蜡是因为煤油可以溶解油。　　　　　　　　　　（　　）

10. 在选购吸尘器时,吸尘器的性能要稳定,噪声越小越好。　　　　（　　）

四、简答题(4 小题,每题 5 分,共 20 分)

1. 简述专业汽车美容应具备的基本条件。

2. 简述汽车美容服务的延伸项目。

3. 简述汽车内饰清洁美容实施步骤。

4. 简述汽车车内污染源及光触媒消毒概念。

五、论述题(2 小题,每题 10 分,共 20 分)

1. 叙述车身打蜡的作用及打蜡时的注意事项。

2. 叙述汽车车身清洗的工艺流程及操作要点。

汽车装饰与美容
作业 2

姓　　名:＿＿＿＿＿＿

学　　号:＿＿＿＿＿＿

得　　分:＿＿＿＿＿＿

教师签名:＿＿＿＿＿＿

一、单项选择题(在每小题的备选答案中,选出一个的正确答案,并将其序号填在括号内。多选、错选均不得分。15 小题,每小题 2 分,共 30 分)

1.洗车时频繁使用(　　)较强的清洁剂,则漆面易出现失光。

 A.酸性   B.中性   C.碱性   D.以上都有可能

2.抛蜡盘套的作用是将蜡抛出光泽,以下哪一种不是抛蜡盘套选用的材料?(　　)

 A.全棉制品   B.全毛制品   C.全麻制品   D.海绵制品

3.下列哪种不属于刷涂工具?(　　)

 A.漆刷   B.毛笔   C.画笔   D.橡胶刮板

4.下面关于研磨机说法正确的是(　　)。

 A.研磨机转速不可调

 B.研磨机主要由壳体、电动机、控制机构 3 部分组成

 C.双功能型研磨机既能安上砂盘打磨金属材料,又能换上研磨/抛光盘做车漆护理

 D.定速研磨机转速一般为 1750r/min

5.喷涂修复前对漆面进行表面清洁时应选用的清洁剂是(　　)。

 A.碱性清洁剂   B.酸性清洗剂

 C.中性清洗剂   D.以上均可

6.环保型喷涂中的涂料至少要达到(　　)的利用率。

 A.30%   B.45%   C.65%   D.70%

7.工作时,整个打磨垫除了绕自己的中心旋转外,还振动,犹如画圆圈,这一类打磨机是(　　)。

 A.单作用打磨机   B.双作用打磨机   C.轨道式打磨机   D.往复式打磨机

8.下面哪一项漆膜缺陷属于涂装修复过程中出现的?(　　)

 A.橘皮   B.龟裂   C.失光   D.褪色

9.下面哪一项漆膜缺陷属于涂装几天后出现的?(　　)

 A.橘皮   B.针孔   C.失光   D.褪色

10.下面哪一项漆膜缺陷属于长期使用过程中出现的？（　　）
　　A.橘皮　　　　B.针孔　　　　C.失光　　　　D.褪色

11.当外来的微粒陷入涂膜内部,涂膜表面会形成凸状,这种类型的缺陷称作(　　)。
　　A.污点　　　　B.鱼眼　　　　C.针孔　　　　D.溶剂泡

12.若涂膜表面原本已有小孔的存在,且外层涂膜无法将它填平,因此会在涂膜面上残留有凹陷的现象,这种类型的缺陷称作(　　)。
　　A.污点　　　　B.鱼眼　　　　C.针孔　　　　D.溶剂泡

13.在涂膜面形成像火山口一样的凹陷现象,这种类型的缺陷称作(　　)。
　　A.污点　　　　B.鱼眼　　　　C.针孔　　　　D.溶剂泡

14.下列哪一项不属于日常保养不当而导致漆面斑点及失光的原因(　　)。
　　A.洗车不当　　B.透镜效应　　C.暴露环境恶劣　D.打蜡保护不当

15.若用放大镜仔细观察,发现漆面有较多斑点,则说明漆面因(　　)导致失光。
　　A.自然氧化　　B.透镜效应　　C.日常保养　　D.外界因素

二、多项选择题(在每小题的备选答案中,选出不少于二个的正确答案,并将其序号填在括号内。多选、少选、错选均不得分。5小题,每小题4分,共20分)

1.下面哪几项是形成漆面斑点及失光缺陷的外界因素？（　　）
　　A.沥青　　　　B.酸雨　　　　C.透镜效应　　D.树液

2.下面哪几项是塑料件漆面常见缺陷？（　　）
　　A.成片脱落　　B.橘皮　　　　C.开裂　　　　D.针孔

3.抛光剂的主要组分有(　　)。
　　A.摩擦粒子　　B.溶剂　　　　C.水　　　　　D.添加剂

4.汽车修补用喷枪按照供料方式不同可以分为(　　)。
　　A.重力式　　　B.吸力式　　　C.压力式　　　D.拉力式

5.下面的漆膜缺陷属于长期使用过程中出现的是(　　)。
　　A.流挂　　　　B.水斑　　　　C.鸟屎　　　　D.飞石损伤

三、判断题(对的划√,错的划×。10小题,每题1分,共10分)

1.漆面无明显划痕,用放大镜观察漆面斑点较小,大多是氧化还原反应所致。　(　　)

2.自然氧化严重或透镜效应严重引起的失光可以用抛光研磨或者重新涂装来处理。
　　　　　　　　　　　　　　　　　　　　　　　　　　　　　　　　　(　　)

3.增光剂与抛光剂的唯一区别在于增光剂含蜡(或上光剂)而抛光剂不含。　(　　)

4.汽车在修补喷漆之前,应将表面的锈蚀清除干净,才能进行刮原子灰、喷底漆等工序。
　　　　　　　　　　　　　　　　　　　　　　　　　　　　　　　　　(　　)

5.喷枪的移动速度应根据涂料的干燥速度来确定,一般干燥较慢的涂料喷枪的移动速度应为40~80cm/s为宜。
　　　　　　　　　　　　　　　　　　　　　　　　　　　　　　　　　(　　)

6.对漆面进行深切研磨时,应选用 400~600 目的研磨剂。 （ ）

7.漆面划痕过深伤及底材时仍可采用抛光方式进行修复。 （ ）

8.漆面长期使用后会出现的水斑缺陷可以通过清洗后抛光的方式解决。 （ ）

9.漆面长期使用后会出现的鸟屎缺陷可以通过清洗后抛光的方式解决。 （ ）

10.漆面长期使用后会出现的油斑缺陷可以通过清洗后抛光的方式解决。 （ ）

四、简答题(4 小题,每题 5 分,共 20 分)

1.简述漆面深划痕处理的一般工序。

2.简述漆面板块修补与局部修补的区别。

3.简述漆面斑点及失光的成因。

4.简述漆面美容的主要目的及主要内容。

五、论述题(2 小题,每题 10 分,共 20 分)

1. 试分析污点缺陷的起因、修补方法及防治对策。

2. 叙述汽车漆面斑点及失光治理的实施步骤及操作要点。

汽车装饰与美容
作业 3

姓　　名：_____

学　　号：_____

得　　分：_____

教师签名：_____

一、单项选择题(在每小题的备选答案中,选出一个的正确答案,并将其序号填在括号内。多选、错选均不得分。15 小题,每小题 2 分,共 30 分)

1. 进行底盘封塑作业时,(　　)必须用胶带封起来再进行刷涂。

　　A. 传动轴　　　　B. 变速器　　　　C. 主传动器　　　　D. 以上都必须

2. 下面哪一种不属于按传播途径划分的汽车噪声表现形式?(　　)

　　A. 结构噪声　　　　B. 空气噪声　　　　C. 轮胎噪声　　　　D. 共鸣噪声

3. 当发生追尾事故时,(　　)能减少乘员头部向后运动并且降低头颈受伤的发生。

　　A. 附加头枕　　　　B. 头枕　　　　C. 安全带　　　　D. 以上都不是

4. (　　)具有透气性能优良、韧性强、易于日常清洁护理等特点。

　　A. 棉毛混纺坐垫　　B. 纯毛坐垫　　　　C. 棉麻混纺　　　　D. 以上都不是

5. 天窗换气时采用先排气后进气的换气方式,其原理是(　　)。

　　A. 负压原理　　　　B. 正压原理　　　　C. 正负压同时　　　　D. 正负压交替

6. 现在广泛被 F1 赛车采用的材料主要是(　　)。

　　A. 玻璃钢　　　　B. 铝合金　　　　C. 碳纤维　　　　D. 钛合金

7. 更换的车轮直径与原厂车轮直径差不超过(　　)。

　　A. 2%　　　　B. 3%　　　　C. 4%　　　　D. 5%

8. 行车记录仪即记录车辆行驶途中的影像及声音等相关资讯的仪器,属于(　　)。

　　A. 记录仪器　　　　B. 行车安全仪器　　C. A 和 B 都是　　　　D. A 和 B 都不是

9. 汽车导航的核心功能是(　　)。

　　A. 地图查询　　　　B. 路线规划　　　　C. 自动导航　　　　D. 以上都是

10. 下面哪一项不是铝合金轮毂性能特点(　　)。

　　A. 降低行车舒适性　B. 节省燃油　　　　C. 提高行车安全　　D. 提高整车美观

11. 下面哪一项不是根据车型及功能划分的行车记录仪?(　　)

　　A. 高清行车记录仪　　　　　　　　　B. 双镜头行车记录仪

　　C. 后视镜行车记录仪　　　　　　　　D. 广角行车记录仪

12. 在轿车行李舱盖上后端做成像鸭尾似的突出物,将从车顶冲下来的气流阻滞一下形成向下的作用力,这种突出物称为(   )。

    A. 扰流板   B. 汽车扰流翼   C. 汽车扰流器   D. 以上都是

13. 纤维织物的摩擦是重要的汽车静电来源,特别是下面哪一类产品,更易摩擦起静电?(   )

    A. 真皮制品   B. 麻制品   C. 纯棉制品   D. 化纤制品

14. 下面哪一类扰流板刚性和耐久性都非常好,不仅质量轻而且也是最美观的一种尾翼,现在广泛被 F1 赛车采用,不过价格比较昂贵。(   )

    A. 玻璃钢   B. 铝合金   C. 碳纤维   D. 以上都是

15. 在对汽车轮胎进行升级时,要考虑相关因素,既要明确轮胎升级的目的,又必须考虑车辆的用途,普通家用轿车,重点要考虑的是(   )。

    A. 轮胎的耐磨性   B. 胎面花纹   C. 地区气候   D. 以上都是

二、多项选择题(在每小题的备选答案中,选出不少于二个的正确答案,并将其序号填在括号内。多选、少选、错选均不得分。5 小题,每小题 4 分,共 20 分)

1. 汽车喷绘时的应做到以下(   )项要求。

    A. 忌颜色乱搭   B. 忌缺乏主题   C. 忌乱用名画   D. 一味追逐潮流

2. 汽车内饰的选用原则包括(   )。

    A. 美观协调   B. 舒适实用   C. 行车安全   D. 环保健康

3. 车用静电放电器又分为(   )类型。

    A. 接地式   B. 空气放电式   C. 磁静式   D. 磁放电式

4. 汽车桃木内饰选用的材料是(   )。

    A. 木质材料   B. 仿木质材料   C. 复合材料   D. 橡胶材料

5. 汽车天窗按开启方向不同主要分为(   )。

    A. 内藏式   B. 外滑式   C. 外倾式   D. 敞篷式

三、判断题(对的划√,错的划×。10 小题,每题 1 分,共 10 分)

1. 可用碘钨灯上来检查太阳膜的隔热性。   (   )

2. 汽车隔音工程须改动车身结构。   (   )

3. 普通太阳膜手感薄而脆,缺乏足够的韧性,容易起皱。   (   )

4. 底盘装甲除具有封塑的功能外,还有显著的隔音降噪作用,功能更全面。 (   )

5. 车门四周密封用的金属亮条,贴上后既可美化车身,又有助于保留车内的冷、热气。   (   )

6. 真皮座椅美观耐用,容易清理,还可增加制冷效果。   (   )

7. 汽车氧吧可以过滤空气,达到除烟、降尘的目的。   (   )

8. 头枕跟肩、膝安全带一样,是头部保护的安全装置。   (   )

9. 扰流板的作用主要是为了减少车辆尾部的升力。 （ ）

10. 节能是汽车开天窗最直接、最主要的目的。 （ ）

四、简答题(4 小题,每题 5 分,共 20 分)

1. 简述汽车内饰品选用原则。

2. 简述铝合金轮毂性能特点。

3. 简述汽车静电的产生的主要来源。

4. 简述汽车主动避撞技术及其特点。

五、论述题(2 小题,每题 10 分,共 20 分)

1. 叙述汽车膜的质量评价指标、鉴别方法及选用原则。

2. 叙述车身贴膜改色装饰工艺与传统喷漆及车身彩绘的异同点。

答 题 纸

答 题 纸

答 题 纸